《数字经济赋能东莞制造业高质量发展研究》被列为2023年东莞市哲学社会科学规划常规课题，现予以立项。

课题批准号：2023CG29

数据价值驱动企业财务管理转型实践研究

肖 琴 著

中国商业出版社

图书在版编目（CIP）数据

数据价值驱动企业财务管理转型实践研究 / 肖琴著
. -- 北京 : 中国商业出版社 , 2023.11
ISBN 978-7-5208-2673-0

Ⅰ . ①数… Ⅱ . ①肖… Ⅲ . ①企业管理 – 财务管理 –
研究 Ⅳ . ① F275

中国国家版本馆 CIP 数据核字 (2023) 第 201841 号

责任编辑：陈　皓
策划编辑：常　松

中国商业出版社出版发行
（www.zgsycb.com 100053 北京广安门内报国寺 1 号）
总编室：010-63180647 编辑室：010-83114579
发行部：010-83120835/8286
新华书店经销
定州启航印刷有限公司印刷
*
710 毫米 ×1000 毫米 16 开 15.5 印张 230 千字
2023 年 11 月第 1 版 2024 年 1 月第 1 次印刷
定价：88.00 元
* * * *
（如有印装质量问题可更换）

前　言

当今时代，发展数字经济已成为推进经济高质量发展的重要驱动力。由中国信息通信研究院发布的《中国数字经济发展研究报告（2023年）》可知，2022年，我国数字经济实现更高质量发展，数据生产要素价值进一步释放。数据产权、流通交易、收益分配、安全治理等基础制度加快建设，破解数据价值释放过程中的一系列难题。同时，数据要素市场建设进程加快，数据产业体系进一步健全，数据确权、定价、交易流通等市场化探索不断涌现。

在快速发展的数字经济时代，企业的发展变革步伐正在加快。伴随着新的经济环境、技术环境的变化，企业财务管理也正在经历着前所未有的转型。在这个过程中，数据价值发挥了巨大的作用，成为推动企业财务管理转型的重要驱动力。

本书的目的是通过对数据价值驱动企业财务管理转型实践的深入研究，为企业进行数字化转型提供理论支持和实践指导。全书分为七章，每章各有侧重，紧密结合，全面解析了数据价值在企业财务管理转型中的重要作用和应用实践。

第一章绪论，内容包括数字经济时代来临、企业数字化转型概述和企业数据价值体系。在数字经济的大背景下，企业财务管理必然要进行深度转型以应对未来的发展挑战。数据价值作为新的生产要素，为企业转型提供了强大的动力。

第二章探讨了企业财务管理转型。在介绍了企业财务管理的基础知识后，阐述了企业财务转型的发展历程，以及企业财务管理数字化转型的现实需求和基本框架。深化了读者对企业财务转型的理解，为后续章节的研究打下了基础。

第三章研究了企业财务数据价值链重塑，内容包括从财务会计到管理会计的转变、财务数据价值链的要素与环节以及企业财务数据中心建设。强调了数据价值在财务管理中的重要性，激发了企业对财务数据的关注和使用。

第四章探讨了企业财务支持决策的路径规划，包括从业财融合到管财融合、数据价值驱动下的企业决策以及数字化财务管理报告实施路径，规划了以财务数据为基础的企业决策路径，这对提升企业决策效率和质量具有深远的影响。

第五章分析了企业财务数据治理体系建设，包括从财务管理到财务治理、财务数据治理体系的内容以及财务数据治理平台的规划与建设。提出了一个系统的财务数据治理体系，以确保数据的质量、准确性和有效性，使之能够更好地服务于企业的决策和运营。

第六章对企业财务管理转型保障体系建设实践进行了深入探讨，包括数据文化发展实践、数据组织建设实践、数据技术支持实践以及数字化人才培养实践，为企业财务管理的转型提供了实践参考。

第七章企业财务管理转型的未来展望，包括企业财务管理智能化转型展望，以及人机协作下企业财务管理人才转型展望。这一章的内容开阔了读者的视野，提出了对未来的思考，引发了对未来发展的期待。

本书通过理论与实践相结合，系统地阐述了数据价值在企业财务管理转型中的作用，为企业的财务管理提供了新的视角和方法。希望本书能为企业的数字化转型提供一份可行的参考，同时也期待能够引发更多关于企业财务管理转型的研究和探讨。

由于笔者水平有限，书中难免存在不足之处，恳请广大读者批评指正。

目 录

第一章　绪　论

当前，数字经济正对社会经济结构产生深远影响。在此背景下，企业的数字化转型成为迎接新的竞争环境的必然选择。在转型的过程中，数据的价值越发显现，因为它的参与和推动让企业能够更好地捕捉市场动态，提高决策效率，增强竞争力。企业数据价值体系的建立，无疑是企业在数字化转型中的重要一环，它通过对数据价值的挖掘和运用，能有效地推动企业向数字化、智能化的方向发展。这一章将剖析数字经济时代的背景，企业数字化转型的必要性和企业数据价值体系的构建，为理解整个企业财务管理转型的全貌提供基础。

第一节　数字经济时代来临

数字经济的蓬勃发展，给经济社会带来了较大影响。数字经济是继农业经济、工业经济之后的一种新的经济社会发展形态。无论是从生产组织形式，还是从生产要素等方面来看，数字经济都是一种与农业经济、工业经济截然不同的经济形态。

一、数字经济的概念

（一）数字经济的定义

数字经济的定义可以追溯到加拿大学者泰普斯科特（Tapscott）1995年出版的《数据时代的经济学——对网络智能时代机遇和风险的再思考》和美国学者尼葛洛庞帝（Negroponte）1996年出版的《数字化生存》，两位学者深入研究了互联网的出现对经济社会的冲击与影响。泰普斯科特首次提到数字经济时代，并前瞻性地提出了各行业企业数字化转型的路线图，包括数字化创意开发、数字化流程实施、数字化产品设计、数字化制造和营销、数字支持型产品销售等方法。尼葛洛庞帝提出了数字化生存是以信息技术为基础的新的生存方式，在数字化环境中，生产力要素的数字化渗透、生产关系的数字化重构、经济活动的全面数字化等呈现出一种全新的社会生活方式。

从国家、政府和政府组织层面来说，数字经济的定义也是在20世纪90年代，最早由经济合作与发展组织提出的。此后，各国政府便采取措施将数字经济作为推动经济增长的新动能。1997年，日本通产省开始使用“数字经济”一词。从1998年起，美国商务部以“数字经济”为主题发布了多项年度研究成果。自2008年国际金融危机以来，各国为了尽快走出经济衰退的泥潭，纷纷制定了数字经济战略。

近年来，我国也高度重视数字经济在引领经济增长、产业结构升级方面的巨大推动作用。目前，数字经济还没有明确的定义。学术界对数字经济的定义主要有以下两种观点。

一是数字经济就是在数字技术的基础上形成的经济，是数据信息在网络中流行而产生的一种经济活动，其基本特征主要有三点：第一，数字技术在大范围内被推广使用，使经济环境与经济活动发生了根本性改变；第二，经济活动在现代信息网络中发生的频率增多；第三，信息技术使经济结构得以优化，并有效地推动了经济增长。

二是数字经济可界定为以知识为基础，在数字技术（特别是在计算机和互联网）催化作用下，在制造领域、管理领域和流通领域以数字化形式表现的新经济形态。这一内涵的界定包括三个方面：在形式上表现为商业经济行为的不断数字化、网络化和电子化，即电子商务的蓬勃发展；在内容上体现为传统产业的不断数字化以及新兴数字化产业的蓬勃发展；实质是在以创新为特征的知识社会中，当以 1 和 0 为基础的数字化技术发展到一定阶段，信息数字化扩展到整个经济社会的必然趋势。

虽然以上定义各有侧重，且范围不同，但都认为数字经济是一种基于数字技术的经济。目前，较为权威的定义是 2016 年 G20 峰会发布的《二十国集团数字经济发展与合作倡议》提出的，数字经济是指以使用数字化的知识和信息作为关键生产要素、以现代信息网络作为重要载体、以信息通信技术的有效使用作为效率提升的经济结构优化的重要推动力的一系列经济活动。

通常来说，对数字经济的理解可以从狭义和广义两个方面去看待。从狭义上讲，数字经济主要指的是基于数字产品或服务的商业模式所产生的产出，也就是那些完全或主要由数字技术所驱动的产业，如软件制造、信息服务等。这些行业在生产过程中，大量地依赖数字化的信息和技术，这就构成了数字经济的核心部分或者说数字部门。广义上的数字经济却有更广阔的定义。它不仅包含狭义上的数字经济，而且还包含一切基于数字技术的经济活动。这意味着，在这个视角下，任何利用了数字技术的行业，无论是“工业 4.0”，还是精准农业，乃至电子商务，都可以被视为数字经济的一部分。

中国信息通信研究院在 2017 年提出了另一种对数字经济的分类方式，将数字经济分为数字经济基础部分和数字经济融合部分。数字经济基础部分主要包括电子信息制造业、信息通信业以及软件服务业等，这些行业的产出大部分都是由数字技术直接引起的。而数字经济融合部分则是指将数字技术应用到制造业、服务业等传统行业所增加的产出。这种分类方法得到许多学者和研究机构的认同。

（二）与相关概念的区别和联系

20 世纪 90 年代以后，信息技术对整个社会产生的影响随着科技发展的脚步逐步加深，而人们对信息技术融入经济与社会这一过程的定义，在不同的发展阶段产生了不同的概念。除了早期的“信息经济”和近年的“数字经济”外，还存在网络经济、知识经济等概念。这些概念产生于数字经济发展的不同阶段，分别反映出不同时期人们对信息技术引起的社会变革的不同角度的理解。这些概念在定义和内涵上有细微的差别，但它们都是在描述信息技术对人类社会经济活动产生的影响与革新。

1. 信息经济

信息经济是一种经济形态，其特点在于强调信息活动和信息产业的重要性。信息经济可以从宏观和微观这个角度理解。从宏观角度看，信息经济主要研究信息作为生产要素的特性、功能以及对经济系统的影响条件和影响规律。在这个角度，信息经济与知识经济是相通的，都属于同一范畴。从微观角度看，信息经济主要分析信息产业和信息产品的特性，以及在整个国民经济中的地位和比重，同时也关注信息对国民经济的贡献。在这个角度，信息经济更强调信息产业部门经济。

信息经济是与“数字经济”最相似的概念，也是引起最广泛研究的概念之一，但是二者在本质和范围上又有着明显的区别。

信息经济的重点是信息资源，它关注的是信息的生产、分发和消费过程，而对于信息的形式和处理方式并不做特定的要求。换句话说，无论是纸质的报纸、杂志，还是电子的电子邮件、电子书等，只要它们是以信息为基础进行生产、分发和消费的，都可以被视为信息经济的一部分。而数字经济则不同，它的核心是数字化信息，即通过数字技术对信息进行编码。在数字经济中，不仅信息的传输和分享需要通过数字化的方式进行，而且信息的处理和决策也需要依赖大数据、云计算、人工智能等智能化技术。因此，尽管信息经济和数字经济都依赖信息资源，但数字经济对信息的形式和处理方式有更高的要求。

从发展历程上看，信息经济和数字经济是发展的不同阶段。信息经济的兴起早于数字经济，它源于20世纪70年代至90年代信息技术的发展，主要表现为计算机技术、互联网等的应用。而随着科技的进步，尤其是21世纪初智能手机、社交媒体、云计算、大数据、人工智能等新技术的出现，信息经济逐渐演化为数字经济。

数字经济与信息经济在本质上是相连的，因为它们都依赖信息资源，都是现代经济发展的重要部分。然而，数字经济强调的是数字化、网络化和智能化技术，而信息经济则主要关注的是信息的生产、分发和消费过程。因此，数字经济可以被视为信息经济的深化和发展。

2. 网络经济

网络经济是指通过电子网络进行交易、传播和协作的一种经济模式。网络经济体系内的活动大部分通过互联网进行，其主要特征包括实时交易、全球覆盖、信息共享和强大的互动性。

网络经济的产生和发展与信息化、网络化的社会发展趋势紧密相关，尤其是与互联网技术的广泛应用和发展密切相关。网络经济的基本要素是信息和网络，网络经济的价值主要来自信息的收集、传输、处理和使用，而网络则是这些信息活动的主要载体。通过网络，各类经济主体可以在同一个平台上进行信息的交流和资源的配置，从而实现效率最大化。

网络经济带来了传统经济中难以实现的优势，例如开放性、实时性、全球覆盖性、互动性等，这些特性使网络经济的效率和规模效应大大提高，且拓宽了市场边界，改变了竞争格局。这种经济形态的主要表现形式有电子商务、在线支付、网络广告、云计算、大数据等。

数字经济与网络经济在很大程度上是相互联系的，因为它们都依赖于现代信息通信技术，尤其是互联网技术。数字经济与网络经济都强调信息的重要性，并且都依赖于信息技术来进行信息的收集、处理和分析。这两种经济形态都把信息视为重要的经济资源，并通过提高信息的流通效率来提高经济效率。

然而，尽管网络经济和数字经济有许多相似之处，但两者之间还是存在着明显的差异。网络经济的核心在于网络，而数字经济的核心在于数字化。网络经济的价值主要来自网络的连接和信息的流通，而数字经济的价值则主要来自数字技术的广泛应用，如大数据分析、云计算、人工智能等。此外，网络经济更多关注的是如何利用网络进行信息的传输和交易，而数字经济则更加注重如何利用数字化技术改变生产和经营活动。在网络经济中，网络是经济活动的基础和载体，而在数字经济中，数字化技术则是改变和驱动经济发展的关键因素。

3. 知识经济

知识经济是以知识和信息作为基本的生产要素，以创新作为推动力，依赖于知识创新和信息技术，实现经济增长和社会发展的一种新型经济形态。在知识经济中，知识和信息不仅是生产和服务的主要内容，而且是企业和社会获得竞争优势的关键因素。知识经济的主要特征包括知识创新的重要性、信息技术的广泛应用、经济全球化和产业结构的变化等。

知识经济的出现和发展，是科技进步、经济全球化和信息化进程的必然结果。科技进步使知识创新成为推动经济社会发展的关键因素，经济全球化使知识和信息可以在全球范围内流动，信息化则提供了处理和传输知识和信息的有效手段。这些变化使知识和信息成为经济增长和社会发展的关键因素，从而催生了知识经济。

数字经济和知识经济在很大程度上是相互联系的。它们都重视知识和信息的价值，并且都将知识和信息视为重要的生产要素。它们都依赖于现代信息技术，包括互联网技术、大数据技术、云计算技术、人工智能技术等。这些技术不仅改变了知识和信息的收集、处理和传播方式，而且也为知识创新提供了新的工具和平台。因此，数字经济和知识经济在很多方面都有着密切的关联。

但两者之间还是存在明显的差异，主要体现在以下两个方面：一是知识经济和数字经济的重点是不同的。知识经济主要关注的是知识创新和知识应用，强调知识作为生产要素的价值；而数字经济则更加关注数字化技术的应用，强调通过数字化技术改善信息的收集、处理和分析，从而提高生产和经营效率。二是知识经济和数字经济的发展阶段也不同。知识经济是信息社会发展的早期阶段，其主要特征是知识和信息的广泛应用；而数字经济则是信息社会发展的后期阶段，其主要特征是数字化技术的广泛应用。

二、数字经济的特点

数字经济的特点如图 1-1 所示。

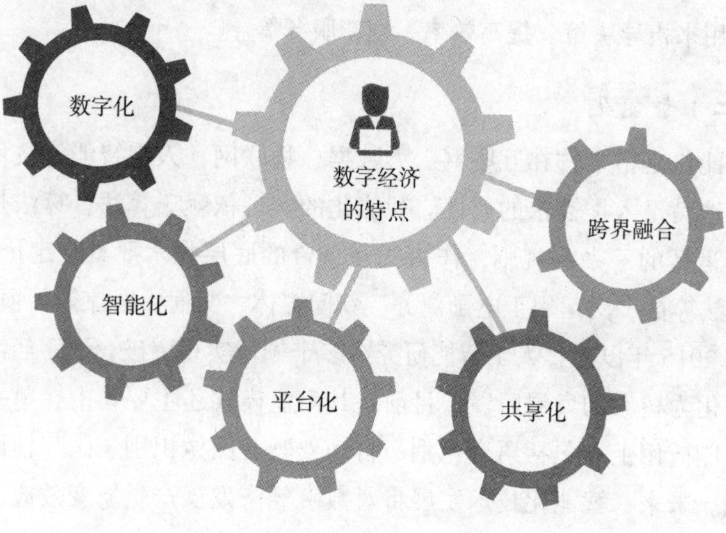

图 1-1 数字经济的特点

（一）数字化

数字化是数字经济的最基本特点，也是其命名的依据。数字化，简单来说，是将各种信息和数据转换为计算机可理解和处理的二进制数字格式的过程。这种过程使信息和数据的处理、存储和传输变得更加高效和便捷。数字化的过程涵盖了信息的采集、处理、存储、分析和使用等多个环节。

首先，数字化使信息的采集变得更加高效和精确。通过各种传感器和设备，可以实时采集各种类型的数据，如环境数据、行为数据、生理数据等，这些数据可以用来了解和分析各种问题。数字化的信息采集不仅效率高，而且可以采集到传统方法无法获取的细致和全面的数据。

其次，数字化使信息的处理和存储变得更加容易。在数字格式下，信息和数据可以快速地在网络上传输，可以在云端存储，也可以在本地设备上存储。这种方式不仅节省了存储空间，也避免了数据的丢失和泄露。

最后，数字化使信息的分析和使用变得更加智能。通过大数据分析、机器学习和人工智能等技术，人们可以从大量的数据中提取有价值的信息，可以发现数据中的模式和趋势，可以预测未来的发展。这些分析结果可以用来指导决策、提高效率、创新服务等。

（二）智能化

智能化是指事物在互联网、大数据、物联网、人工智能等技术支撑下能动地满足人类需求的属性。智能化的实现依赖于算法，算法是计算机程序运行的一系列规则，作为构建平台的底层技术要素，定价算法、推荐算法等被广泛运用于电子商务、新闻媒体、交通、医疗等各领域。

自2015年以来，人工智能研究在多个领域实现突破，数字经济进入以智能化为核心的发展阶段。目前，其商业模式还主要集中在单一的弱人工智能应用上，包括语音识别、自动驾驶、图像识别、医疗辅助等诸多领域。未来，智能化技术发展将对数字经济发展产生质变效应，推动人类生产生活方式的新变革。

利用共享时代的优势，加快传统企业的数字化转型，将是未来所有企业的核心战略。在共享时代利用个人、企业、政府甚至社会的闲置资源，依靠互联网、大数据、云计算等数字技能，推动传统企业向数字化转型发展。传统企业依靠“互联网 + 企业”的模式，应用数据化思维，建立连接内外资源、协作共享的机制，通过建立数字化的协同平台以及资源、财务、法务共享平台，实现互联互通，做到精细化管理，最终实现传统企业的智能化发展。

（三）平台化

互联网平台模式是数字经济的重要组织形式。平台是一种居中撮合、连接两个或多个群体的市场组织，其主要功能是促进不同群体之间的交互与匹配。平台具有跨界网络效应，即一个平台产品或服务对用户的价值取决于平台另一边用户的规模。

平台化的主要特点是以平台为中心，将生产者和消费者连接起来，打破了传统的供应链结构。平台不仅是产品和服务的提供者，也是交易的媒介和市场的场所。这种新型的经济模式具有以下三种优势。

（1）平台化降低了交易成本。在传统的市场中，买卖双方需要花费大量的时间和资源来寻找交易对象，进行交易。而在平台化的市场中，通过互联网技术，买卖双方可以快速、便捷地找到对方，完成交易，大大降低了交易成本。

（2）平台化提高了资源的利用率。在平台化的市场中，资源可以被更有效的配置和使用。比如，共享经济平台可以让闲置的资源得到利用，如共享单车、共享住宿等，大大提高了资源的利用效率。

（3）平台化带来了网络效应。在平台化的市场中，平台的价值取决于其用户的数量和活跃度。用户越多，平台提供的服务就越丰富，吸引的用户就越多，形成了正反馈的循环。这就是所谓的网络效应。

（四）共享化

共享化是数字经济中的一种新型的商业模式，是新一代信息技术和互联网技术的发展促成的。共享化的核心思想是将原本闲置的资源利用起来，通过互联网平台将需求方和供应方连接起来，实现资源的最大化利用。这种经济模式在各个领域都得到了广泛的应用，比如共享单车、共享住宿、共享办公空间等。

首先，共享时代要求数字资源的共享性。数字经济的一大发展方向应当是不断拓展数字信息资源，发展关于数字技术的集成、存储、分析以及交易业务，在共享时代下释放数字技术资源的新价值。

其次，共享时代需要数字技术与产业融合发展，以便创造出更多的商业发展模式。数字技术与产业融合成为数字经济的重要发展方向，通过产业融合，实现产业数字化、智能化，产业的边界逐渐模糊，最终形成产业开放化发展以及产业向价值网络的转型升级。

最后，共享时代要求数字经济发展具有强大的服务功能，由此才能带动对共享商业模式的更多需求。融合服务业与数字技术发展的服务型数字产业是共享时代数字经济发展的重要方向，也体现出数字经济在共享时代的应用性，以数字技术为基础的数字金融、智能支付、智慧物流、智慧健康、电子商务、数字信息服务等服务型产业将在共享时代迅猛发展。

共享化能够大大提高资源的利用效率。在传统的经济模式中，很多资源在大部分时间都是闲置的。而在共享化的经济模式中，这些闲置的资源被有效地利用起来，大大提高了资源的利用率。此外，共享化还可以为消费者带来更多的选择和便利。消费者可以通过共享平台获取到各种各样的产品和服务，而且通常比传统的方式更加方便快捷，价格也更加合理。

（五）跨界融合

随着数字经济的发展，跨界融合的特点日益突出。不同的行业、领域和学科之间的界限越来越模糊，互相融合、互相渗透，形成了全新的业态和模式。

跨界融合打破了传统的行业界限。以前，各个行业之间的边界很明显，各行各业有各自的规则和模式。但是在数字经济的推动下，各个行业开始相互融合，形成了新的业态。比如，电商平台与娱乐、社交、金融等多个领域进行融合，形成了全新的商业模式；医疗与 AI 技术相结合，使医疗服务的提供变得更加智能和个性化。

跨界融合促进了创新和发展。跨界融合不仅打破了原有的模式，也带来了全新的创新机会。不同行业和领域的交叉融合，可以引发新的思维火花，产生新的创新产品和服务。比如，移动支付的出现，使金融服务更加便捷；虚拟现实技术的发展，为游戏、教育、旅游等多个领域带来了新的应用可能。

三、数字经济的发展

（一）数字经济发展阶段

从技术角度来看，数字经济经历了两个大的发展阶段：数字经济 1.0 阶段和数字经济 2.0 阶段，如图 1-2 所示。

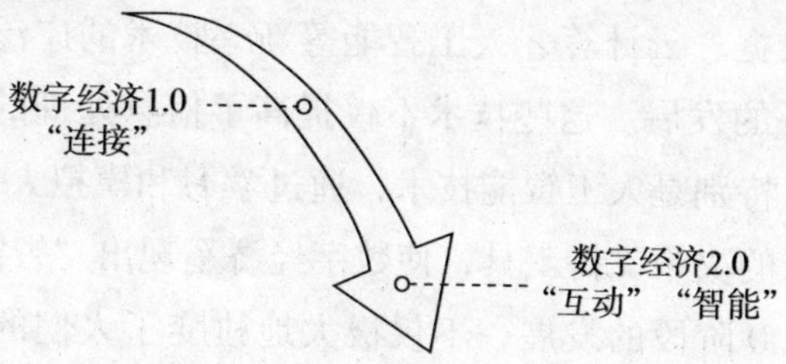

图 1-2 数字经济发展阶段

1. 数字经济 1.0

数字经济 1.0，也称为数字经济的第一阶段，可以追溯到 20 世纪 70 年代，主要是以电脑和互联网的普及作为标志。这个阶段的关键词是“连接”，其核心是通过数字化手段将人、数据和设备连接起来。

在数字经济 1.0 阶段，一系列数字化技术和产品得以诞生并迅速发展。其中，个人计算机和互联网技术的广泛应用，是这一阶段最明显的标志。个人计算机的普及，使数字技术开始深入生活的方方面面，让更多的人有机会接触和使用数字产品。互联网技术的发展，使得信息的传播速度和范围得到了前所未有的提升，也使人们的生活方式发生了重大的变化。

在这一阶段，人们利用数字技术进行信息的获取、处理和传播，极大地提高了生产力和生活质量。同时，数字技术的应用，也催生了一批新兴的数字产业，如软件开发、网络服务等。这些产业在短时间内快速发展，成为经济增长的新引擎。

2. 数字经济 2.0

数字经济 2.0，也被称为数字经济的第二阶段，主要体现在 21 世纪初至今，其核心是移动互联网的崛起以及大数据、云计算、人工智能等先进技术的广泛应用。与数字经济 1.0 阶段的“连接”不同，数字经济 2.0 阶段的关键词是“互动”和“智能”。

移动互联网的崛起，使数字经济的影响力进一步扩大，生活的各个方面都被数字化渗透。人们通过智能手机、平板电脑等移动设备，随时随地地获取信息、购物、支付、学习、娱乐，甚至社交。这种全面的、随时随地的“互动”成为数字经济 2.0 阶段的显著特点。

此外，大数据、云计算、人工智能等新兴技术的广泛应用，进一步推动了数字经济的发展。这些技术不仅提高了信息处理的效率，也使信息更加有价值。特别是人工智能技术，通过学习和模拟人类的认知过程，提供了一种全新的决策支持工具，使数字经济呈现出“智能”的特点。

数字经济 2.0 阶段的发展，不仅极大地改变了人们的生活方式，也对经济社会发展带来了深远的影响。新的商业模式如电商、共享经济、社交电商等应运而生，成为经济增长的新动力。同时，一些传统行业也因为数字化的影响，开始进行深度的转型和升级。

（二）数字经济发展趋势

当今世界正发生着人类有史以来最为迅速、广泛、深刻的变化，以信息技术为代表的高新技术突飞猛进，以信息化和信息产业发展为主要特征的综合国力竞争日趋激烈。信息化对经济发展和社会进步带来的深刻影响，引起世界各国的普遍关注。发达国家和发展中国家都十分重视信息化，把加快推进信息化作为经济和社会发展的战略任务。数字革命创造的信息产业已经成为一种战略性产业。

数字经济的基础在于信息化，信息化包括信息技术的产业化、传统产业的信息化、基础设施的信息化、生活方式的信息化等，其中信息产业化与产业信息化，即信息的生产和应用两大方面是关键。因此，数字经济呈现出与信息技术、数字技术密切关联的发展趋势，具体如图 1-3 所示。

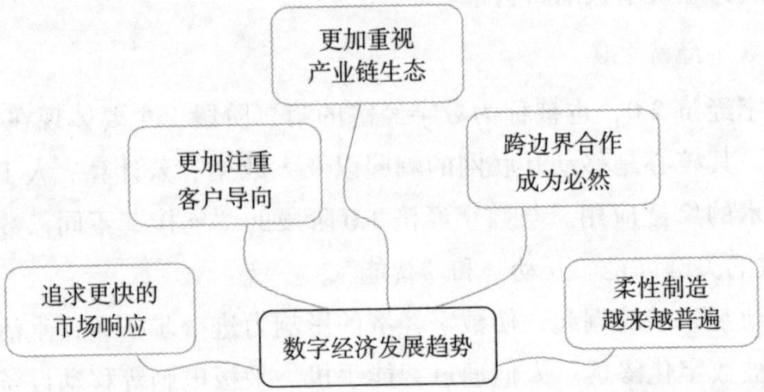

图 1-3　数字经济发展趋势

1.追求更快的市场响应

随着消费者的需求不断变化和竞争对手的不断出现，产品与服务的更新周期越来越短，这要求企业以最快的速度对市场作出反应，以最快的速度制定新的战略并加以实施，以最快的速度对战略进行调整。

迅速反应和迅速调整都要求企业建设自身的"数字神经"平台，未来几年中，大部分的中国企业将建设自己的信息共享平台。

2.更加注重客户导向

敏捷地发现客户需求已经成为影响数字经济并推动其发展的重要因素。大数据技术的广泛应用，使顾客的浅层次体验和深层次需求都更容易获得，企业需要及时制定应对策略。电子商务销售商必须实时获取用户反馈，发现顾客的真正需要，并保护好用户信息等隐私。

基于大数据的精准客户画像将能够发现用户自己并不知道的潜在偏好，从而更好地服务客户，也为不良商家诱导客户非理性消费创造了机会。

客户导向的另一重含义是鼓励客户在产品研发阶段深度参与，从而拉近制造商与消费者的距离，制造出更能满足用户需要的商品。日益发达的网络技术为制造端和消费端的融合创造了条件。

3.更加重视产业链生态

在信息技术的快速发展下，许多行业出现了大的断层，产业的游戏规则在变化，新的对手来自四面八方，新的供应商随时产生。这种断层既对行业中的现存者提出了挑战，又为新生者提供了机会，各个行业都不同程度地存在行业重新"洗牌"的机会。

许多中间环节面临被消除的危险，它们被迫提供新的、更大的价值。许多企业进入价值链的其他环节（上游或下游），比如制造业向服务业转型，或者在价值链中重新定位（如从品牌制造商转为原始设备制造商）等。企业主动或被动地利用数字化手段以应对价值链重构，或重新抓住自己的客户，或重组优化自己的供应商队伍。

4. 跨边界合作成为必然

速度的压力使企业必须通过合作进行资源整合并发挥自己的核心优势，规模经济的要求、新产品研发等巨额投入的风险也迫使企业必须以合作的方式来分担成本，甚至是与竞争对手进行合作，形成合作竞争关系。

信息技术手段特别是互联网技术，极大地降低了合作沟通的信息成本，使广泛的、低成本的合作成为可能。通过信息平台而不是组织整合平台，伙伴间形成了虚拟企业，这样的虚拟企业既具有大企业的资源优势，又具有小企业的灵活性，为合作各方带来了极大的竞争优势。未来企业将有 60% 的网络应用是用于内部业务和伙伴的业务沟通。

5. 柔性制造越来越普遍

在传统经济中，商品或服务的多样性与到达的范围是一对矛盾。大众化的商品总是千篇一律，而量身定制的商品只有少数人能够享用。但数字技术的发展改变了这一切。企业现在能够以极低的成本收集、分析不同客户的资料和需求，通过灵活、柔性的生产系统分别定制，在这方面国外汽车和服装行业提供了许多成功案例。大规模量身定制生产方式将给每个客户带来个性化的产品和服务，同时要求企业具备极高的敏捷的反应能力。

第二节　企业数字化转型概述

一、企业数字化转型的理论基础

企业数字化转型正在成为企业发展的重要议题。以下是支撑企业数字化转型的四个重要理论基础。

（一）价值网络理论

价值网络理论是由哈佛商学院的教授理查德·帕斯卡尔（Richard Pascale）和哈佛商学院的研究员尼可拉吉·席格高（Nicolaj Siggelkow）于2007年提出的，这一理论深入探讨了企业之间如何通过互联的活动和连接构成一个网络，从而创造并分享价值。

价值网络理论的主要观点是，企业并不是独立存在的，而是嵌入在一个由供应商、合作伙伴、客户等多元化角色构成的网络中，通过这个网络进行资源的流动和信息的传递，实现价值的创造和传播。这种网络的形成，基于各个参与方之间的互动关系，包括竞争、合作、依赖等多种形式。

在企业数字化转型过程中，价值网络理论具有指导意义。价值网络理论提出，企业在进行数字化转型时，需要关注整个价值网络，而不仅仅是自身的业务流程。这是因为在数字经济环境下，企业的成功更多地取决于其在价值网络中的位置和角色，以及与其他网络参与者的互动方式。只有深入理解和熟悉这个价值网络，才能够找到最适合自己的位置，从而实现价值的最大化。

价值网络理论强调，价值的创造不仅来自产品和服务的提供，也来自信息和知识的分享，以及创新的推动。在数字化转型中，企业需要利用数字技术来激发内部的创新能力，同时也要打开自身的边界，与价值网络中的其他参与者共享信息和知识，共同推动创新。

价值网络理论为企业进行数字化转型提供了理论依据和操作框架，使企业能够更好地适应数字经济的环境，实现价值的创造和分享。

（二）商业模式刚性理论

商业模式刚性理论，也被称为商业模式惯性理论，该理论主张企业一旦建立了一种特定的商业模式，就可能会因为各种原因变得难以改变。这种固化的商业模式可能会导致企业在面对市场变化或新技术出现时，无法及时调整自身的商业策略，从而影响企业的竞争力和生存能力。

商业模式刚性理论的核心观点是，企业的商业模式是由其内部的组织结构、管理机制、商业策略、企业文化等多种因素共同塑造的，这些因素之间存在着紧密的相互关系和依赖。一旦企业的商业模式形成，就会形成一种惯性，使企业在面对变化时，可能会固守原有的商业模式，而不愿意进行改变。

在企业的数字化转型过程中，商业模式刚性理论提供了重要的指导。随着数字技术的发展，市场环境和竞争态势都在发生着快速的变化，企业需要持续地进行创新和调整，以适应这种变化。然而，由于商业模式的刚性，企业可能会面临改变困难的问题。因此，企业在进行数字化转型时，需要认识到商业模式刚性的存在，积极寻求突破，打破原有的商业模式，建立新的、适应数字经济的商业模式。

对于如何打破商业模式刚性，企业可以从以下几个方面着手：一是提升组织的学习能力和创新能力，建立灵活的组织结构和管理机制，以支持新的商业模式的实施；二是积极引入外部的资源和知识，如合作伙伴、客户、创新者等，利用这些外部资源和知识来打破内部的刚性，推动商业模式的创新；三是建立符合数字化环境的企业文化，如开放的、合作的、创新的文化，以鼓励员工接受新的商业模式，推动商业模式的转变。

（三）动态能力理论

动态能力理论源于战略管理领域，由大卫·蒂斯（David J. Teece），等在 1997 年提出，该理论主张企业在快速变化的环境中，通过不断的学习、创新和适应，从而塑造、延展和配置其内部资源和能力，以应对环境变化、实现竞争优势。

动态能力包括三个主要维度：感知和塑造机会与威胁的能力、抓住机会的能力以及再配置企业内部和外部的能力。感知和塑造机会与威胁的能力，是指企业在商业环境中发现新的机遇和威胁，预测市场动态，以及适应并塑造市场变化的能力。抓住机会的能力，主要指企业对新的商业机会进行快速有效的响应和利用的能力。再配置企业内部和外部的能力，则是指企业进行资源整合和配置的能力，包括内部资源的再配置和外部资源的获取与整合。这三个维度共同构成了企业的动态能力，使企业能够在不断变化的环境中，通过创新和学习，不断调整其资源配置和战略方向，以应对新的竞争挑战。

在企业的数字化转型过程中，动态能力理论具有重要的指导意义。随着数字技术的发展，如大数据、云计算、人工智能等，企业面临的市场环境和竞争格局都在发生着快速的变化。在这种情况下，企业需要有足够的感知和塑造机会与威胁的能力，以便及时发现新的市场机会，或者预见潜在的竞争威胁。企业还需要具备抓住机会的能力，即通过创新的产品、服务、商业模式，来实现新的机会。在数字化环境下，企业不仅需要对技术进行创新，更需要对其商业模式、管理模式进行创新，以适应数字化环境的要求。最后，企业需要有再配置企业内部和外部的能力，即通过合理的资源配置和有效的协调管理，来适应环境的变化。在数字化环境下，企业需要将数字技术与其内部的资源、流程进行深度融合，同时也需要与外部的合作伙伴、客户等建立密切的联系，以形成整体的竞争力。

（四）第二曲线理论

第二曲线理论是由英国著名管理大师查尔斯·汉迪（Charles Handy）在其作品《第二曲线思维》中提出的。该理论的核心观点是，无论是个人、组织还是社会，其发展过程都可以被描绘为一条曲线，当这条曲线达到顶峰时，如果不进行转变，就会走向衰退。因此，当第一条曲线还处于上升阶段，尚未达到顶峰时，就需要预先设计和发展第二条曲线，以实现平稳过渡，避免衰退。

第二曲线理论中的“第二曲线”代表的是新的机会、新的策略、新的模式，它可能会颠覆或者改变原有的第一曲线。在企业数字化转型的背景下，第二曲线理论提供了一种重要的思考框架。在数字化转型过程中，原有的商业模式、组织结构、运营方式（第一曲线）可能会受到挑战甚至被颠覆，企业需要寻找并设计新的商业模式、组织形态、运营策略（第二曲线）以适应新的环境。

企业应在第一曲线还未走向衰退时就开始构建第二曲线，寻找新的增长点。这需要企业对市场趋势、消费者需求、新兴技术等进行敏感而精准的洞察，以发现新的机遇。并且，第二曲线的构建不仅仅是企业技术、产品或服务的创新，更包含了对商业模式、组织结构、企业文化等多个方面的深度变革。

构建第二曲线的过程需要企业有勇于自我颠覆的决心。因为在很多情况下，第二曲线可能会挑战甚至颠覆企业的现有业务和模式，这就需要企业有勇气承受可能的短期困难和不确定性，为实现长远的成功而投入。

第二曲线理论为企业的数字化转型提供了宝贵的指导，强调了在变革中预见未来、主动设计、自我颠覆和持续创新的重要性。这种理论观点，对于指引企业在数字化转型过程中实现从旧到新的平稳过渡，提升企业的竞争力和生命力，具有重要意义。

二、企业数字化转型的发展历程

企业数字化存在着两条不同的演变线索。其中一条是由 IT 行业驱动，这条线的特点是以传统行业为主导，以 IT 技术为辅助，逐步将各行各业的数据和生产流程数字化；另一条则是由互联网行业引领，其特点是自身“野蛮”生长，持续创新并创造巨额财富，然后与 IT 这条线会合，开始改造和颠覆传统行业。如今，互联网在很大程度上已经取代了原 IT 行业的位置，成为数字化发展的领导者，并持续探索和创造新产品与新模式。如图 1-4 所示，从整体上来看，整个企业数字化发展的路径呈现出字母“Y”的形状，因此，笔者将其称为数字化“Y 路径”演化模型。该演化路径可以分为五个阶段。

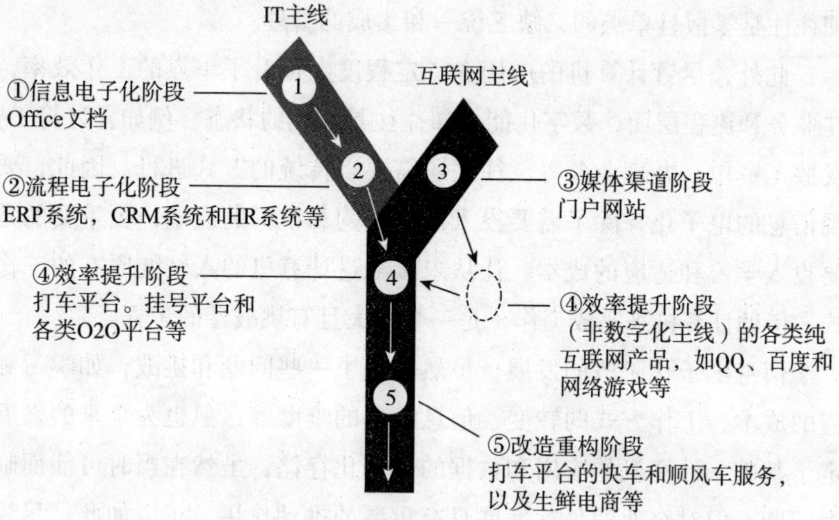

图 1-4　企业数字化发展的“Y 路径”演化模型

（一）信息电子化阶段

彼时，以计算机应用为代表的 IT 行业兴起，微软、英特尔和 IBM 这样的公司正如日中天。在 IT 行业之外，其他行业也开始慢慢地意识到，计算机可能是一种新的生产力。使用计算机办公，其好处是显而易见的，例如：计算速度快，用来处理财务报表又快又准；存入计算机的数据可以轻易地复制，避免了不少重复劳动；可以快速对文件内容进行检索；打字熟练后，文字输入速度明显快于手写。

在这个时期，现实世界中记载在纸上的信息开始逐步被输入计算机中，变成电子化数据。因此，笔者将其看作数字化发展的第一个阶段，称为“信息电子化”阶段。在这个阶段，相应的硬件和软件相继被制造和开发出来，相关产业蓬勃发展。

在信息电子化阶段，各部门之间的信息存储和处理方式开始转变。以前，各部门的数据，如产品生产相关信息、销售数据、订单数据、员工档案、财务报表等，分散存储在各个部门的计算机中，而现在，这些信息开始以电子的形式被存储在计算机中。但是，这些数据的存储和处理往往是零散且单点的，缺乏统一和集成的管理。

此外，尽管计算机的应用在一定程度上提升了单点的工作效率，但在业务和流程层面，数字化能力却往往是断档的状态。例如，计算工资、发放工资单、办理业务等，往往还需要以传统的方式进行。因此，要实现信息的电子化，除了需要投入设备采购和维护的成本，更重要的是需要投入学习和适应的成本。让从未接触过计算机的人转变原有的工作方式，借助计算机来完成工作，是一个庞大且有挑战性的工程。

信息电子化阶段的发展，虽然带来了一些问题和挑战，如学习和适应的成本、工作方式的转变、信息管理的难度等，但也为未来的发展奠定了基础。计算机的应用和数据的电子化存储，虽然在当时可能面临许多问题，但对企业的长远发展具有重要的推动作用。正因如此，尽管面临着种种困难，许多企业仍然选择了积极地进行信息电子化，为未来的发展打下了坚实的基础。

（二）流程电子化阶段

流程电子化阶段，也称为数字化的第二阶段，是在信息电子化的基础上，进一步将工作流程搬到计算机上，并通过内部网络实现流程的电子化和高效流转。这一阶段的特征主要体现在业务流程的电子化和各类系统的应用，如 ERP 系统、CRM 系统和人力资源管理系统等。

在信息电子化的过程中，各类信息散落在不同的计算机硬盘上，以一个个文件的形式存在，形成了所谓的“信息孤岛”。随着存储的信息量越来越大，这种管理方式将面临检索和查阅效率等方面的挑战。因此，流程电子化阶段的出现，解决了这个问题，使各类信息得以集中存储，同时将原有的工作流程搬到计算机上，实现了工作流程的电子化。

流程电子化阶段的意义，在于将计算机和网络等技术的应用范围，由简单的存储、查阅和计算场景，扩展到了真正的日常工作场景。一旦完成了流程电子化，就具备了以数字化方式进行企业综合管理的基础。

在这个阶段，许多传统软件公司，都开始崭露头角。如果说在上一个时期各行各业对信息技术的看法还是“图个新鲜”的话，那么到了这个时期，大家真正发现了其驱动业务的可能性。但是，这个时期也带来了一些问题。由于流程电子化的思路仅仅是将已有的工作流程以另外的方式承载，对工作方式和商业模式的创新较少，同时，销售这类软件的公司大多数是“乙方”角色，以强销售为导向，这使一些公司的目光相对短浅，创新能力不足，从而错过了互联网的机遇。

（三）媒体渠道阶段

1995 年，互联网在中国正式商业化。当年的情况是，在硬件层面互联网已然联通，但应用层一片空白。当时，很多有识之士看到了这个机会，纷纷进入互联网行业开始创业。互联网在国内发展的最初几年几乎全部是以媒体的产品形态出现的，即做一个网站，上面放置很多信息，吸引用户来看。

在数字化“Y 路径”演化模型中，笔者将互联网的发展，特别是与传统行业结合的部分看作数字化演进的另一条线索。然而，互联网这条线索的起始部分仅仅是从时间顺序上排在第三位，所以被命名为阶段三，即“媒体渠道”阶段。但在逻辑上并不完全是前两个阶段的延伸，具体原因在于两者的发展路径完全不同。互联网貌似从一开始就显得更加“主动”，一直试图渗透和影响传统行业，其具体方法也从单纯的技术手段向“技术 + 思维 + 模式”的方向演进，最终，为数不少的行业被改造甚至被颠覆。而 IT 行业这条线，更多的是传统行业业务的附庸。

在媒体渠道阶段，企业开始利用互联网作为新的媒体渠道，开展商业活动。网络门户网站、电商平台等成为企业开展业务的重要平台。不过，当时的门户网站其实就是各类信息的大集合，信息由网站或者与其合作的传统媒体产生，在网络上单向地展现给用户，所有用户看到的信息是一样的。本质上，这种方式与报纸和杂志并无区别。因此，在这个时期，互联网对于其他行业来说本质上只是一个媒体或者信息渠道。同样，这一时期的电商网站，由于没有后续的支付和大数据等能力的支撑，无法拓展更多的使用场景，依然只是一个相对简单的具有“渠道属性”且靠“传递信息”创造价值的产品。

总体上看，在媒体渠道阶段，互联网与传统行业一般仅发生有限的配合。相当于在某些场景下，二者合作完成某个任务，但基本不发生交互，线上与线下泾渭分明，相对割裂。

（四）效率提升阶段

时间线持续向前，数字化的发展进入第四个阶段，即效率提升阶段。从传统行业的视角来看，目前大多数传统行业在数字化转型方面都处于这个阶段，或者正在进入这个阶段。从互联网公司的角度来看，在这个阶段，纯线上的流量越来越难获取，大的商业机会也越来越少，因此互联网公司重新回到了推动其他行业数字化发展的主线上，并在“Y 路径”演化模型中与 IT 这条线索合并。事实上，从这个阶段开始，互联网行业接过了数字化的大旗，开始主导数字化发展，而老牌的 IT 公司则慢慢退居二线，仅承担一些基础业务，行业属性开始慢慢偏向制造业。

在效率提升阶段，互联网开始在业务逻辑层面上与传统行业进行单点融合，其主要表现是帮助传统行业提升效率，如生产效率、业务运转效率或管理效率等，但一般不会深入行业的核心部分，更多的是在原行业的一些流程节点上进行突破和创新。大多数时候，这种融合会以提升行业内的某种效率为目的，一般不会试图改变原行业中的核心商业模式、业务模式及协作方式等。

（五）改造重构阶段

时间线继续向前推进，最近几年，有些企业已经进入了“Y 路径”演化的第五个阶段，即改造重构阶段。这是一个全新的阶段，使原行业发生了翻天覆地的变化，在很大程度上改造甚至重构了整个行业。

在改造重构阶段，互联网与传统行业深度融合，试图基于新的能力、新的认知、新的思维来打破路径依赖，重新思考用户 / 客户、需求和场景，重新提出解决方案。必要时，会改变原行业中固有的业务模式、业务流程、商业模式和协作体系，甚至创造出新的行业。如果从传统行业的角度来看，这才是本书所研究的数字化转型的真谛。

三、企业数字化转型的动力

在快速变化的市场竞争中发展，如何获得更大的市场份额、更多的盈利以及更广阔的发展前景，是企业不断转型升级的根本动力。在当下宏观背景下，企业为什么要进行数字化转型，不同的企业可以罗列出很多必须转型的理由，但归结起来无外乎四大类：数字经济大趋势、市场竞争的需要、技术发展的引领和客户端的倒逼机制，如图 1-5 所示。

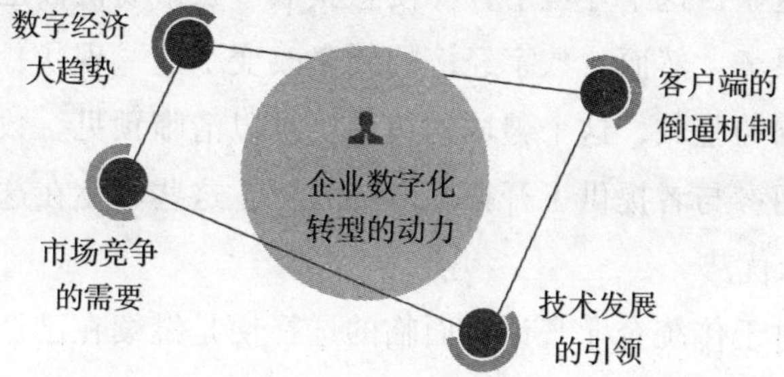

图 1-5 企业数字化转型的动力

（一）数字经济大趋势

近年来，数字经济发展速度之快、辐射范围之广、影响程度之深前所未有，正在成为重组全球要素资源、重塑全球经济结构、改变全球竞争格局的关键力量。

2023 年 4 月，中国信息通信研究院发布了《中国数字经济发展研究报告（2023 年）》。报告指出，2022 年，我国数字经济实现高质量发展，进一步向做强做优做大的方向迈进，数字经济规模达到 50.2 万亿元，同比名义增长 10.3%，已连续 11 年显著高于同期，占 GDP 比重达到 41.5%，数字经济在国民经济中的地位更加稳固、支撑作用更加明显。

2016 年，在杭州 G20 峰会上，“数字经济”成为热词。中国作为“数字经济”议题的主席国，组织二十国集团成员成立了 G20 数字经济工作组，组织召开了各类多边、双边国际会议共计 30 余场，最终形成了成果文件《G20 数字经济发展与合作倡议》，并第一次在会议决议中明确了“数字经济”的定义。这是我国数字经济掀起的第一波大潮，之后潮涌不断。

2017 年，第四届世界互联网大会在浙江乌镇开幕，“数字经济”再次成为大会的最热词。大会提出，中国数字经济发展将进入“快车道”。中国希望通过自己的努力，推动世界各国共同搭乘互联网和数字经济发展的“快车”。

面对数字经济的浪潮，传统企业所处的市场竞争环境正遭遇重大转变。在经历长期的市场竞争后，各行各业的领域划分已经形成了相对稳定的格局，企业在这个环境下，即便想获取一点市场份额也需要付出巨大的努力和艰辛。然而，数字经济的到来改变了这一现状，它带来了一片陌生而广阔的疆域，这个疆域的边界仍难以清晰预见。数字经济的初期阶段为早期参与者提供了开拓疆域的先机，这些先驱在这个新领域享有明显的先入优势。

因此，对于传统企业来说，面临的选择便是继续在已经饱和的市场竞争环境中努力生存，还是积极转型，拥抱数字经济的浪潮，在这片广阔的新领域寻找新的发展机会。这两种选择各有风险和机会，企业需要根据自身的资源、能力和市场环境进行理性判断。无论如何，数字经济的趋势已经形成，这是企业需要关注和应对的重大变革。

（二）市场竞争的需要

在今天这个快速变化的商业环境中，市场竞争已经成为推动企业数字化转型的另一大动力。随着科技进步和消费者需求的变化，企业必须时刻保持对市场动态的敏感度，并积极适应，才能保持竞争力并确保可持续发展。

数字化转型可以帮助企业更好地理解市场和消费者需求。通过收集和分析大量的用户数据，企业可以深入了解消费者的需求和行为，以此来调整其产品或服务。这种对消费者需求的深度理解和精确预测，将有助于企业提升产品和服务质量，进而提高消费者满意度，从而在竞争中获得优势。

数字化转型也有助于提高企业的运营效率。数字化技术可以帮助企业优化内部流程，降低运营成本，并提高决策效率。例如，通过引入自动化和人工智能技术，企业可以提高生产效率，减少人力成本，同时，数据分析技术也可以帮助企业更精确地作出决策，减少决策失误。这种高效率的运营模式将有助于企业在竞争中获得更大的优势。

（三）技术发展的引领

技术的快速发展是推动企业数字化转型的另一大动力。从云计算、大数据、人工智能到物联网、区块链等新一代信息技术的兴起，都在对企业经营模式产生深远影响，并推动着企业走向数字化转型。

云计算和大数据技术的发展为企业的数字化转型开辟了道路。云计算技术将企业的 IT 基础设施转移到云端，使企业无投入大量资金购买和维护硬件设备，能够更加关注于核心业务的发展。同时，云计算也极大地提高了数据处理的效率和能力，使企业能够快速地处理和分析海量数据。大数据技术则为企业提供了新的业务洞察，通过对大量数据的分析，企业可以更深入地理解市场趋势，更精确地预测消费者行为，从而制定出更有针对性的营销策略。

人工智能和机器学习技术的应用为企业的决策提供了新的支持。这两种技术可以通过自我学习和优化，不断提高预测的准确性，帮助企业更好地预测市场趋势，提高决策效率。例如，通过机器学习技术，企业可以预测销售趋势，提前进行生产和库存管理；通过人工智能技术，企业可以实现智能客服，提高客户服务质量和效率。

物联网技术的发展为企业的运营效率提供了新的提升空间。通过连接各种设备和系统，企业可以实时监控和管理生产流程，提前发现和解决问题，从而提高生产效率。同时，通过物联网技术，企业还可以收集到大量的用户使用数据，用于改善产品和服务，提高用户满意度。

区块链技术的应用可以提高企业间的交易效率和透明度，减少中间环节，节省成本。区块链技术通过创建一个“去中心化”、不可篡改的账本，可以确保交易的公正和透明，减少信任问题。这对于需要多方参与的业务，如供应链管理、金融交易等，都有很大的帮助。

（四）客户端的倒逼机制

客户端的倒逼机制是企业数字化转型的又一重要动力。在当前的商业环境中，客户的需求、行为习惯等都在不断变化，这为企业提供了数字化转型的动力。

一方面，客户的需求在不断发生变化。随着科技的进步和生活水平的提高，人们的需求也在不断升级。这种需求的升级不仅体现在对产品和服务质量的要求上，更体现在对购物体验和服务体验的期待上。例如，消费者更加看重个性化、便捷化和体验化的服务。在此背景下，企业需要通过数字化转型，利用数据分析、人工智能等技术，提供更个性化、便捷化的服务，以满足客户的新需求。

另一方面，客户的行为习惯也在改变。在数字化时代，人们越来越依赖于数字设备，如智能手机、平板电脑等，进行信息获取、购物、社交等活动。这种改变使企业必须对其产品或服务的交付方式进行调整，例如建立电商平台、推出移动应用等。

四、企业数字化转型的实施

企业数字化转型的实施主要包括以下五个步骤，如图 1-6 所示。

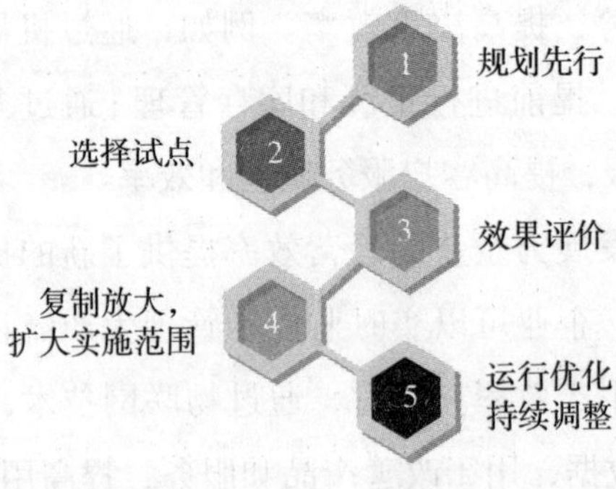

图 1-6　企业数字化转型的实施

（一）规划先行

企业数字化转型首要的步骤便是规划先行。在此阶段，企业需要明确转型的目标和路径，以及所需要的资源与能力。对于目标的设定，应从业务战略出发，考虑如何通过数字化转型提升业务能力，提高运营效率，增强客户体验等。同时，规划阶段也应明确转型的路径，确定何时何地开始，以及如何逐步推进。此外，企业还需要审视自身的资源与能力，分析现有技术与人员是否能够支撑转型的实施，如果不能，则需要制订相应的技术升级或人才引进计划。

（二）选择试点

在规划之后，企业需要选择一个或多个试点项目进行初步的数字化转型。选择试点项目的目的是在实际操作中检验规划的可行性，通过这种小规模的试验，企业可以及时发现和纠正转型过程中的问题，避免在大规模推广时出现大的偏差。同时，试点项目也可以作为企业推动转型的一个积极信号，增强员工的转型信心，提高他们的接受程度。

（三）效果评价

完成试点项目后，企业需要进行效果评价。这一步骤的主要任务是评估数字化转型的效果，包括转型带来的业务效益、运营效率的提升、客户体验的改善等各方面。这些评价结果将为接下来的转型实施提供重要依据。如果试点项目的效果良好，企业可以依据此开展更广泛的推广；如果效果不尽如人意，企业则需要分析问题的原因，调整转型策略，并在下一轮的试点项目中进行验证。

（四）复制放大，扩大实施范围

在试点项目效果良好，且已做好充分评估的基础上，企业便可以开始进行规模化的转型实施。在此阶段，企业需要将试点项目中的成功经验和做法，复制到其他部门或业务线，扩大转型的范围。需要注意的是，复制放大并不意味着简单的照搬，而是需要结合各个部门和业务线的特点，进行适当的调整和优化。

（五）运行优化，持续调整

企业数字化转型并非一蹴而就的过程，而是需要不断地运行优化和持续调整。随着市场环境的变化，以及新技术、新工具的出现，企业需要持续监控和评估转型的效果，对转型方案进行持续的优化和调整。这样，企业才能在不断变化的环境中，保持自身的竞争力，实现持续的发展。

五、企业数字化转型的趋势

企业数字化转型的趋势体现在五个方面，具体如图 1-7 所示。

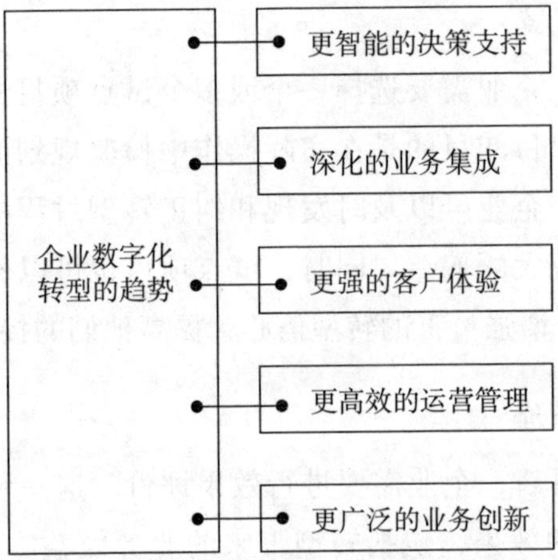

图 1-7　企业数字化转型的趋势

（一）更智能的决策支持

随着大数据、云计算和人工智能等先进技术的日益普及，企业能够快速收集、处理和分析大量数据，从而获取更为深入和精确的业务洞察。这样的洞察可以帮助企业理解市场趋势、用户行为和操作效率等关键信息，从而制定更为智能和精确的决策，使企业在处理复杂和不确定性问题时具备更强的能力，为企业的长期发展提供强大的动力。

（二）深化的业务集成

在数字化转型的过程中，企业的各个业务领域将更加紧密地集成在一起。信息化系统将连接企业的内部各个部门，使信息的流动更加顺畅，协同工作更加高效。例如，销售部门可以实时获取到生产部门的生产情况，从而作出更准确的交货承诺。同时，企业与供应商、客户等外部单位的信息化系统也将更加紧密地连接，形成一体化的供应链，提升整个供应链的效率。

（三）更强的客户体验

随着消费者对于购买体验要求的提高，提供优秀的客户体验成为企业数字化转型的重要趋势。企业将通过数字化技术，如社交媒体、移动应用等，提供更个性化、更便捷的服务，提升消费者的满意度和忠诚度。例如，通过移动应用，消费者可以随时随地购买产品、咨询问题，获取到更好的购物体验。

（四）更高效的运营管理

数字化转型将使企业的运营管理更加高效。信息化系统将使企业能够实时监控业务运行情况，迅速发现并解决问题，提高运营效率。例如，生产管理系统可以实时获取到生产线的运行数据，及时调整生产计划，减少停机时间。同时，数字化转型也将帮助企业更有效地管理人力资源，如通过人力资源管理系统，企业可以更准确地评估员工的工作效果，提升人力资源的使用效率。

（五）更广泛的业务创新

数字技术不仅改变了企业的运营方式，也为业务创新提供了全新的可能。比如，通过互联网和移动设备，企业可以直接与消费者互动，提供定制化的产品和服务，从而创新业务模式；通过物联网和智能硬件，企业可以打破传统的产业边界，进入全新的市场领域，进行跨界创新。这种创新不仅可以帮助企业开辟新的业务市场，也可以提升企业的竞争力，实现持续的发展。

第三节 企业数据价值体系

数字经济发展日新月异，新技术和应用层出不穷，随着以新兴技术的快速发展，企业产生并积累了种类繁多、体量庞大的数据。激发数据创新驱动潜能，为企业经营决策提供有价值的信息，实现数字化转型升级，是数字经济时代企业面对竞争激烈的市场环境，塑造高质量发展新动能的必然选择。如何才能发掘数据中的价值？企业需要构建一套完整的数据价值体系，以帮助企业真正将数据用起来，实现企业数字化转型。

一、数据的价值：为什么企业需要关注数据

数据价值，顾名思义，是指数据所蕴含的潜在价值。这种价值主要体现在数据的使用中，可以通过分析数据，提取有价值的信息，帮助企业改善产品、提高运营效率、优化客户体验等。在当前信息化、数字化的环境中，数据已成为一种新的资产，具有巨大的价值。

企业需要关注数据，以便有效地管理和提升业务。数据的价值主要体现在以下几个方面。

（一）数据驱动决策

企业在现代经济环境中的竞争取决于其作出决策的质量和速度。数据的利用能显著提升决策质量和决策效率。数据驱动的决策模式是基于大量数据和复杂的算法进行决策，能够提供更准确的业务洞察，帮助企业制定更精准的策略。此外，数据驱动的决策模式也强调实时性和灵活性，能够帮助企业快速适应并应对市场变化。对企业来说，有效地利用数据不仅可以提高决策的精确度，也可以提高决策的及时性，从而提升

企业的竞争力。从产品设计、市场定位到供应链管理等各个环节，数据都能发挥重要的作用，提供实时的反馈，使企业能够更好地理解市场需求，优化运营效率，实现更高的业绩。

（二）提供客户洞察

数据可以揭示客户的偏好、需求和行为模式，为企业提供有关客户的深入洞察。通过分析客户数据，企业可以了解客户的购买历史、喜好、购买渠道和反馈等信息。这些洞察可以帮助企业优化产品定位、个性化营销和客户服务，提高客户满意度和忠诚度。企业可以利用数据为客户提供个性化的体验，增强客户关系，并提供定制化的产品和服务。

（三）增强市场竞争优势

数据在市场竞争中起到至关重要的作用。通过对市场数据的分析，企业可以了解竞争对手的策略、市场份额和趋势等信息。这使企业能够作出更准确的市场定位、制定更有效的竞争策略，并及时调整自己的业务模式以适应市场变化。数据还可以帮助企业发现新的市场机会，预测潜在需求，并在竞争激烈的市场中脱颖而出。

（四）提高产品和服务的创新能力

传统的产品和服务创新主要依靠创新者的想象力和直觉，但这往往导致很多产品和服务无法满足市场的真实需求。而数据可以提供更真实和准确的市场信息，帮助企业发现新的需求，从而开发出更符合市场需求的产品和服务。例如，通过分析用户的行为数据，企业可以了解到用户的真实需求，从而调整产品的设计，提供更符合用户需求的服务。这种基于数据的创新方式，无疑可以大大提高产品和服务的成功率，提升企业的竞争力。

（五）提高企业风险管理能力

在复杂多变的商业环境中，风险管理对企业的成功至关重要。数据在这方面可以发挥巨大的作用。通过收集和分析各种内部和外部数据，企业可以更好地理解和预测可能面临的风险，并据此采取预防和应对措施。比如，通过对市场数据的实时监控，企业可以提前发现市场趋势的变化，提前准备应对策略；通过对财务数据的深度分析，企业可以发现潜在的财务风险，及时调整财务策略。此外，数据还可以帮助企业进行风险分析和评估，帮助企业了解各种风险的可能性和影响程度，以便更好地制定风险管理策略。数据对提高企业的风险管理能力具有重要的作用，它可以帮助企业更好地预见和应对风险，降低风险对企业的影响，从而提升企业的稳健性和持久性。

二、企业数据价值体系的内容

数据价值体系是指将数据转化为价值的方法与路径，由数据治理体系、数据价值链和决策场景三个部分构成（见图 1-8）。其中，数据治理体系是数据发挥价值的基础；数据价值链是数据发挥价值的途径；决策场景是数据发挥价值的场景；三者是构成数据价值体系的关键。数据治理体系围绕企业中的数据展开，依靠持续的数据治理提升数据质量，通过数据价值链沉淀数据价值，形成数据服务和数据产品，为各类业务场景提供决策支撑，最终实现整体战略决策目标。

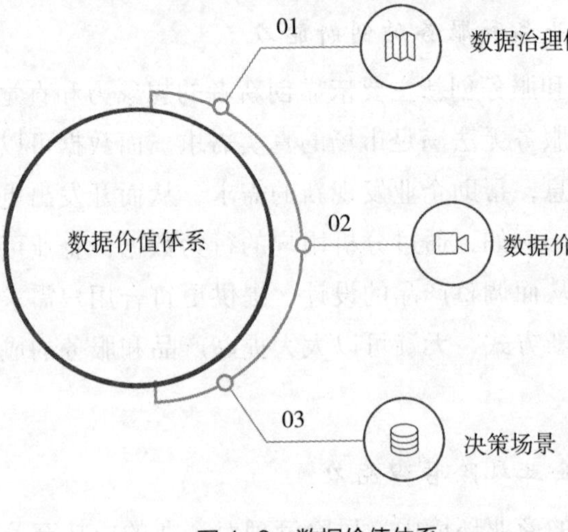

图 1-8 数据价值体系

（一）数据治理体系：数据发挥价值的基础

数据治理体系是企业数据发挥价值的基础，是对企业的数据进行有效管理，以提升数据的质量，从而实现数据价值最大化的系统和机制。在我国，企业数据治理体系具有独特的特点和规律，这主要体现在体制层面、管理对象层面和技术平台层面三个方面。

在体制层面，我国企业实施数据治理时通常采取的是一种依系统、业务条线的集团—分公司的纵向管理方式。这种方式的优点在于，它能够将集团的整体战略目标与分公司的具体执行活动有效地对接起来，保证数据治理的方向和策略与企业的整体发展战略相一致。此外，这种方式还可以提高数据治理的效率，因为分公司可以依据其特定的业务需求和环境来实施适合自己的数据治理活动。

在管理对象层面，我国企业数据治理体系将数据标准建设和指标管理从国外数据治理体系中的主数据管理和业务元数据管理中单独列出，强调其在企业实践中的重要地位。数据标准建设是确保数据一致性和可互操作性的关键，而指标管理则是保证数据能够有效地用于决策和业务优化的重要手段。这种特殊的管理对象设定，使中国企业在数据治理过程中更加关注数据的实际使用效果和价值。

在技术平台层面，我国企业数据治理体系通常将主数据、数据标准、数据质量、元数据等几部分功能统一起来，形成一个数据资源管理平台，并进行定制化开发和"一站式"数据管理。这种方式使数据的管理更加集中和高效，提高了数据的可用性和安全性。

我国企业数据治理体系以目标和战略为导向，考虑重要的关注域及其组成要素，通过具体的活动和流程形成自上而下的业务逻辑。这种方式不仅确保了数据治理的全面性和系统性，也使数据能够更好地为企业的战略目标服务。因此，对于我国企业来说，建立和完善适合自己的数据治理体系是实现数据价值的关键。

（二）数据价值链：数据发挥价值的途径

数据价值链是企业数据价值体系的核心部分，是数据从产生到发挥价值的连续过程，也是数据价值的创造过程。

1. 数据资产价值的创造链条

数据资产价值的创造链条如图 1-9 所示。企业在运营过程中通常会收集大量的数据，这些数据可能来自用户或是第三方。这些数据被收集后，企业可以通过两种主要方式将其转化为经济利益。

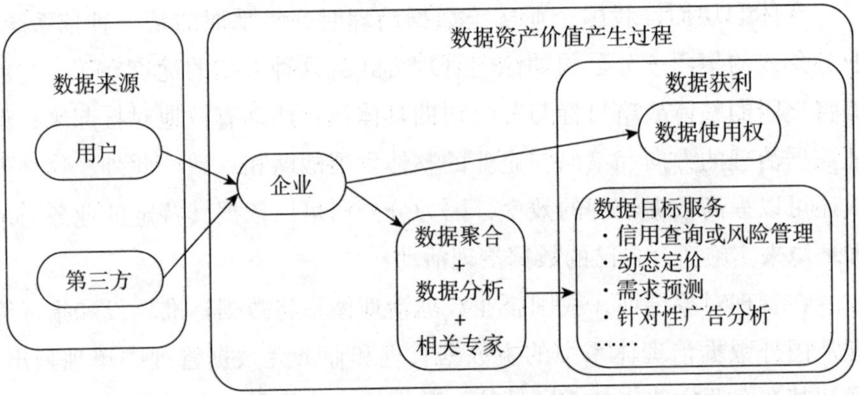

图 1-9　数据资产价值的创造链条

（1）企业可以通过授予其他实体访问其数据的权限来获利。这通常会发生在数据分析公司这样的客户中，他们对大量数据的需求很高。让其他实体访问企业数据的原因可能有多种。例如，一家企业可能没有能力利用其拥有的全部数据；同时，那些缺乏内部数据分析能力或缺乏数据变现策略的公司可能更愿意选择出售或租赁他们的数据使用权。

（2）企业也可以通过向客户提供基于数据的服务来实现收益。这可能涉及为不同客户需求提供特定的数据目标服务，比如信用查询或风险管理、动态定价、需求预测、有针对性广告分析等服务。这种方式需要企业具备数据聚合和数据分析的能力，并且需要相关专家的技术技能来制订相应的、基于数据的商业计划。

需要注意的是，如果企业既不能出售或租赁其数据使用权，又没有能力提供数据目标服务，那么他们拥有的数据可能无法创造出很多价值。因此，企业需要评估其当前的能力和资源，确定最适合其业务模型和策略的数据利用途径。

2. 数据资产价值的实体链条

数据资产价值的实体链条如图 1-10 所示。

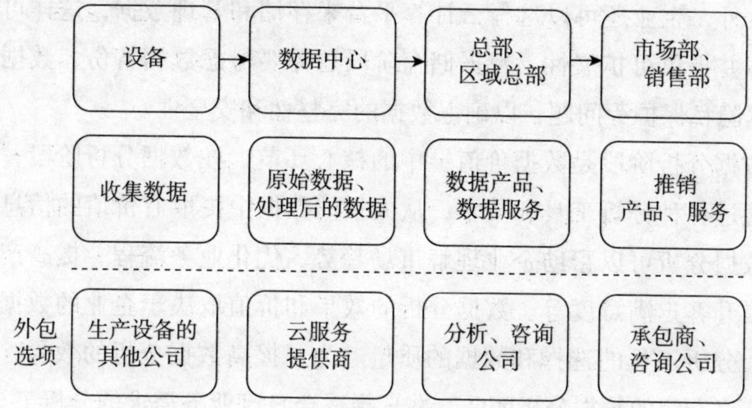

图 1-10 数据资产价值的实体链条

3. 数据价值链

基于数据资产价值的创造链条和实体链条，完整的数据价值链如图 1-11 所示，由数据收集、数据储存、数据分析、数据盈利四个阶段组成。所有这些阶段都以贯穿整个链条的数据存储和数据流为基础。

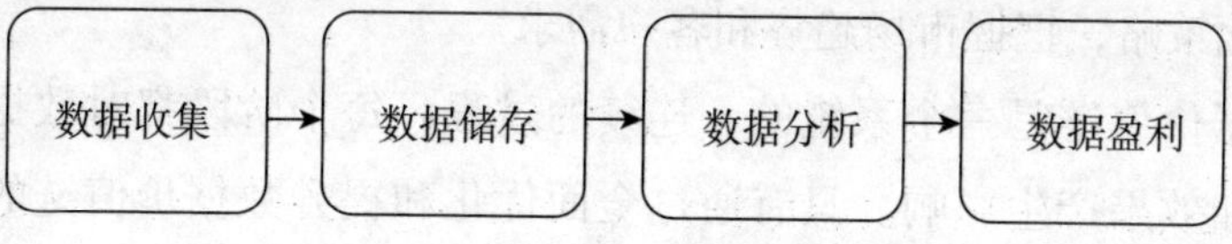

图 1-11 数据价值链

在数据收集阶段，企业需要从多种来源获取数据，这包括用户行为数据、交易数据、第三方数据等。每种数据都具有独特的价值和意义。例如，用户行为数据可以帮助企业了解用户的消费习惯和需求，交易数据可以帮助企业跟踪销售情况和市场趋势，第三方数据可以为企业提供行业动态和竞争对手的信息。为了确保数据的有效性和可用性，企业需要选择合适的数据源，确保数据的质量和完整性。

数据储存是将收集到的数据进行有效管理和存储的过程。在这一阶段，企业需要选择合适的数据储存方案，以确保数据的安全性和可访问性。常见的数据储存技术包括关系数据库、数据仓库、分布式存储系统等。此外，企业还可以选择云计算平台来存储和管理数据，这样可以节省成本并提供可扩展性。数据储存阶段还需要考虑数据备份、数据恢复和数据隐私保护等问题，以确保数据的完整性和安全性。

数据分析阶段是数据价值链中的核心环节。在数据分析阶段，企业需要通过各种分析工具和技术，从大量的数据中提取有价值的信息和知识。数据分析可以帮助企业理解市场趋势、优化业务流程、提高产品质量、提升客户满意度等。数据分析的效果和价值取决于企业的数据分析能力、分析工具的选择和数据的质量。为了提高数据分析的效果，企业需要建立专门的数据分析团队，并选择适合自己业务需求的分析工具。

数据盈利阶段是数据价值链的最后环节，也是数据价值实现的关键环节。在这一阶段，企业需要将数据转化为实际的经济效益。数据盈利的方式有很多，包括通过数据驱动的营销活动提高销售额，通过数据分析提高业务效率降低成本，通过出售数据服务获得收入等。数据盈利的效果取决于企业的数据应用能力、数据商业化策略的选择和市场环境。为了提高数据盈利的效果，企业需要提高数据应用能力，选择合适的数据商业化策略，把握市场趋势和客户需求。

数据价值链是一个系统的、连续的过程，每个阶段都对数据价值链的效率和效果产生影响。只有通过全面优化和提升数据价值链的各个环节，才能最大限度地提高数据的价值。

（三）决策场景：数据发挥价值的场景

决策场景是企业数据价值体系中数据价值实现的重要环节。决策场景反映了数据在具体业务背景下的实用性和价值，数据的收集、储存、分析及盈利都是为了在特定的决策场景中提供有效的决策支持。在企业财务领域，决策场景主要包括以下几个方面。

1. 财务会计场景

财务会计场景是企业数据在财务领域发挥价值的一个重要决策场景。

在财务会计场景中，数据被用于监控和评估企业的财务状况和业绩，为财务决策提供依据和指导。

（1）财务会计场景中的数据用于编制财务报表。财务报表是展示企业财务状况和业绩的重要工具，包括资产负债表、利润表和现金流量表。数据在这个场景中被用于记录和总结企业的财务交易和运营活动，包括收入、支出、债务、资产等。数据的准确性和完整性对于财务报表的准确性至关重要，因此，企业需要确保数据的及时记录和正确归类，以便提供可靠的财务信息。

（2）财务会计场景中的数据用于财务分析和指标计算。通过对财务数据进行分析，企业可以评估自身的财务状况和业绩，并与行业标准和竞争对手进行比较。常用的财务分析指标包括盈利能力指标（如利润率和回报率）、偿债能力指标（如资产负债率和流动比率）以及运营能力指标（如存货周转率和应收账款周转率）。这些指标帮助企业了解自身的财务健康状况，并为决策者提供参考，例如评估投资项目、制定财务目标和财务策略。

（3）财务会计场景中的数据也用于税务管理和合规性监测。税务管理涉及企业的纳税义务和税收优化，需要基于准确和全面的数据进行报税和税务筹划。数据的储存和分析有助于企业管理税务风险、遵守税法规定，并确保税务申报的准确性和合规性。同时，数据也用于监测和报告合规性事项，如内部控制和合规审计，以确保企业在财务方面的合法性和透明度。

（4）财务会计场景中的数据被用于财务决策。财务决策涉及资本预算、融资决策和分红决策等方面，需要基于可靠的财务数据进行分析和评估。数据分析可以帮助企业评估不同投资项目的回报率和风险，选择最具经济效益的方案。数据还用于评估融资需求和选择适合的融资方式，以满足企业的资金需求。此外，数据还用于决定利润分配和股东回报的方式，为企业分红决策提供依据。

2. 管理会计场景

在管理会计场景中，数据可以来自企业的各个业务环节，如市场营销、生产制造、人力资源等。通过对这些数据的分析，企业可以了解和掌握各个业务环节的运行情况，评价业务性能，为决策提供依据。管理会计场景中的数据价值主要体现在以下几个方面。

（1）管理会计场景中的数据被用于成本控制和成本管理。通过收集和分析数据，企业可以了解各项业务活动的成本和资源消耗情况，包括生产成本、运营成本、人力资源成本等。这些数据为企业提供了有关成本结构、成本效益和资源利用的洞察，有助于管理层制定成本控制策略、优化资源配置和降低运营成本。管理会计数据还可以支持企业进行成本效益分析、差异分析和利润中心评估，从而提高企业的运营效率和盈利能力。

（2）管理会计场景中的数据被用于预算编制和预测分析。预算是企业规划和控制的重要工具，通过将数据用于预算编制，企业可以设定明确的目标和资源分配计划。数据分析和预测可以帮助企业预测未来的业务活动、市场需求和财务表现，为预算制定提供依据。管理会计数据还可以支持企业进行预算偏差分析和绩效评估，及时调整和优化业务计划，实现预算目标和绩效优化。

（3）管理会计场景中的数据可用作绩效管理和绩效评估。绩效管理是企业对员工、部门和整体绩效进行监控、评估和改进的过程。数据在绩效管理中扮演着重要角色，可以用于设定绩效指标、跟踪绩效表现和评估绩效成果。通过对数据的收集和分析，管理层可以识别绩效差距、确定改进机会和激励措施，以提高员工和团队的绩效水平。管理会计数据还可以用于制定奖励和激励机制，促进员工的积极性和动力。

（4）管理会计场景中的数据也可用于决策支持和战略规划。通过对数据的分析和模拟，管理层可以评估不同决策方案的风险和回报，为战略规划和业务决策提供依据。数据分析还可以帮助企业识别关键绩效驱动因素和市场趋势，发现新的商业机会，并制订相应的战略计划。管理会计数据的准确性和及时性对于决策的有效性至关重要，因此企业需要建立有效的数据收集、储存和分析机制，以支持管理层的决策和战略规划。

3. 业务支持场景

在业务支持场景中，数据通常与具体的业务流程紧密相关，数据的价值主要表现在对企业各项业务活动的直接支持。这类场景的数据源极其丰富，可以来自企业内部的各种系统和设备，也可以来自外部的伙伴和市场。

（1）销售数据可以用于推动销售活动。销售数据不仅反映了产品的市场表现，也反映了客户的购买行为。通过对销售数据的深度挖掘，企业可以获取到产品销售的关键因素，也可以了解到客户的消费习惯和需求变化，从而制定更有针对性的销售策略和产品策略。

（2）库存数据可以用于指导仓储和物流活动。库存数据是企业进行仓储和物流活动的基础。通过对库存数据的实时监控和分析，企业可以及时发现库存的问题，如过多的库存或库存不足。这样，企业就可以及时调整采购和生产计划，避免库存问题对业务活动的影响。

（3）市场数据可以用于支持市场营销活动。市场数据则是企业开展市场营销活动的重要依据。市场数据包括市场规模、竞争情况、客户需求等各种信息，这些信息对于企业制定市场策略和营销策略具有重要的指导意义。通过对市场数据的分析，企业可以了解到市场的变化趋势，及时调整市场战略，以应对市场的变化。

4. 决策支持场景

在决策支持场景中，数据被用于为管理层和决策者提供有力的信息和分析，以支持决策的制定和执行。在此场景中，数据的应用往往依赖于复杂的分析模型和算法，如预测模型、优化模型、分类模型等。通过这些模型和算法，企业可以从数据中发现模式和趋势，预测未来的可能情况，为决策提供依据。

（1）数据在决策支持场景中可提供全面的市场洞察。通过数据的收集和分析，企业可以了解市场趋势、消费者行为、竞争对手动态和行业发展情况。这些数据可以用于市场定位、产品开发和市场扩张的决策。数据分析还可以帮助企业识别新的商机和潜在的增长领域，以支持战略决策和业务发展规划。通过数据驱动的市场洞察，决策者可以作出更准确、明智的决策，从而提高企业的竞争力和创新能力。

（2）数据在决策支持场景中可用于进行风险评估和管理。数据分析可以帮助企业评估风险的概率和影响程度，并制定相应的风险应对措施。决策者可以利用数据驱动的风险评估，降低风险的发生概率，保护企业的利益并提高决策的成功率。

（3）数据在决策支持场景中还可用于资源分配和优化决策。企业通过数据分析可以了解资源的利用情况、成本效益和效率水平，还可以帮助企业评估不同资源配置方案的效果，以确定最佳的资源分配策略。决策者可以利用数据驱动的资源分配和优化决策，提高资源利用效率，降低成本，实现更好的运营结果。

三、企业数据价值体系的构建

构建企业数据价值体系是一项系统性和持续性的工作，涉及企业战略定位、数据基础设施、人员能力等多个方面。企业数据价值体系的构建需要从企业的实际出发，结合企业的战略目标和业务需求，逐步完善和优化。

在构建企业数据价值体系时，企业战略定位是非常重要的考虑因素。企业应明确数据在实现战略目标中的作用，确定数据战略，将数据作为支撑企业发展的核心资源。在此基础上，企业需要根据业务需求，明确数据的应用场景，如决策支持、业务优化、风险控制等，这样可以确保数据的有效利用。

构建数据价值体系还需要重视数据基础设施的建设。数据基础设施是数据价值体系的基础，包括数据的采集、存储、处理等设施。企业应建立和完善数据基础设施，保证数据的安全、完整、准确、及时。同时，企业需要利用先进的数据技术，如大数据、云计算、人工智能等，提高数据的处理能力，实现数据的深度挖掘和应用。

最后，构建和维持一个强大的数据价值体系，必须依赖于一支具备数据思维和技能的专业团队。因此，对企业人员进行适当的培训，提高他们的数据素养，培养具备数据分析、数据管理等专业技能的人才，成为不容忽视的要点。企业需要建立一套完善的人才培养体系，对于数据分析、数据管理等专业人才的培养，应该有针对性的计划和措施。这些专业人才是企业数据价值体系的重要支持者和实施者，他们的知识和技能水平直接影响数据价值体系的效果。企业应该通过内部培训、外部学习、岗位实践等多种方式，提高这些专业人才的专业素质和工作能力。

第二章　企业财务管理转型

本章在介绍财务管理知识的基础上，阐述企业财务转型的发展历程，分析企业财务管理数字化转型的现实需求，并搭建企业财务管理数字化转型的基本框架，为企业财务管理数字化转型提供一种系统性的解决方案，以帮助企业实现财务转型的目标，赋能企业发展。

第一节　财务管理概述

一、财务管理的概念与特点

（一）财务管理的概念

财务管理又称企业理财活动，它是以企业特定的财务管理目标为导向，组织财务活动、处理财务关系的价值管理活动，是企业管理的重要组成部分。①

对这个概念的理解主要包括三个方面：①组织财务活动。这就需要了解企业包括哪些财务活动，且要区别一般的财务活动和特殊的财务活动。一般的财务活动是筹资、投资、资产的运营、分配，而特殊的财务

① 肖东生．中小企业财务管理[M]．长沙：湖南科学技术出版社，2008：2.

活动则是指兼并收购、跨国经营等，财务管理学主要解决的是一般财务活动问题。②处理财务关系。在资金运营过程中表现出不同的财务关系，一个合格的财务管理人员或经济管理人员能不能真正理解和运用好财务管理，显然在于他能不能处理好各种各样的财务关系。③管理工作具有综合性。这就意味着财务管理不同于人事管理及单纯的物资管理。

（二）企业财务管理的特点

企业生产经营活动的复杂性，决定了企业管理必须包括多方面的内容，如生产管理、技术管理、劳动人事管理、设备管理、销售管理、财务管理等。各项工作是互相联系、紧密配合的，同时又有科学的分工，具有各自的特点。财务管理的特点有以下几个方面。

（1）涉及面广。首先，就企业内部而言，财务管理活动涉及企业生产、供应、销售等各个环节，企业内部各个部门与资金不发生联系的现象是不存在的。每个部门也都在合理使用资金，节约资金支出、提高资金使用率上，接受财务部门的指导，受到财务管理部门的监督和约束。同时，财务管理部门本身为企业生产管理、营销管理、质量管理、人力物资管理等活动提供及时、准确、完整、连续的基础资料。其次，现代企业的财务管理也涉及企业外部的各种关系。在市场经济条件下，企业在市场上进行融资、投资以及收益分配的过程中与各种利益主体发生着千丝万缕的联系，主要包括企业与股东之间，企业与债权人之间，企业与政府之间，企业与金融机构之间，企业与供应商之间，企业与客户之间，企业与内部职工之间等。

（2）综合性强。现代企业制度下的企业管理是一个由生产管理、营销管理、质量管理、技术管理、设备管理、人事管理、财务管理、物资管理等诸多子系统构成的复杂系统。财务管理作为一种价值管理，通过资金的收付及流动的价值形态，可以及时全面地反映商品物资运行状况，并可以通过价值管理形态进行商品管理。也就是说，财务管理渗透在全部经营活动中，涉及生产、供应、销售每个环节和人、财、物各个要素，所以抓企业内部管理以财务管理为突破口，通过价值管理来协调、促进、控制企业的生产经营活动。

（3）灵敏度高。在现代企业制度下，企业成为面向市场的独立法人实体和市场竞争主体。企业经营管理目标为经济效益最大化，这是现代企业制度要求投入资本实现保值增值所决定的。因为，企业要想生存，必须能以收抵支、到期偿债；企业要发展，必须扩大收入。收入增加意味着人、财、物相应增加，都将以资金流动的形式在企业财务上得到全面的反映，并对财务指标的完成发生重大影响。因此，财务管理是一切管理的基础和中心。

二、财务管理的环境

（一）财务管理环境的概念

财务管理环境是指影响企业财务管理活动的各种外部和内部因素的总和。这种环境既包括宏观环境，如经济环境、技术环境、金融环境、法律环境；也包括微观环境，如企业的经营战略、组织结构、企业文化等。本书主要分析宏观环境。

财务管理环境的特点有以下几点：首先，财务管理环境具有动态性。随着社会的发展和变化，各种影响企业财务管理活动的因素也会发生变化。其次，财务管理环境具有复杂性。影响企业财务管理活动的因素众多，这些因素之间又存在相互影响和制约的关系。最后，财务管理环境具有相对独立性。虽然财务管理活动受到各种因素的影响，但是，企业也可以通过改变自身的策略和行为，对这些影响因素进行适应和应对，从而在一定程度上改变财务管理环境。

财务管理环境对企业的财务管理活动产生直接的影响。它决定了企业财务管理的具体内容和方式，对企业的财务目标、决策和控制等具有重要的影响。因此，企业在进行财务管理活动时，必须充分考虑财务管理环境的影响，灵活适应和应对环境变化，以确保财务管理活动的有效性。

（二）财务管理环境的分类

本书所指企业财务管理环境主要包括技术环境、经济环境、金融环境和法律环境，如图 2-1 所示。

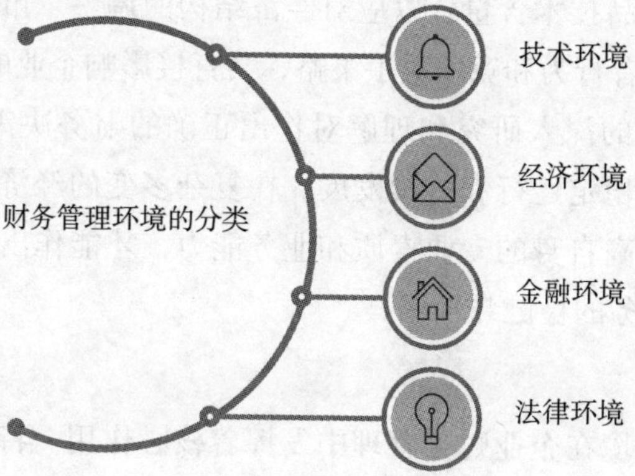

图 2-1　财务管理环境的分类

1. 技术环境

技术环境是影响企业财务管理的一个重要方面。这个环境主要包括企业所使用的财务管理技术、信息技术、生产技术等。技术环境的发展和变化，直接影响企业财务管理的效率和效果。在现代社会，尤其是在数字化的背景下，财务管理技术发生了显著的变化，如财务自动化、财务信息系统等。这些技术使企业能够更快速、更准确地进行财务报表的编制，更有效地进行财务数据的分析和利用，从而提高财务管理的效率。然而，技术环境的变化也对企业提出了新的挑战，例如，如何适应新的财务管理技术，如何保证财务信息系统的安全性等。

2. 经济环境

经济环境对财务管理的影响深远而显著。它是由多个经济因素和条件构成的，包括经济制度、经济政策、经济周期、经济结构和市场条件等。企业所处的经济制度，诸如社会主义市场经济，要求企业在法律法规的约束下自主经营、自负盈亏，这直接决定了企业的财务管理策略。经济政策，如财政政策和货币政策，会影响企业的经营环境，从而影响财务决策。经济周期的变动则会对企业的财务管理产生深远影响，企业需要依据经济周期的变动调整投资策略、产销结构和成本控制，以保持经营稳定。经济结构的变化，例如科技行业的快速发展，要求企业加大科研投入，提升产品技术含量，以应对经济结构的调整。市场条件，包括市场需求、消费者行为和竞争对手策略，会直接影响企业的财务管理。因此，对经济环境的深入研究和理解对作出正确的财务决策至关重要，它可以确保企业的稳定运行和持续发展。在复杂多变的经济环境中，财务人员需要不断提高自身的专业素质和业务能力，才能作出恰当的财务决策，确保企业财务的稳健与发展。

3. 金融环境

首先，金融环境在企业财务管理中发挥着核心作用。特别是金融政策，如利率、贷款政策、货币政策等，这些政策对企业获取资金的便利性和资金成本产生直接影响，进而塑造企业的经营策略和投资决策。

其次，金融环境中的利率水平、信贷条件、投资者风险偏好等因素会影响企业的资本成本，这决定了企业的融资策略，以获得最优的融资成本。

最后，金融环境提供了丰富的投资机会，来自不同的金融市场、资产类别和投资项目，对于这些机会，企业需要具备准确的判断能力和科学的投资决策能力。因此，企业财务管理需要与时俱进，适应并利用金融环境的变化，以实现财务管理的目标和企业的持续发展。

4. 法律环境

法律环境是财务管理中一个关键的外部环境，它由国家法律法规、政策导向以及相关的司法解释等构成，为企业运营提供规则和准则，明确企业的权利和义务，定义了企业的行为边界。这对于企业的财务决策、财务计划、财务控制等环节具有直接的影响。在法律环境的规定下，财务管理涉及的各个方面，从税务处理、财务报告的编制到投融资决策，都有明确的规则和要求，遵循这些规则是每一位财务管理者的必修课。不合规的操作可能对企业造成严重的经济损失，甚至可能面临法律的制裁。完善的法律环境也能为财务管理提供清晰的操作指南，提升工作效率，并通过合理的法律手段保护企业的经济利益，实现财务管理的目标。值得注意的是，法律环境并非一成不变，法律法规的更新和变化，要求财务管理者必须关注法律环境的动态，以便及时调整财务策略。这就要求财务管理者具备扎实的法律知识，以确保在复杂多变的法律环境中作出正确的决策，从而保障企业的稳定发展。

第二节　企业财务转型的发展历程

一、从传统财务到现代财务的转变

企业财务转型反映了企业财务从传统的财务管理向现代财务管理转变的过程。这一转变的背后是科技进步、经济发展、商业环境变化等多方面因素的推动。

传统的财务管理以事后的财务记录和报告为主，核心任务是处理和记录财务事项，提供财务报告，以供企业的股东、经营者、管理者和其他相关人员参考。这种财务管理的方式与传统的工业化经济模式相吻合，当时的生产模式大多是以规模化、批量化为特征，企业的财务信息主要来源于企业内部，财务管理的重心主要集中在企业内部的财务事务处理上。此时，财务管理的角色主要是事务处理者和记录者，财务信息的准确性和及时性是财务管理的主要目标。

然而，随着科技进步和经济发展，商业环境发生了深刻的变化。信息技术的发展改变了企业的生产模式和经营方式，网络化、数字化、全球化等新的商业模式应运而生。企业的运营环境变得更加复杂，不确定性和风险性增加，企业的竞争压力也日益增大。在这种情况下，传统的财务管理方式已经不能满足企业的需求。现代的财务管理逐渐应运而生。

现代财务管理不仅关注财务信息的处理和记录，而且更重视财务信息的获取、分析和利用，为企业的战略决策提供支持。现代财务管理强调的是财务信息的价值和财务管理的战略性。现代财务管理以企业价值最大化为目标，更加注重风险管理和内部控制，强调财务预测、财务分析和财务决策。此时，财务管理的角色不仅是事务处理者和记录者，还是决策者和战略顾问。

二、财务管理转型的重要阶段

财务管理的转型经历了以下三个重要阶段，如图 2-2 所示。

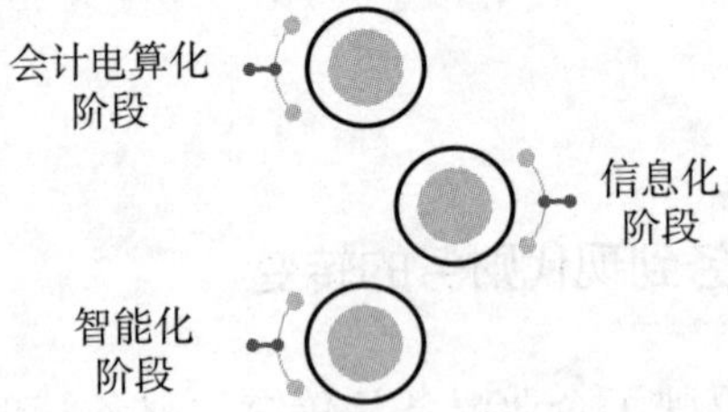

图 2-2　财务管理转型的重要阶段

（一）会计电算化阶段

会计电算化阶段可以看作财务管理转型的初始阶段。在这一阶段，电子计算机技术的引入改变了企业财务信息处理的方式，使财务管理的效率和准确性得到了显著的提升。

在会计电算化阶段，电子计算机技术被广泛应用在企业财务管理的各个环节，如财务事务处理、财务报告编制、财务分析等。电子计算机的引入使财务信息处理从繁杂的人工计算转向自动化的电子计算，大大提高了财务信息处理的速度和准确性，降低了财务管理的成本。会计电算化使企业能够更快、更准确地获取财务信息，提高了财务报告的质量，为企业的管理决策提供了更好的信息支持。会计电算化还带来了财务管理方式的变化。在会计电算化的推动下，企业财务管理从以人工为主的事务处理转向以计算机为主的事务处理，企业财务管理的重心由事务处理转向信息管理。这种转变不仅提高了财务管理的效率，也使财务管理的功能得到了扩展。企业财务管理不再仅仅是处理和记录财务事项，还包括财务信息的获取、存储、分析和使用，使企业能够更好地利用财务信息，提高企业的管理效能。

会计电算化对财务人员的职责和能力提出了新的要求。在会计电算化的背景下，财务人员不再只是财务事务的处理者，而是需要具备信息技术知识和能力，能够运用电子计算机进行财务信息处理，对财务信息进行有效的分析和利用。

然而，虽然会计电算化带来了许多好处，但也存在一些问题。例如，会计电算化依赖于计算机技术，计算机系统的安全性、稳定性和可靠性对企业财务信息的准确性和安全性产生了重要影响。此外，会计电算化对企业的投入成本也较高，需要企业进行大规模的硬件设备投入和软件系统开发，这对许多中小企业来说也是一项重大的挑战。

（二）信息化阶段

信息化阶段是财务管理转型的关键阶段，这一阶段以信息技术的广泛应用和财务信息化为特征。信息技术的发展使企业能够更快、更准确地获取、处理和利用财务信息，信息化的财务管理方式逐渐成为主流。

在信息化阶段，企业财务管理的重心进一步从事务处理转向信息管理，财务信息的获取、处理、分析和使用成为企业财务管理的主要任务。企业利用信息技术，通过建立财务信息系统，实现财务信息的自动化处理，提高了财务信息处理的效率和质量，增强了财务信息的及时性和透明性，使企业能够更好地利用财务信息，为企业的管理决策提供了更有效的信息支持。信息化的财务管理方式以信息技术为基础，强调财务信息的全面性、及时性和准确性，对企业的财务信息进行全面、系统的管理，使企业能够全方位、多角度地获取和利用财务信息。这种财务管理方式使企业能够更好地理解和掌握企业的财务状况，更有效地进行财务预测和决策，提高企业的管理效能。这一阶段的财务管理还注重财务信息的分析和利用，企业通过对财务信息的深入分析，可以发现企业的财务问题，提出解决方案，为企业的发展提供决策依据。此外，企业还可以利用财务信息，对企业的经营活动进行有效的监控和控制，提高企业的内部控制水平，增强企业的竞争力。

然而，信息技术的快速发展和更新，使企业需要不断更新和改进财务信息系统，增加了企业的投入成本。同时，财务信息系统的建立和运行需要企业具备高级的信息技术能力，这对企业和财务人员的能力提出了较高的要求。此外，信息技术的应用也对企业的信息安全产生了影响，如何保证财务信息的安全性和保密性，成为企业需要解决的重要问题。

（三）智能化阶段

智能化阶段是财务管理转型的最新阶段，标志着财务管理步入了一个全新的发展时期。这一阶段的主要特征是利用人工智能技术，实现财务管理的自动化、智能化，使企业能够更有效、更高效地管理和利用财务信息。

智能化阶段的财务管理利用人工智能技术，如机器学习、深度学习、神经网络等，对企业的财务信息进行智能处理，实现财务管理的自动化、智能化。人工智能技术的引入使企业能够自动地收集、处理、分析财务信息，减少了人工操作的复杂性和错误率，提高了财务信息处理的效率和质量。

人工智能技术的应用不仅改变了财务信息的处理方式，也改变了财务管理的方式。在智能化阶段，企业财务管理的重心进一步从信息管理转向决策支持，财务管理的核心任务是利用财务信息，为企业的决策提供智能化的支持。通过对财务信息的深度学习和智能分析，企业能够更好地理解和掌握企业的财务状况，更精确地预测企业的财务风险，为企业的决策提供更准确、更有效的信息支持。

智能化的财务管理方式使企业能够更有效、更高效地利用财务信息，提高企业的管理效能和竞争力。通过人工智能技术，企业可以发现和解决财务问题，提出优化方案，为企业的发展提供决策依据。同时，智能化的财务管理方式还能帮助企业提高内部控制水平，增强企业的风险防范能力。

然而，智能化阶段的财务管理也面临一些挑战。例如，人工智能技术的应用需要企业具备高级的技术能力，这对企业和财务人员的能力提出了较高的要求。同时，人工智能技术的应用也对企业的信息安全产生了影响，如何保证财务信息的安全性和保密性，成为企业需要解决的重要问题。此外，人工智能技术的快速发展和更新，使企业需要不断更新和改进财务信息系统，增加了企业的投入成本。

第三节　企业财务管理数字化转型的现实需求

数字经济时代推动财务转型成为企业面临的现实问题。在数字化转型背景下，既给我国企业经济发展带来了新的机遇，也带来了新的挑战，企业既要注重自身经营管理，又要关注外部环境变化的风险。这就迫切需要企业的财务管理发挥其特有的职能作用，不断协调整合各方利益，适应时代发展的要求，实现企业多元化目标。研究企业财务管理转型升级面临的困境，积极寻求企业稳健发展和技术创新，是新时代发展的必然要求，对企业持续稳定发展具有重要意义。

一、企业财务管理数字化转型是提升财务数据质量的需要

高质量的数据是一切数据应用的前提，数据质量决定了数据分析的有效性。在财务领域，数据的准确性、时效性、一致性以及完整性等数据质量维度常因不能满足数据应用的要求和标准，而影响财务工作的推进效率和质量。数据的准确性是保障数据质量的基础，影响数据准确性的环节很多，例如，数据采集阶段的数据是否真实可靠直接决定了数据的准确性。数据的时效性是企业在瞬息万变的商业环境中抢占先机的关键，然而数据自动化采集与实时传输技术部署不充分、部分数据依赖线下手工填报等都会造成数据时效性不足，致使财务无法及时整合分析数

据、提供数据服务，并在有限的时间内发挥数据的最大效用。数据不一致包括数据命名不一致、数据编码不一致、统计口径不一致等，财务部门聚集了大量跨域、跨部门的数据，数据不一致会造成财务部门与其他部门的沟通受阻。此外，数据完整性不足、存在大量重复记录等数据质量问题都增加了数据使用和分析的难度，严重阻碍了数据价值开发的进程。

（一）企业财务数字化转型能够提升财务数据准确性

1.财务数据准确性的重要性

财务数据准确性在企业运营中的角色不容忽视。主要体现在以下几个方面。

（1）支持决策制定。准确的财务数据是决策制定过程中的关键要素。企业领导层需要准确的数据来决定长期和短期的策略，包括成本削减、投资、扩张，以及其他重要的商业决策。没有准确的财务数据，这些决策可能会基于错误的假设或信息而作出，从而导致不良的经营结果。

（2）提升业务运营效率。准确的财务数据可以帮助企业提高运营效率。通过分析准确的财务数据，企业可以发现哪些业务领域或过程是效率低下的，从而进行必要的优化和改进。例如，企业可能会发现某个部门的运营成本过高，从而着手改进其流程以降低成本。

（3）增强信任度和公信力。无论对于内部员工，还是对于外部的投资者、客户、合作伙伴以及监管机构，准确的财务数据都能增强对企业的信任。对于投资者来说，准确的财务报告能够帮助他们更好地理解企业的经营状况和价值，从而作出投资决策。对于客户和合作伙伴，他们可以通过准确的财务数据更好地评估与企业的商业关系的价值和风险。对于内部员工，准确的财务数据可以帮助他们理解企业的目标和战略，以及他们的工作如何帮助实现这些目标。

（4）符合法规和规定。企业必须按照法律法规和会计准则准确地报告财务数据。错误或误导性的财务报告可能导致罚款、法律诉讼，甚至可能损害企业的声誉。因此，保持财务数据的准确性对于企业来说至关重要。

（5）优化预测和预算管理。预测和预算管理是企业财务管理的重要组成部分。只有基于准确的财务数据，企业才能作出准确的销售预测，从而制订有效的预算和运营计划。

2. 数字化转型对财务数据准确性的提升作用

企业的数字化转型可以通过多种方式提升财务数据的准确性。

（1）自动化处理和减少人为错误。企业可以通过引入财务管理软件和其他数字化工具来自动化财务处理流程。自动化可以大幅度减少人为错误，如数据输入错误、计算错误、理解错误、遗漏等。例如，自动化工具可以自动从销售系统、采购系统等获取数据，避免人工输入的错误；自动化工具可以使用预设的算法和公式来进行计算，避免人工计算的错误。

（2）提升信息系统的能力。通过数字化转型，企业可以提升其信息系统的能力，从而提升财务数据的准确性。例如，企业可以通过构建数据仓库和数据集市来实现数据的有效整合，保证数据的一致性和完整性；企业可以通过引入数据质量管理工具来进行数据验证和审核，避免数据的错误和误导。

（3）优化流程和制度。企业可以通过流程再造和流程优化来减少数据处理的环节和复杂性，减少数据的错误和问题；还可以通过引入内控系统和风险管理工具来加强内部控制，防止数据的风险和错误。

（二）企业财务数字化转型能够提高财务数据的时效性

1. 实时性财务信息的重要性

实时性财务信息是企业在今天的快速变化的商业环境中成功的关键因素。实时财务信息的重要性表现在以下几个方面。

（1）实时决策制定。在商业环境中，信息的实时性对决策制定至关重要。具备实时性的财务信息能够帮助管理者快速获取公司的经营状况，如销售额、利润、成本等重要指标，从而可以在第一时间作出决策。此外，通过实时的财务信息，管理者可以快速发现和解决问题，比如预算超支、现金流短缺等。

（2）提高运营效率。实时的财务信息能够提高企业的运营效率。比如，如果企业能够实时获得销售数据和库存信息，就能在商品短缺的第一时间补货，避免销售损失。同样地，实时的财务信息也能帮助企业更好地管理现金流，避免现金流短缺的问题。

（3）增强竞争优势。在当今的商业环境中，信息就是竞争优势。具备实时的财务信息，可以帮助企业快速对市场变化作出反应，从而提高其竞争优势。比如，企业可以通过实时的销售数据，快速了解某个新产品的市场反馈，从而作出调整。

（4）提高风险管理能力。实时的财务信息能够提高企业的风险管理能力。财务信息能够反映出企业的经济状况和运营风险，如果这些信息能够实时获取，那么企业就能在风险发生的第一时间采取措施，减少损失。

（5）符合监管需求。监管机构通常要求企业提供财务报告，以便于了解企业的经营状况。如果企业能够提供实时的财务信息，那么就能更好地满足监管需求，避免因为信息滞后而带来的问题。

2. 企业财务数字化转型提升财务数据的实效性

在当前的经济环境中，财务数据的实效性尤为重要。实效性意味着数据是最新的，是在实时或接近实时的环境中生成和使用的。数字化转型在提升财务数据实效性方面有着不可估量的价值。

数字化转型使企业能够自动化收集和处理财务数据。借助自动化工具，企业能够在业务发生时立即录入和处理数据，无须等待人工操作。比如，销售系统可以在销售发生时立即生成销售数据，财务系统可以在收到销售数据后立即进行账务处理，无须等待财务人员的手工录入和计算。这样，企业可以在业务发生后的第一时间获得财务数据，提高数据的实效性。

数字化转型使企业能够实时查询和分析财务数据。传统的财务管理通常需要花费大量的时间和人力来汇总和分析数据，而数字化转型可以通过数据仓库、商业智能等技术，使企业可以在任何时间、任何地点查询和分析数据。例如，管理者可以通过移动设备实时查看销售、成本、利润等关键指标，对企业的运营状况有更准确和及时的了解。

数字化转型使企业能够提高财务报告的时效性。在企业的治理和监管中，财务报告是非常重要的工具，而数字化转型可以通过报表自动化、报表模板、报表工作流等技术，使企业可以快速、准确地生成和发布财务报告。比如，企业可以在每月或每季度结束后的第一时间生成和发布财务报告，满足股东、投资者、监管机构等各方的信息需求。

通过以上分析，可以看出，数字化转型在提升财务数据实效性方面具有巨大的价值。但是，实现这个目标并不容易，需要企业有明确的战略和计划，需要企业有合适的技术和工具，需要企业有专业的人员和团队，需要企业有适应和驾驭数字化转型的能力和决心。只有这样，企业才能真正享受到数字化转型带来的好处，提升财务数据的实效性，提高企业的效率和竞争力。

（三）企业财务数字化转型能够提升财务数据的一致性

在多元化和复杂化的经营环境中，企业的财务数据常常分散在不同的系统、部门和业务中，这给财务数据的一致性带来了挑战。财务数据的一致性是指数据在各个层面和环节上的一致和相容，包括数据定义的一致、数据格式的一致、数据计算的一致、数据理解的一致等。财务数据的一致性对于企业的决策、管理和运营具有重要的价值，而企业的数字化转型能够有效提升财务数据的一致性。

首先，数字化转型可以通过统一的数据架构和标准来实现财务数据的一致性。在数字化转型中，企业需要建立统一的数据架构和标准，包括数据的定义、分类、编码、格式、单位、算法等。这些数据架构和标准可以作为数据处理的基础和规范，确保数据在整个生命周期中的一致性。例如，企业可以通过企业数据模型、数据字典、数据质量规则等工具来定义和规范数据，使各个系统、部门和业务在处理数据时都遵循同样的标准和规则。

其次，数字化转型可以通过数据集成和共享来实现财务数据的一致性。在数字化转型中，企业需要建立数据集成和共享的机制和平台，使数据可以在各个系统、部门和业务之间进行流动和交换，避免数据的“孤岛”和冗余。例如，企业可以通过数据仓库、数据中心、数据服务等技术来整合和共享数据，使数据可以在需要的地方得到有效的使用和应用。

再次，数字化转型可以通过数据治理和质量管理来实现财务数据的一致性。在数字化转型中，企业需要建立数据治理和质量管理的组织和流程，负责对数据的生命周期进行全程的管理和控制，确保数据的一致性和质量。例如，企业可以通过数据治理委员会、数据质量团队、数据审计工具等方式来管理和监控数据，一旦发现数据的不一致或错误，就可以及时进行调整和修正。

最后，数字化转型可以通过数据的可视化和分析来提升财务数据的一致性。在数字化转型中，企业需要建立数据的可视化和分析的工具和方法，使数据的一致性可以得到直观和深入的了解和评估。例如，企业可以通过数据仪表板、数据报告、数据挖掘等技术来展示和分析数据，使数据的一致性问题可以得到解决。

（四）企业财务数字化转型能够提升财务数据完整性

在日常的商业运营中，财务数据的完整性至关重要。完整性是指数据的完备性和连续性，即数据应该包括所有必要的部分和环节，没有遗漏和断裂。企业的财务数据常常来源于多个系统、部门和业务，而这些数据的完整性对于企业的决策和管理具有直接的影响。在这个背景下，企业的数字化转型能够通过以下方式提升财务数据的完整性。

第一，数字化转型能够通过整合的数据架构和平台来保证财务数据的完整性。在传统的财务管理中，数据常常分散在多个系统和数据库中，这导致数据的查询和汇总变得困难。而在数字化转型中，企业可以通过数据仓库、大数据平台等技术，将各种分散的数据整合到一起，从而提升数据的完整性。

第二，数字化转型能够通过持续的数据监控和审计来保证财务数据的完整性。在传统的财务管理中，数据缺失问题常常需要人工检查和发现，这无法保证数据的完整性。在数字化转型中，企业可以引入数据监控和审计的工具和服务，如数据质量管理系统、数据审计软件等，以实现数据的持续监控和审计，及时发现和解决数据的问题，从而提升数据的完整性。

第三，数字化转型能够通过改进的数据治理和管理来保证财务数据的完整性。在传统的财务管理中，数据的治理和管理常常缺乏系统和规范，这影响了数据的完整性。而在数字化转型中，企业可以建立专门的数据治理和管理的组织和流程，如数据治理委员会、数据管理办公室等，以实现数据的有效治理和管理，从而提升数据的完整性。

提升财务数据的完整性并不是一个简单的任务，它需要企业对整个数据生命周期进行深入的理解和全面的管理，需要企业对数据的价值和影响有清晰的认知和决策，需要企业有足够的技术和资源进行持续的投入和优化。只有这样，企业才能真正实现财务数据的完整性，提升企业的效率和竞争力。

二、企业财务管理数字化转型是财务管理效率提升的需要

在当今的商业环境中，企业的财务管理正在经历一场深刻的变革。一方面，企业需要处理的财务数据越来越多，财务事务越来越复杂，财务风险越来越大；另一方面，企业需要的财务信息越来越精准，财务决策越来越快速，财务服务越来越高效。在这个背景下，企业财务数字化转型成为财务管理效率提升的必要条件。

传统的财务处理常常依赖于人工的操作和计算，不仅效率低下，而且容易出错。而数字化转型可以引入各种自动化和智能化的工具和设备，如自动化的财务系统，智能化的财务机器人，云计算和大数据技术等，以实现财务处理的自动化和智能化，极大地提高了财务管理的工作效率。

三、企业财务管理数字化转型是财务风险管理的需要

（一）识别和评估财务风险的重要性

在现代商业环境中，财务风险无处不在，而识别和评估财务风险对于企业的发展至关重要。财务风险可以定义为企业在财务活动中可能遭受的潜在损失，包括市场风险、信用风险、流动性风险、操作风险等。对于这些风险的识别和评估，不仅可以帮助企业预防和减少潜在的损失，也可以帮助企业抓住投资和发展的机会，从而提升企业的价值和竞争力。

识别和评估财务风险可以帮助企业预防和减少潜在的损失。财务风险的出现往往意味着企业的资产价值会降低，收入和利润会减少，财务状况和信用状况会恶化，甚至可能导致企业的破产和清算。因此，对于财务风险的识别和评估，可以帮助企业及时发现和理解风险，制定和实施有效的风险管理策略，防止和减少风险的发生和影响，保护企业的资产和利润，保障企业的生存和发展。

识别和评估财务风险可以帮助企业抓住投资和发展的机会。财务风险的存在不仅意味着损失的可能，也意味着机会的存在。对于财务风险的识别和评估，可以帮助企业发现和理解市场的变化和趋势，发现和抓住新的投资和发展的机会，提升企业的收入和利润，增强企业的竞争力。例如，通过评估市场风险，企业可以选择适当的时间和价格进行投资和交易；通过评估信用风险，企业可以选择合适的客户和合作伙伴；通过评估流动性风险，企业可以合理地管理和使用现金和资产。

识别和评估财务风险并不是一个简单的任务，它需要企业具备专业的知识和技能，强大的信息和技术，全面的视角和态度，持久的投入和耐心。在这个过程中，企业应当不断学习和进步，不断观察和探索，不断试验和创新，从而提升风险管理的能力和效果，为企业的发展创造更大的价值。

（二）利用数字化工具进行财务风险管理

数字化工具的广泛应用，已经深刻改变了企业财务风险管理的模式。利用这些工具，企业能够更有效地识别、评估和管理各类财务风险，使风险管理更加精准和高效。

1. 实时监测与预警

实时监测和预警工具对于财务风险管理非常关键。这些工具能够帮助企业实时收集、分析和呈现各类财务数据，发现风险迹象，及时预警风险事件。例如，通过实时跟踪市场价格波动和交易行为，企业能够早期发现市场风险并采取应对措施；通过实时监测客户的信用和财务状况，企业能够更早地识别和预防信用风险；通过实时跟踪企业的现金流和资产状况，企业能够及时调整财务策略，防止流动性风险。

2. 数据分析与预测

随着大数据技术的发展，数据分析与预测工具在财务风险管理中起着越来越重要的作用。这些工具可以帮助企业深度分析财务数据，洞察风险的根源和规律，预测风险的趋势，从而更准确地评估风险和制定应对策略。例如，通过机器学习技术，企业能够根据历史数据预测市场趋势，提前制定市场风险应对策略；通过数据挖掘技术，企业能够识别潜在的信用风险，优化信用策略；通过统计分析工具，企业能够预测自身的现金流和资产状况，提前准备应对流动性风险。

尽管数字化工具对于财务风险管理的价值不可忽视，企业也需要认识到其使用中存在的挑战。例如，这些工具的使用需要大量的数据，而数据的获取、存储和处理可能带来新的风险和成本；工具的效果可能受到数据质量和模型准确性的影响，可能产生误判或漏洞；工具的操作需要专业知识和技能，对人力资源提出了新的要求。因此，在使用数字化工具进行财务风险管理时，企业需要慎重考虑，全面评估其利弊，合理选择和应用工具，不断优化工具的效果，以实现风险管理的持续改进和提升。

（三）利用数据分析预防和应对财务风险

在财务风险管理中，数据分析起到了至关重要的作用。数字化转型带来的海量数据和先进的数据分析技术为企业提供了前所未有的机会，使企业能够从中获得深入的洞察，从而更好地预防和应对财务风险。

数据分析可以帮助企业更准确地识别和理解风险。传统的财务风险管理往往依赖于历史数据和经验规则，而这些方法在处理复杂和快速变化的财务风险时，往往显得力不从心。通过数据分析，企业可以挖掘和理解各种财务数据背后的复杂关系和隐藏规律，可以发现和预警潜在的风险，可以识别和评估风险的影响和可能性，从而更准确地理解和掌控风险。

数据分析可以帮助企业更科学地制定和实施风险管理策略。通过数据分析，企业可以预测风险的发展和趋势，可以模拟和比较不同风险管理策略的效果，可以监测和评估风险管理策略的执行情况，从而更科学地制定和实施风险管理策略。此外，数据分析还可以帮助企业更好地理解和满足各种风险管理相关的法规和标准，从而降低合规风险。

数据分析可以帮助企业更高效地进行风险管理。传统的财务风险管理往往需要大量的人力和时间，而这些资源在处理大量和复杂的财务数据时，往往显得捉襟见肘。通过数据分析，企业可以自动化地收集、处理和分析各种财务数据，可以快速地生成各种风险指标和报告，可以实时地发出各种风险警告和提醒，从而大大提高风险管理的效率和效果。

四、企业财务管理数字化转型是提高企业核心竞争力的需要

在“新技术、新产业、新业态、新模式”的经济背景下，现代化信息技术高速发展，行业间竞争激烈。企业核心竞争力的增强，需要财务管理转型升级做保障。如业财融合的转型，转型后，能动态管理信息部、财务部、市场部、生产部、内控部等部门，不受空间限制，实时处理数据，高效地配置企业的资源，避免资源的浪费，实现企业价值的增长。人工智能的快速发展催生一种新型的财务管理模式，通过人与机器的合

作，提高财务效率等。财务管理的这些转变能够充分发挥财务在企业管理的核心作用，实现由“扩大生产”向“数据整合”的转变，有利于提高财务管理水平，提高企业的核心竞争力。

第四节 企业财务管理数字化转型的基本框架

一、企业财务管理数字化转型的制约因素

（一）财务人员综合素质有待提升

企业财务管理数字化转型是一个复杂的过程，涉及众多的要素，其中，人才是其中的关键。尤其是财务人员的综合素质，直接决定了企业财务管理数字化转型的质量和效果。

在财务管理的数字化转型过程中，传统的财务管理知识和技能显然已经不能满足新的需要。新的数字化环境下，财务人员不仅需要掌握财务管理的专业知识，还需要掌握信息技术的基本知识，包括数据分析、大数据、云计算、人工智能等新兴技术。这些新的知识和技能，对于财务人员的综合素质提出了新的要求。

在数字化环境下，财务人员要成为数据的专家，他们要能够处理大量的财务数据，能够利用数据分析工具对数据进行深度挖掘和分析，并能够通过数据分析得出有价值的洞察和预警。这不仅需要财务人员具备强大的数据处理和分析能力，还需要他们具备数据敏感性，能够在大量的数据中发现问题、提出问题、解决问题。另外，财务人员还要成为数字化环境下的交流者和协调者。他们要能够利用数字化工具进行有效的交流和协调，能够利用数字化工具提供有效的决策支持，能够利用数字化工具进行有效的项目管理和过程控制。这需要财务人员具备强大的信

息处理能力，需要他们具备良好的沟通和协调能力，需要他们具备良好的项目管理和过程控制能力。

然而，目前的实际情况是，许多财务人员的综合素质还有待提升。他们在信息技术、数据分析、沟通协调等方面的能力不足，不能满足数字化环境下的新的需要。这无疑成为企业财务管理数字化转型的一个重要制约因素。

因此，提升财务人员的综合素质，是企业财务管理数字化转型的重要任务。企业需要通过培训、学习、实践等方式，提升财务人员的信息技术知识，提升他们的数据处理和分析能力，提升他们的沟通和协调能力，使他们能够适应数字化环境下的新的财务管理工作。

（二）组织架构不合理

企业财务管理数字化转型的成功，除了对财务人员的综合素质有高度要求外，合理的组织架构也起着重要的作用。当企业的组织架构不能很好地适应数字化转型的需求，可能会成为制约其转型成功的一大障碍。

组织架构是企业运作的基础，影响着企业各项活动的运行方式和效率。在财务管理数字化转型过程中，如果企业的组织架构不合理，可能会阻碍信息流动，影响决策效率，导致转型效果不佳。例如，如果组织架构过于层级化，可能会造成信息在传递过程中的失真和延迟，阻碍财务人员获取实时准确的数据，影响他们进行有效的数据分析和决策。不合理的组织架构也可能导致资源配置的效率不高。企业的财务资源、人力资源和技术资源在组织内部的分布和配置，都是由组织架构决定的。如果组织架构设置不当，可能会导致资源的浪费和效率的降低。例如，如果组织架构的划分和设置，不能反映出企业的业务流程和运营模式，可能会导致资源的错配和浪费，影响企业财务管理的效率和效果。此外，如果组织架构不具备足够的灵活性和适应性，可能会阻碍企业应对环境变化和市场变动。在快速变化的商业环境中，企业需要能够迅速调整和优化自身的组织架构，以应对新的挑战和机遇。如果组织架构过于僵化，不能快速调整和优化，可能会导致企业在面对市场变动和环境变化时，应对不及时，错失机遇。

因此，优化组织架构，是企业财务管理数字化转型的重要任务。企业需要根据自身的业务需求和运营模式，设计出合理的组织架构。这种组织架构应该能够保证信息的快速流动和准确传递，能够保证资源的有效配置，能够保证组织的灵活性和适应性，以支持企业财务管理的数字化转型。

（三）数据资产管理能力有限

虽然实物资产的管理在大多企业内部获得高度重视，且从实际操作中获得不少发展经验，但数据资产的管理的受关注程度远不如前者。作为新经济时代的产物，数据资产在财务管理的数字化转型中充当着至关重要的核心生产要素，它能帮助企业产生经济收益，为企业筛选出富有价值的信息并深度分析数据背后的逻辑和商业信息，它蕴含着潜在的经济价值，是企业的新型资产，然而也正因其新，许多传统的会计科目与对象并不适用，数据的确认与计算方式受限，在技术依赖性、资产周转率、资产营利性等方面又遇到比实物资产管理多得多的重重困难，导致财务管理的数字化转型进程受阻，并干扰到财务人员对企业实际价值的判断能力。

（四）新旧技术融合得不充分

财务管理数字化转型的过程中，技术的融合和运用起着关键的作用。然而，新旧技术融合不充分的问题，也可能成为阻碍企业财务管理数字化转型的重要因素。

新旧技术的融合问题主要体现在以下两个方面：一是新技术和旧技术的融合；二是不同新技术之间的融合。这两个方面的问题，都可能影响企业财务管理数字化转型的效果。

新技术和旧技术的融合问题主要表现在，许多企业在引入新技术的过程中，往往会遇到与旧技术不兼容的问题。这可能是因为新技术和旧技术的技术标准不同，也可能是因为新技术和旧技术的技术架构不同。这种不兼容性，可能会导致企业在引入新技术的过程中，需要花费大量的时间和资源进行技术适配和技术整合，影响企业财务管理的效率。不同新技术之间的融合问题主要表现在许多企业在引入新技术的过程中，往往会遇到不同新技术之间的融合问题。这可能是因为不同新技术的技术标准不同，也可能是因为不同新技术的技术架构不同。这种不兼容性，可能会导致企业在引入新技术的过程中，需要花费大量的时间和资源进行技术适配和技术整合，影响企业财务管理的效率。

新旧技术融合不充分的问题，还可能导致企业的数据不一致，影响数据的质量。例如，如果新技术和旧技术的数据格式不同，可能会导致数据在传输和处理过程中的丢失和误差，影响数据的质量。

因此，充分融合新旧技术，是企业财务管理数字化转型的重要任务。企业需要在引入新技术的过程中，充分考虑新旧技术的兼容性，尽可能选择与旧技术兼容的新技术，或者在引入新技术的过程中，进行必要的技术适配和技术整合，以保证新旧技术的充分融合。同时，企业也需要在引入新技术的过程中，充分考虑不同新技术之间的兼容性，尽可能选择可以相互融合的新技术，或者在引入新技术的过程中，进行必要的技术适配和技术整合，以保证不同新技术之间的充分融合。

二、企业财务管理数字化转型的整体框架

（一）企业财务管理数字化转型的目标

企业财务管理数字化转型的目标如图 2-3 所示。

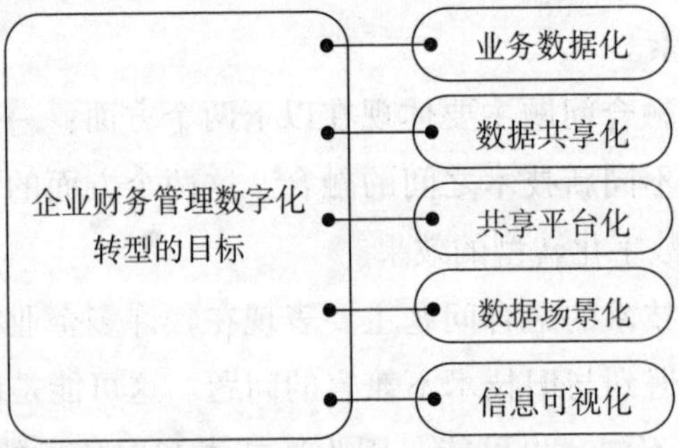

图 2-3　企业财务管理数字化转型的目标

1. 业务数据化

业务数据化是指企业利用云计算、大数据等技术在财务领域重塑财务组合和业务流程，是公司实现智能财务所不可缺少的前提条件，而数据作为一种对客观世界认识的数字记录形式，已经由传统的“信息资源”和静态的数据库，一跃成为与劳动、资本、土地、技术等传统生产要素并驾齐驱的新型生产要素，是企业决策管理的重点对象。站在企业未来发展的角度，应将业务流程进一步规范化，数字研究成果进一步时代化，循序渐进地完成数据的交换与存储、采集与加工的标准化，以及业财数据的全面信息化。强化数据资产管理、提升数据服务能力，以优化数字体系建设，整合项目流程信息、交流沟通财务信息、共享数据信息资源，追求数据信息与实践应用的深度整合、全面契合。企业的财会负责单位应结合数字化转型手段，将业务流程与组织架构进行整体改进，并且将这种改进融入企业持续不断的动态提升进度中。另外，财务管理自有其不可代替的模式和特征，应在尊重这种模式和特征的基础上，帮助公司摆脱纯粹的手工业务记账，并达成电子记账的业务信息化，同时实现业财一体化管理下的业财融合，借助智能互联云端升级提升智能财务管理水平。以上对财务管理的智能创新，旨在提高项目运营效率、凸显企业关键优势、管控财务管理成本。

2. 数据共享化

数据共享化作为企业财务数字化转型的关键目标，它涉及将企业的多维数据在各部门、各业务环节之间实现有效流通和利用。这不仅是提升企业管理效率和决策质量的途径，也是打破“数据孤岛”、释放数据潜能的重要手段。

在财务管理中，数据共享化以流程重构为路径，以提升财务运作的精细度和程式度为目标，致力于整合不同部门的财务职能，构建专业全面、架构清晰的共享中心。随着信息技术的不断发展，特别是大数据和云计算技术的广泛应用，数据共享化的实现变得越来越可行。通过建立大数据资源共享平台，企业可以实现数据的高效集成，从而实现财务管理的数字化和智能化。

面对数字经济的大潮，企业必须以数字化转型为契机，进行业务和财务的融合，以适应社会和经济的整体性变革。实现数据共享化，可以帮助企业拓宽收集信息数据的渠道，全面覆盖管理的各层级和各业务系统，从而实现财务管理的全流程、全链条、全面域的信息化。与传统的ERP模式相比，数据共享化能够实现财务信息实时更新，实现财报数据和资金流的实时监控，从而大大提高企业财务管理的效率。

同时，数据共享化还能够推动企业的财务工作程式化，实现财务核算的标准化，将重复性高的工作集中于共享中心。这一方面可以控制会计成本，另一方面也可以提高企业的财务信息化水平和财务共享管理水平。在云计算技术的助力下，企业可以建立财务共享平台，实现数据价值链的再搭建，从而整合会计与管理会计信息的管理手段、控制职能。

3. 共享平台化

共享平台化是财务管理数字化转型的核心环节，作为财务共享的出发点，它涉及财务数据的整理、分析和应用，将企业的财务管理提升至一个新的水平。

共享平台化需要以财务共享框架下的共享目标为依据，研究和建立数据中台，构建平台信息系统。这需要规划程式化的信息技术体系，将分散在各个业务部门的财务信息集中，通过标准化、自动化和智能化的方式进行处理和分析。这一过程涉及财务部门的组织形式和会计核算方式的改变，同时也需要通过共享模式上的升级来深化财务管理流程的智能化程度。

共享平台化不仅可以帮助企业实现业财一体化的管理目标，更能发掘企业决策与会计预测之间的整合潜力。这需要通过动态优化来挖掘隐藏的项目信息，探索数字价值，整合原本的结构化数据环境为更便于分析、预测和决策的财务数据库。同时，需要将业务终端作为起点，开发健全的智能财务管理信息软件，对企业业务中的全部数据进行整体把握。

在完成信息财务管理共享平台的构建后，企业应关注平台功能模块的改进和反馈机制的升级。在对财务数据信息的解析过程中，会存在一定的风险，因此企业需要配备科学合理的财务反馈机制，以便对财务数据、财务报表等进行检视，形成动态双向的反馈机制。此外，利用云计算和大数据信息技术，企业可以加强信息化平台的模块融合，拓宽共享平台在空间与时间上的辐射范围。在确保财务数据真实性和准确性的同时，还需要兼顾企业财务管理的及时性，形成对数据的实时传递和实时监管。

4.数据场景化

数据场景化的目的在于使数据更具可用性和应用价值，推动企业决策效率和效果的提升。

财务管理工作在推进数字化转型的过程中，常常会面临语义不明、需求指标不明确等问题。为了解决这些问题，企业需要进行数据场景化。数据场景化是在理解业务需求的基础上，根据数据的来源和属性，将其具象化为特定的业务场景。这些场景可以涵盖企业的全业务、全流程、多环节，可以是财务报表的生成、审计的进行、预算的制定、风险的评估等。在每一个场景中，数据都有其特定的应用方式和价值。

数据场景化的实现需要依赖于企业业财融合后的财务管理主体，利用这个主体可以有效确定数据来源，解决数据语义不一的问题，并提高数据共享效率。同时，企业需要建立标准的业财数据资源目录，这个目录需要涵盖业务部门和财务部门收集的全部日常业务数据。然后，根据目录中的数据，企业可以将业务具象化为特定的场景，并建立映射关系，实现场景、需求信息与资源目录的快速切换。通过这样的方式，企业可以链接数据资源目录与业财融合本体，使管理会计与财务信息化应用场景得以云端落地。

以数据共享框架下的财务模块和财务场景化为基础，企业可以设计出适合企业决策管理层使用的大数据应用场景。这些场景不仅要满足企业自身的需求，也需要适应移动互联网的发展趋势。只有这样，企业才能将平台场景化的理念和成果普及于全业务、全流程、多场景之中，从而真正实现数据场景化的目标。

5.信息可视化

信息可视化旨在信息平台反映智能财务，借助图形、表格等方式直观展现抽象复杂的企业财务数据。在此过程中，可视化需要利用以图形学交互式技术、立体图形与图像信息视觉显示原理为基础的可视化原理技术，改进数据展现效果。同时，可视化原理技术能将纷繁复杂的财务数据转化为更为具象的模块图形，使场景共享交互处理过程更加直观。具体的应用场景应体现具体层级的价值目标，展现具体管理层次的功能需求，从而形成价值链管控的平面数据立体化效应。同时，除了技术层面的目标，企业也应该设立数据专业性方面的目标，构建企业内部的运营监控和风险预警体系，对资产进行分类管理，提升财务人员的综合素质，以达到运营监控可视化资产管理可视化和数据认知可视化的目标，双管齐下，实现对经营管理和决策支持的多维度反映。

（二）企业财务管理数字化转型的原则

企业财务管理数字化转型的原则如图 2-4 所示。

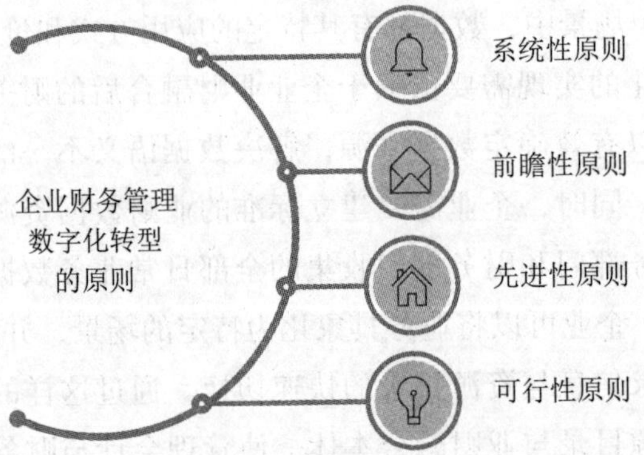

图 2-4　企业财务管理数字化转型的原则

1. 系统性原则

系统性原则是指在进行企业财务管理数字化转型过程中，应全面考虑企业的内外部环境、企业战略目标、财务管理需求和信息技术等各个方面的要素，采取全局观和系统观来进行统筹规划和设计，以确保数字化转型工作的连贯性和一致性。

系统性原则的实质是全面观，即在设计和实施数字化转型时，不仅要关注各个具体业务环节的转型，也要关注业务环节之间的关系和整体的业务流程，使其在组织架构、业务流程、信息系统等方面形成有机整体。只有如此，才能避免在部门之间、业务环节之间出现“信息孤岛”，实现信息资源的共享和流动，提高企业的运营效率和管理效率。

系统性原则的另一个重要方面是把握企业的内外部环境。企业的内部环境包括企业的战略目标、企业文化、组织结构、人力资源、财务状况等，这些因素都将影响企业财务管理数字化转型的具体方式和步骤。企业的外部环境包括市场环境、竞争环境、法律法规环境、技术环境等，这些因素将影响企业财务管理数字化转型的方向和深度。因此，在进行数字化转型时，应充分考虑这些内外部环境因素，制订出符合企业实际情况的数字化转型策略和方案。

此外，系统性原则还要求企业在进行财务管理数字化转型时，要充分考虑信息技术的发展动态和趋势，确保企业的财务信息系统的先进性和适用性。信息技术是企业财务管理数字化转型的重要工具，只有选择和使用合适的信息技术，才能充分发挥信息技术的作用，提高企业财务管理的效率和效果。

2. 前瞻性原则

前瞻性原则在企业财务管理数字化转型中占有极其重要的地位。它意味着企业需要提前预见和应对市场、技术等方面的变化，确保其财务管理策略和实践能够紧跟时代步伐，适应未来的发展。

财务管理数字化转型不仅仅是对现有工作流程和方式的优化和提升，更是对未来发展的准备。在信息化、数字化的大潮中，企业财务管理也必然要迎来一场深刻的变革。因此，企业必须具备前瞻性，对于未来可能出现的各种情况做好充分的预估和准备。

前瞻性原则要求企业将眼光放到未来，从长远的角度来看待企业财务管理的数字化转型。这意味着企业需要对市场动态、行业发展趋势、技术变革、法规政策等进行深入研究和理解，结合企业自身的特点和战略规划，制订出切实可行的财务管理数字化转型方案。

前瞻性原则还体现在企业对于数字化转型的理念上。企业要认识到，数字化转型不仅仅是工具的更换，更是一场涉及企业文化、组织结构、工作流程等多方面的深刻变革。因此，企业要以开放的心态，积极拥抱变革，鼓励创新，形成一种适应未来发展的企业文化。

3.先进性原则

在企业财务管理的数字化转型中，先进性原则强调的是引入和应用最新的理念、技术和方法，以提高财务管理的效率和效果，满足企业发展的需要。数字化转型不仅要适应现在，更要面向未来，企业需要以开放的态度接纳新的事物，积极引入和应用新的技术和理念，打破传统，开拓创新，以此推动财务管理的升级和转型。

在当今信息化、数字化的时代背景下，先进性原则首先体现在技术层面。这意味着企业需要引入和应用最新的技术，如人工智能、大数据、云计算、区块链等，把这些新技术融入财务管理的各个环节，以提高工作效率，提升决策质量，降低运营成本。

除了技术，先进性原则还体现在理念和方法上。随着社会经济的发展，企业管理的理念和方法也在不断变化和发展。在财务管理的数字化转型中，企业需要引入和应用新的理念和方法，如精益管理、敏捷管理、用户中心设计等，以提升企业的竞争力。

4.可行性原则

在企业财务管理的数字化转型过程中，可行性原则是一项至关重要的原则，它强调财务管理转型应与企业的实际情况相适应，且方案的设计和执行应考虑到实际操作的复杂性和可行性。

可行性原则主张财务管理数字化转型的步骤和方法应基于现实情况进行规划和设计。这并不意味着抑制创新或降低标准，而是要在明确企业的实际需求，理解业务流程，评估现有资源和能力的基础上，进行适度而有效的创新。这就要求企业在规划和设计转型方案时，不能脱离实际，而应深入了解业务流程，理解企业文化，评估资源和能力，以确保数字化转型方案的实施既能实现预期的效果，又能顺利进行，不会因为现实条件的限制而无法推进。

此外，可行性原则还要求在财务管理的数字化转型过程中，要尽可能降低对企业运营的影响。财务管理的数字化转型是一项复杂的工程，它涉及企业的各个环节，对企业的运营有着深远的影响。因此，企业在进行财务管理的数字化转型时，需要在保证业务连续性的前提下，逐步推进，防止因为转型而影响企业的正常运营。

可行性原则不仅仅是一种实践观念，更是一种理性思考。它要求企业管理者在进行财务管理的数字化转型时，不能只考虑理想状态，而要深入了解企业的实际情况，设计出既能实现预期效果，又能在实际操作中顺利执行的方案。这种基于现实考虑的方案，更能满足企业的实际需求，更有可能成功地实现财务管理的数字化转型。

为了实现可行性原则，企业可能需要在规划和设计阶段投入更多的时间和资源，进行更深入的研究和讨论。但是，这种投入是值得的，因为它可以确保财务管理的数字化转型能够顺利进行，实现预期的效果，推动企业的发展。

（三）企业财务管理数字化转型的路径

企业财务管理数字化转型可以从以下四个方面进行，如图 2-5 所示。

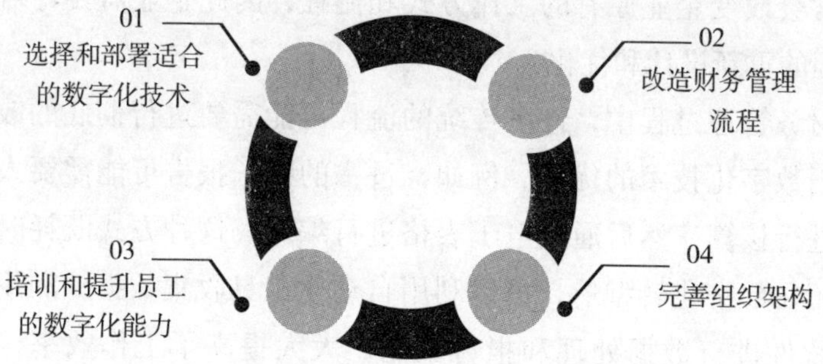

图 2-5 企业财务管理数字化转型的路径

1. 选择和部署适合的数字化技术

选择和部署适合的数字化技术是财务管理数字化转型的核心环节。在这个过程中，关键在于能够根据企业的实际业务需求和技术现状，挑选出最适应当前环境的技术解决方案，从而最大化地实现投资效益。

确立好数字化转型的目标后，企业应就此研究并选择符合这些目标的技术。需要注意的是，不同的技术有着不同的特点和适用范围，企业须全面了解各种技术的优势、劣势和适用场景，才能作出明智的选择。例如，云计算技术可以提供高效、灵活、可扩展的计算和存储资源，适用于处理大规模数据的场景；而人工智能和机器学习技术则可以用于智能化的数据分析和决策支持。

在选择了适合的技术后，部署过程的关键在于如何有效地将新的技术融入企业的现有系统中，以实现既有业务流程的优化。这可能需要调整和优化原有的业务流程，以适应新技术的需求，也可能需要对既有的硬件和软件进行升级或更换，以支持新技术的运行。

选择和部署适合的数字化技术是一个复杂且长期的过程，企业需要进行精心规划和持续投入。但是，只有选择和部署了适合的技术，才能确保数字化转型能够有效地提升企业财务管理的效率，实现企业的战略目标。

2. 改造财务管理流程

改造财务管理流程是财务管理数字化转型的重要环节。新的数字化技术通常会改变企业原有的工作方式和流程，因此企业需要针对新技术进行流程的重新设计和优化。

在财务管理过程中，许多传统的流程可能需要进行彻底的改革，以充分利用数字化技术的优势。例如，过去的财务报告可能需要人工收集数据、进行核算，然后通过电子表格进行编制。这种方式既耗时又容易出错。而在数字化转型后，可以利用自动化工具收集数据，利用智能化的财务软件进行数据处理和报告编制，大大提高了工作效率，减少了错误。

同样地，在财务分析方面，过去可能需要人工进行大量的数据统计和计算，而现在则可以利用数据分析工具，自动化地完成这些任务，减少了人力成本，提高了工作效率。更重要的是，这种方式可以实现实时的数据分析，为企业决策提供了及时、准确的数据支持。

在改造财务管理流程时，企业还需要考虑到数据安全和隐私保护等问题。随着数字化技术的发展，企业的数据越来越多地存储在云端，这就要求企业必须建立健全数据安全防护机制，防止数据被非法窃取或滥用。此外，企业还需要遵守相关的数据保护法律法规，确保在数字化转型的过程中，处理个人和敏感数据的合规性。

3. 培训和提升员工的数字化能力

培训和提升员工的数字化能力是企业财务管理数字化转型不可或缺的一环。随着数字技术的飞速发展，企业财务管理中的许多工作已经或者正在从传统的手工操作向数字化、自动化转变，这就对财务人员提出了更高的要求。他们不仅需要掌握传统的财务管理知识，还需要了解和掌握数字技术，包括数据分析、人工智能等方面的知识。

在进行数字化能力的培训时，企业不应只注重技术层面的培训，更应关注培养员工的数字化思维。数字化思维是指在面对问题和挑战时，能够充分利用数字化工具和方法，以创新和高效的方式进行解决。例如，在面对大量的数据时，数字化思维的员工会自动想到利用数据分析工具进行处理，而不是手工进行统计；在面对复杂的财务问题时，他们会利用模型和算法进行解决，而不是依靠经验和直觉。

除了培训，企业还需要为员工提供足够的实践机会，让他们在实践中提升数字化能力。对于新接触数字化工具和方法的员工，企业可以通过项目的方式，让他们在有指导和监督的情况下进行实践；对于已经有一定基础的员工，企业可以通过提供更高级的任务，如数据分析、模型开发等，让他们在实践中提升技术能力和解决问题的能力。

员工的数字化能力提升不是一蹴而就的，企业需要有长期的计划和投入。通过系统的培训和实践，员工的数字化能力将逐渐提升，他们将更好地适应数字化环境，更有效地完成财务管理的工作，从而推动企业财务管理的数字化转型。

4. 完善组织架构

完善组织架构是企业财务管理数字化转型的重要路径之一。组织架构的优化与调整不仅影响企业内部的运作效率，还决定着企业能否充分利用和发挥数字化技术的优势。在这个过程中，企业需要建立一个既能够满足现有业务需求，又有利于数字化转型的组织架构。

在数字化转型的背景下，财务部门的角色和职责会发生显著变化。原来的财务管理方式将由过去的事后审计、控制向事前预警、预测转变，需要更强的数据分析和决策能力。因此，财务部门的组织架构也应作出相应的调整，比如设立数据分析团队，负责财务数据的收集、分析和应用，提供决策支持。企业还需要在组织架构中设置适当的角色和职位，负责推动数字化转型的实施。例如，设立数字化转型负责人，全面负责企业的数字化转型工作，包括制订转型计划、协调各部门的工作、推动转型工作的实施等。

此外，企业还需要重视跨部门的协作，打破“数据孤岛”，实现数据共享和流通。这需要企业在组织架构上设立数据管理和数据治理机制，通过统一的数据标准和数据接口，实现各部门数据的有效整合，提高数据利用效率。

第三章 企业财务数据价值链重塑

在当今数字化时代，企业面临着海量的财务数据，如何有效管理和应用这些数据成为关键问题。本章将围绕企业财务数据价值链重塑展开讨论。

第一节 从财务会计到管理会计

在企业数字化转型的背景下，财务会计逐渐转为管理会计，管理会计能为企业提供更全面的财务数据，从而使财务数据的价值得到最大限度的发挥。

一、财务会计和管理会计的内涵

（一）财务会计

1. 财务会计的概念

财务会计是以公认的会计准则为依据，对已完成或已发生的交易与事项，运用一种专门的会计核算方法，以货币作为主要计量单位，按照确认、计量和报告等程序，以财务报告为形式，定期、总括地反映企业财务状况、经营成果和现金流量等会计信息的会计系统。由此可见，财务会计是以提供会计信息为最终结果的，而会计信息则是通过会计报表反映出来的。因此，财务报告是会计工作的核心。①

2. 财务会计的作用

（1）有助于会计信息使用者作出合理决策。财务会计通过提供关于企业财务状况、经营成果和现金流量的信息，为投资者、债权人和政府等决策者提供了重要的决策参考。投资者通过分析财务会计信息以选择合适的投资对象，衡量投资收益和风险；债权人，如银行，需要了解企业的流动比率、速动比率、资产负债率等以衡量贷款风险，作出贷款决策；政府部门则需要了解企业的资产负债结构、损益状况和现金流转情况，以制定合理的经济政策，进行宏观调控。

（2）有助于考核企业管理层经济责任的履行情况。投资者可以通过财务会计信息，了解企业的经济活动成果、资产保值增值情况，通过对比分析评估企业的盈利发展趋势，以及在同行业竞争中的位置，进而考核管理层的经济责任履行情况。

（3）有助于企业加强经营管理，提升经济效益。财务会计在企业经营管理中起着关键作用。企业管理者通过财务会计提供的信息，全面、系统地了解企业的经营状况，以便更好地进行决策和策略制定。利用财务会计信息，管理者可以发现并解决经营活动中存在的问题，提出有效的改进措施，进一步提高经济效益，促进企业的可持续发展。

（二）管理会计

1. 管理会计的概念与特征

管理会计的概念可以概括为以实现企业战略为目标，以加强企业内部经营管理、提高企业经济效益为目的，以企业的整个经营活动为对象，通过对财务信息及其他信息的加工和利用，实现对企业经营过程的预测与决策、规划与控制、分析与评价等职能的一个会计分支。② 通过上述管理会计的定义可知，管理会计的特征如图 3-1 所示。

① 常茹 . 财务会计 [M]. 北京：经济科学出版社，2019：17.

② 邹丽，伍丽雅 . 管理会计 [M]. 重庆：重庆大学出版社，2020：5.

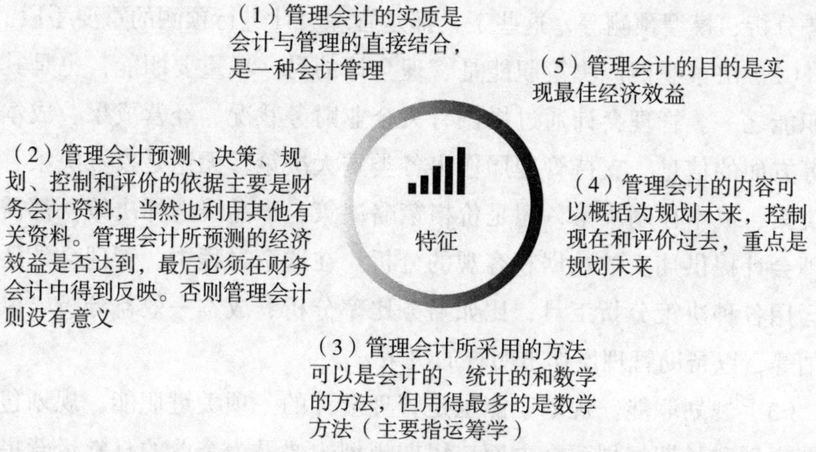

图 3-1 管理会计的特征

2. 管理会计的职能

管理会计的职能是指它在企业管理中所起的作用，通常包括预测、决策、规划、控制和考核评价 5 个方面，如图 3-2 所示。

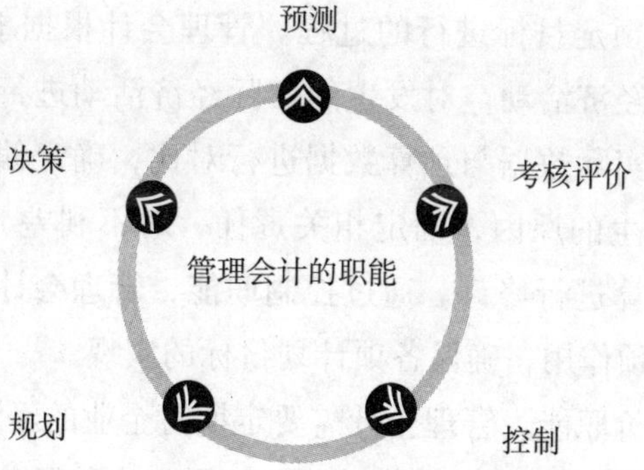

图 3-2 管理会计的职能

（1）预测职能。预测是管理会计的一项基本职能，涉及对未来情况的预见与估计。这种预测需要全方位地掌握组织内外的情况，包括经济环境、市场动态、政策法规变动等多元信息。预测的目的在于引导企业提前布局，使企业能够在快速变化的商业环境中抢先一步，达到预期目标。在预测过程中，管理会计需要运用各种分析工具，比如预算分析、趋势分析、模型预测等，这些工具都是管理会计进行预测的重要手段。

（2）决策职能。决策职能是管理会计的另一项重要职能，也是其核心职能之一。管理会计通过提供有关企业财务状况、经营成果、成本效益等方面的信息，支持管理层作出各类重大决策。无论是投资决策、融资决策、成本控制决策，还是价格策略决策、产品线选择决策，都需要管理会计提供翔实的数据和客观的分析。在这个过程中，管理会计还需要运用各种决策分析工具，比如财务比率分析、成本—效益分析、风险评估等，以帮助管理层作出明智的决策。

（3）规划职能。规划职能也是管理会计的一项关键职能。规划包括短期规划和长期规划两个方面。短期规划主要是为企业的日常运营提供财务预算和成本控制方案，以保证企业运营的正常进行。长期规划主要涉及企业的发展战略和投资计划，需要管理会计对企业的发展趋势和市场机会进行深入分析。规划过程还需要管理会计充分运用财务预算、项目评估、风险分析等工具，以保证规划的科学性和可行性。

（4）控制职能。控制是通过一定的手段对企业实际经济活动施加影响，使之能够按预定目标进行的过程。管理会计根据事先编制的预算，实时控制企业的经济活动，对发生的实际经济活动进行同步计量、记录和报告，及时将实际数据与预算数据进行对比，确定偏离程度，计算差异并分析差异产生的原因，确定相关责任。对不利差异提出改进措施，并在必要时对预算进行修订。通过控制职能，管理会计能有效发挥对生产经营活动的干预作用，确保各项计划目标的实现。①

（5）考核评价职能。管理会计需要定期对企业的经营活动进行全面、客观的评价，以确定是否达到了既定的目标。这种评价包括财务和非财务两个方面。在财务方面，管理会计会利用各种财务指标，如利润率、资产回报率、流动比率等，对企业的经济效益进行评估。在非财务方面，管理会计则需要评估企业的客户满意度、市场份额、员工满意度等关键业绩指标。这种全面的评价不仅可以帮助管理层了解企业的运行状况，

① 邹丽，伍丽雅．管理会计[M].重庆：重庆大学出版社，2020：7.

还可以推动企业改进业务流程，提高经营效率，进而实现业绩提升。

管理会计的各职能之间具有非常紧密的联系，构成一个完整的管理会计循环。预测是决策的前提，决策是规划的基础，而规划既是预测和决策的综合反映，又是经营目标的具体化，是进行控制与考核评价的依据。

二、财务会计向管理会计转型的现实意义

（一）有助于降低财务风险

随着全球经济一体化的深入，企业经营的风险也在不断增大，其中财务风险尤为重要。财务风险涉及企业的盈利能力、流动性、偿债能力等多个方面，对企业的经营活动有着重要的影响。财务会计向管理会计的转型，可以从多个方面帮助企业有效地降低财务风险。

管理会计的应用使企业能够对财务风险进行有效预警。相较于财务会计的历史性和报告性，管理会计强调的是预测性和决策性。通过预测未来的经济环境和企业自身的经营状况，管理会计可以提前发现可能存在的财务风险，从而使企业有时间进行应对和调整。这在很大程度上减少了企业因为突如其来的财务危机而陷入困境的可能性。

管理会计的决策性使企业在决策过程中能够更加全面地考虑财务风险。在决策过程中，企业不仅需要考虑决策的经济效果，还需要考虑决策可能带来的财务风险。管理会计通过提供相关的财务信息和分析，可以帮助企业在作出决策时充分考虑到财务风险，避免因为决策的片面性而增大财务风险。

此外，管理会计的绩效评价功能也有助于降低财务风险。通过对企业的经营绩效进行评价，企业可以了解自身的盈利能力、偿债能力等是否达到预期，从而及时调整经营策略，降低财务风险。而且，绩效评价还可以帮助企业发现经营中存在的问题，如成本过高、利润过低等，这些都是可能导致财务风险的因素。

（二）有助于降低经营成本

财务会计工作主要根据经济项目进行核算，以此来管理企业的成本与支出。这种方式有其独特的价值，但其固有的缺陷使得在企业发展中显得力不从心。特别是在需要细化和完善成本费用数据，以助于企业更精细的管理和决策时，财务会计往往显得无力。而管理会计则具有更强的针对性和实效性。其突出的特点在于，能以更细化的视角进行成本的分析，以及以更实际的角度进行成本的控制，使企业能够更准确地预测和控制成本。

在进行成本分析时，管理会计采取更加详细、深入的方式。不同于财务会计通常会将同一类型的成本归为一类进行总体考虑，管理会计则会对每一项成本进行单独分析，找出每一项成本的生成原因，以及对企业利润的影响。这种方法可以帮助企业更好地了解自身的成本结构，找出成本过高的部门或项目，从而有针对性地进行改进。另外，管理会计的预算制度可以帮助企业进行成本控制。预算制度是企业成本控制的一个重要手段，它设定了企业未来一段时间内的经济活动的计划和目标，对企业的收支、成本和利润等进行预测和控制。企业通过预算可以提前发现可能存在的问题，采取措施进行调整，从而避免成本过高。最后，管理会计强调对企业经营活动的全面、系统的理解，这种全局视角有利于企业对经营活动进行优化，找出可以降低成本的环节和方式。企业可以根据管理会计提供的信息，进行流程优化、业务重组、供应链管理等操作，从而降低经营成本。

（三）有助于企业效益的提升

管理会计关注的是未来和决策，以增加企业效益为目标。它提供了实时、前瞻性的信息，使管理者可以基于这些信息作出更有效的决策，如投资决策、运营决策、战略决策等。这些决策都直接影响企业的经济效益。因此，从财务会计向管理会计的转型，意味着企业从被动适应经济环境转向主动地对经济环境进行策略性预判和利用，从而提高企业效益。

管理会计强调成本与效益的权衡，而不仅仅关注成本控制。通过成本—效益分析，企业可以在保证产品质量和服务水平的同时，找出最低的成本水平，从而提高企业效益。例如，通过精细化成本管理，企业可以提前发现并解决可能导致生产停滞或资源浪费的问题，提高生产效率，最终提升企业的经济效益。

管理会计还通过预算管理、绩效评估等方式推动企业目标的实现。通过预算管理，企业可以清晰地了解并控制每个业务部门的收入和支出，推动每个部门向着企业整体的经营目标努力。通过绩效评估，企业可以评价并激励员工的工作表现，提高员工的工作效率，从而提高企业效益。

此外，管理会计通过提供各种管理工具，如预算管理、成本管理、绩效评价等，可以帮助企业强化综合竞争力。这些工具使企业能够对自身的经营活动进行全方位的管理和控制，从而实现企业效益的最大化。

三、财务会计向管理会计转型的策略

财务会计向管理会计转型可以从以下五个方面进行，如图 3-3 所示。

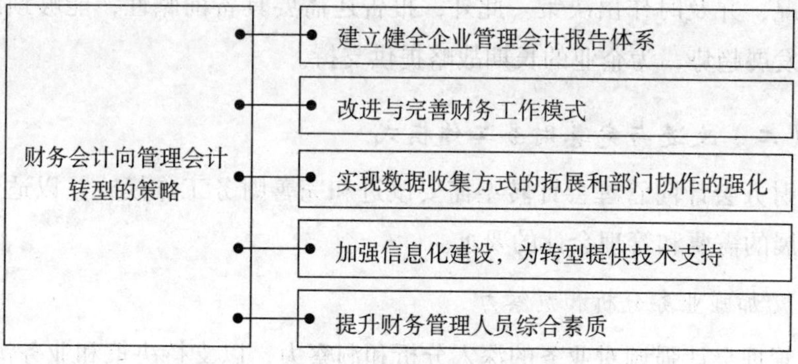

图 3-3　财务会计向管理会计转型的策略

（一）建立健全企业管理会计报告体系

建立健全企业管理会计报告体系对于财务会计向管理会计的转型至关重要。管理会计报告体系可以提供全面、准确的信息，为企业战略决策提供强有力的支持。

为了实现有效的转型，企业需要明确管理会计与财务会计的区别并联系起来。特别是，企业应依据实际情况设定清晰的会计报告标准和内容，以规范财务管理人员的行为。例如，管理会计报告体系的设立应明确相关产品的信息报告，确保企业财务人员在开展管理会计工作时有据可依，从而提高财务管理的效率。此外，企业也应制定与传统财务会计不同的管理会计核算制度，清楚区分管理会计和财务会计的差别。这样可以避免员工在工作过程中出现混淆和冲突，有助于推动管理会计工作的顺利开展。

管理会计报告体系的内容应包括财务数据和非财务数据。财务数据是企业经营活动的直接反映，非财务数据则更能反映企业的内外部环境和未来发展趋势。这两类数据的有效整合，可以使企业更全面地了解自身的状况，从而更好地制定决策。

在形式上，管理会计报告应根据企业的实际需要进行定制，以确保其可读性和有效性。实时性和前瞻性也是管理会计报告的重要特性。企业需要实现对经营数据的实时采集和分析，以便能够及时了解企业的运营状况，并及时作出决策。此外，报告还需要具备前瞻性，能够预测未来的发展趋势，为企业的长期战略提供支持。

（二）改进与完善财务工作模式

财务会计向管理会计转型需要改进和完善财务工作模式，以适应企业发展的需要和管理会计的要求。

1.加强业务分析和洞察力

管理会计强调对业务的深入分析和洞察力，以支持决策和业务优化。为了实现财务会计向管理会计的转型，企业需要加强其业务分析和洞察力的能力。这包括提高数据分析和数据驱动决策的技能，利用先进的分析工具和技术，如数据挖掘、机器学习和商业智能。通过对业务数据的深入分析，企业可以发现隐藏的模式和趋势，识别关键的业务驱动因素，并为决策者提供有价值的洞察力。加强业务分析和洞察力能力有助于企业更好地理解业务运营的本质和挑战，并制定相应的决策和策略。

2. 强化成本管理和控制

财务会计往往侧重于财务报告和会计准则的遵守，而管理会计更注重企业内部的成本管理和控制。为了实现财务会计向管理会计的转型，企业需要加强成本管理和控制的意识和能力。这包括建立成本分析的系统和方法，追踪和管理各项成本，识别成本的驱动因素，并采取相应的控制措施。此外，企业还可以引入先进的成本管理工具和技术，如活动-based 成本管理（ABC）和成本驱动的预算，以支持成本管理和决策。

（三）实现数据收集方式的拓展和部门协作的强化

在数字经济时代，企业应实现数据收集方式的拓展和部门协作的强化。企业以往的财务报表仅仅体现相应时间段的财务信息，即年末数据或年初数据。针对一个企业来讲，财务信息具备实时变化性特点，不但能够体现企业年度的现金流量、利润、资产负债等情况，而且能够综合地体现企业经营年度的财务现状，从而为企业预测发展方向带来数据支撑，进而有助于企业制定科学有效的发展战略。基于大数据发展形势。企业应用大数据等技术可以更好地把握自身的经营现状，从而实现工作流程的优化。并且，企业决策层应在财务预算、决算上投入主要精力，财务人员应保障财务信息的完整和真实，注重采集和记录一系列数据信息，监督一系列部门之间的信息传输，组织一系列会议活动等，从而对各个部门的管理建议进行收集，且根据企业财务数据报表和协调情况为企业财务会计转型和管理会计带来数据参考。

（四）加强信息化建设，为转型提供技术支持

要实现财务会计向管理会计转型必须加强信息化建设，并构建信息化系统平台一定程度上确保财务转型向管理会计转型工作顺利实施。一方面，在财务内部加强信息化系统集成建立，并有效地应用核算系统和财务系统以及资金管理系统促使这些系统数据实现互通，单一的系统操作在数据等方面能实现共享，防止重复地进行工作，确保管理会计顺利实施；另一方面，在业财融合背景下加强信息化管理系统的构建，并充分联系财务管理系统和其他业务部门系统来构建共享平台，在信息网络

平台下，加强各个部门之间的沟通并建立良好的合作关系，还能掌握好业务部门的相关信息，实现数据共享。加大信息化建设力度，促使财务人员工作高效开展进而获得良好的工作效果。与此同时，确保各项报告更加准确，进而为管理人员提供相应的信息。

（五）提升财务管理人员综合素质

面对财务会计向管理会计的转型，策略的重点之一必然是提升财务管理人员的综合素质。这涵盖了专业能力、人际交往能力、沟通技巧、创新意识等方面。

在专业能力方面，财务管理人员应对会计基础理论、会计法规、财务管理等领域拥有深厚的专业知识和实践经验，以适应管理会计的工作需求。他们需要熟悉国内外会计制度和财务管理方法，了解企业经营管理及相关的法律法规，掌握企业财务信息系统的运作，这样才能有效地从财务会计转向管理会计。

人际交往能力和沟通技巧也是财务管理人员在转型过程中必不可少的。这涉及跨部门、跨层级的协调与交流。财务管理人员不仅需要有良好的听说能力，还需要具备优秀的写作和汇报技巧，能够将复杂的财务信息以清晰、准确的方式传达给各个利益相关者。

创新意识是推动财务管理人员从财务会计向管理会计转型的关键动力。在日益激烈的市场竞争中，企业需要适应变化，寻求创新，这对财务管理人员提出了更高的要求。他们需要拥有敏锐的洞察力，敢于提出创新的财务管理模式，对现有的管理模式持批判性思考，并有能力把创新的思想转化为实际行动。

第二节　财务数据价值链的要素与环节

一、财务数据价值链的要素

财务数据价值链由三大要素构成：数据、业务和技术（见图 3-4）。这三大要素密切相连，共同构成了财务数据价值链的全景。

图 3-4　财务数据价值链的要素

数据是财务数据价值链的基础。正如石头可以经过雕琢成为精美的雕像，财务数据也可以通过处理和分析，变得有价值并用于企业决策。企业产生的各种原始数据，如销售数据、采购数据、库存数据、财务报表等，都可以成为数据价值链的原材料。通过整理和分析这些数据，企业可以了解自己的财务状况，以及各项业务运营的效果，从而作出符合自身利益的决策。

业务是数据价值链的服务对象，数据价值链以业务需求为目标导向，围绕业务需求开展一系列数据处理工作，得到的结论信息最终作用于业务实践。例如，通过数据分析，企业可能发现某一产品的销售额在下滑，于是决定减少这一产品的生产，从而避免了可能的损失。

技术是实现数据价值链的关键工具。技术的发展使企业可以更高效、更精确地处理和分析数据，更好地满足业务需求。技术在数据价值链中的应用包括数据库的建设、数据的抽取和转换、统计方法的使用、模型算法的开发，以及机器学习和数据可视化等。通过技术的使用，企业可以更好地理解数据，更好地把握业务，从而作出更科学、更精准的决策。

财务数据价值链的三大要素，即数据、业务和技术，是相辅相成的。数据为业务提供了决策的基础，业务则提出了数据处理的需求，而技术则为数据处理和业务决策提供了可能。财务围绕业务核心，利用数据技术处理分析数据，挖掘数据价值，驱动业务决策和价值创造。

二、财务数据价值链的环节

财务数据价值链的环节是指数据价值链涵盖的一系列数据处理和使用过程，包括业务需求分析、数据采集、数据清洗、数据探索、数据算法和数据可视化（见图 3-5）。财务通过构建数据价值链，在“三大要素”及“六大环节”的共同作用下借助算法与算力，逐步提取数据价值，满足业务需求。

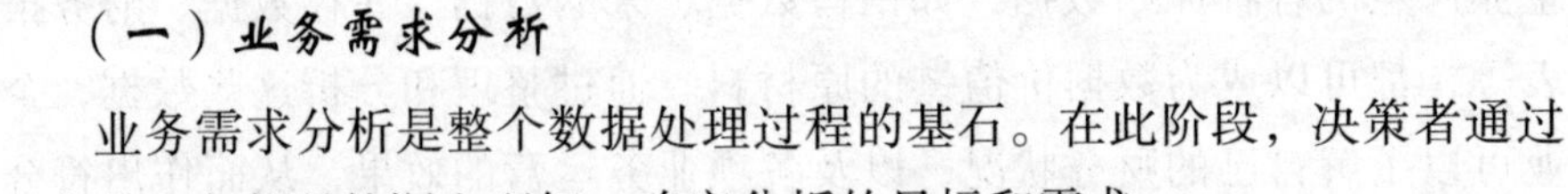

图 3-5　财务数据价值链的六大环节

（一）业务需求分析

业务需求分析是整个数据处理过程的基石。在此阶段，决策者通过对当前业务状况的深入理解，确定分析的目标和需求。

1. 理解业务需求

理解业务需求的过程在业务需求分析中占据着关键位置。它包含了识别和深化对企业各项业务活动、业务流程以及业务环境的理解，包括当前的业务状况、发展趋势、市场环境和竞争情况等。此外，还需要了解业务各个部门或个体的具体需求和期望，识别关键性的财务数据和关键绩效指标。在这个阶段，企业需要以开放和全面的视角，梳理并获取尽可能翔实的业务信息，从而能够清晰地理解业务需求，确定财务数据的使用目的、价值和目标。

2. 业务需求分析的具体步骤

在业务需求分析过程中，第一步是理解数据用户的业务需求的本质。这需要对业务进行深入研究，理解业务的目标，关键性能指标，以及业务的具体工作流程等。这个过程可能需要与业务团队紧密合作，借助业务团队的知识和经验来理解业务需求。在此过程中，不仅要理解表面上的需求，还要深挖隐藏的、潜在的需求，这对于后续的数据分析至关重要。

明确了业务需求的本质之后，下一步是规划通过数据分析满足业务需求的方法。这一步要确定数据分析的方向和方法，如何采集数据，如何处理和分析数据，以及如何用数据结果来满足业务需求。这可能涉及各种数据技术，如数据采集技术、数据处理和分析技术、数据可视化技术等。在这个过程中，要根据业务需求的特点和数据的特性来选择最适合的技术和方法。

规划好数据分析的方法之后，最后一步是评估项目所需的资源。这一步主要是对项目的成本、时间、人力等资源进行评估，为项目的实施提供可行性的保证。需要考虑的因素，包括所需的技术资源（如软硬件、数据平台等）、人力资源（如数据分析师、业务专家等）、时间资源（项目的预计周期）及财务资源（项目的预算）。在评估这些资源的同时，还需要考虑项目的风险，如数据质量问题、技术实施问题、人力资源问题等，并制定相应的风险应对策略。

业务需求分析是一个迭代的过程，可能需要反复进行信息收集、需求分析、需求确认等步骤，直到找到满足业务目标的需求。通过这个过程，企业可以明确财务数据的目标和用途，从而为后续的数据采集、数据清洗、数据分析等环节提供清晰的方向。

（二）数据采集

数据采集是获取财务信息的重要步骤，是基于已经确定的业务需求分析，来确定需要收集哪些数据。这可能涉及从内部系统（如财务和运营系统）获取数据，或者从外部源（如市场研究报告或行业数据库）获取数据。这个过程需要有一个清晰的数据收集计划，以保证所采集的数据能够满足业务需求分析的目标。

常用的数据采集方法和技术包括 Web 抓取、API 采集、日志采集、数据库采集等。Web 抓取是一种常用的数据采集方法，也被称为网络爬虫或网页抓取。它是一种通过自动或半自动方式从互联网上获取信息的技术。Web 抓取通常包括两个步骤：首先，抓取程序（通常被称为爬虫或蜘蛛）会对指定的网站进行访问，抓取页面上的信息；其次，这些信息会被处理和存储，以供后续分析或其他用途。Web 抓取可用于获取各种类型的信息，例如新闻文章、社交媒体帖子、商品信息、用户评论等。它是数据分析、机器学习、市场研究、竞争情报等领域的重要工具。API 采集是通过访问数据提供方提供的应用程序接口（API）来获取数据的技术。API 通常提供了规范化的数据接口和访问方法，可以更方便、更准确地获取数据。API 采集适用于各种类型的数据，如社交媒体数据、市场数据、地理信息数据等。日志采集是通过收集和分析系统或应用的运行日志来获取数据的技术。日志是系统或应用运行过程中记录的各种信息，如操作记录、错误信息、状态信息等，它是了解系统或应用运行状况的重要数据源。日志采集通常需要用到日志分析技术，如日志解析、日志聚合、日志搜索等。数据库采集是直接从数据库中获取数据的技术。这种方法通常用于获取企业内部的业务数据，如销售数据、用户数据、财务数据等。数据库采集通常需要掌握数据库查询语言（如 SQL）和数据库操作技术。

以上这些数据采集方法和技术各有优势，可以根据数据源的特点和业务需求的需要选择合适的方法和技术。而无论采用哪种方法和技术，都要注意数据的质量和完整性，以确保采集到的数据能够满足业务需求。同时，数据采集过程也要遵守相关的法规和伦理规定，尊重数据的所有权和隐私权。

（三）数据清洗

在数据采集后，原始数据常常存在各种问题，如缺失值、重复记录、异常点、错误信息等。这些问题不仅会降低数据处理的效率，更会直接影响数据分析的准确性，甚至可能导致错误的决策。数据清洗是指在处理和分析数据之前，通过一系列技术手段找出数据中的错误和不一致性，并进行纠正的过程。数据清洗的主要任务包括处理缺失数据、删除重复数据、纠正错误数据、统一数据格式等。只有进行了充分的数据清洗，才能保证后续数据分析的准确性和有效性。

在实际工作中，数据清洗通常包括以下几个步骤。

1. 数据审查

这是数据清洗的第一步，也是非常重要的一步。数据审查的主要任务是对数据进行全面的检查，了解数据的基本情况，包括数据的来源、数据的类型、数据的结构、数据的分布等，以便了解数据的质量情况和需要清洗的具体内容。

2. 处理缺失数据

处理缺失数据是数据清洗过程中的一个重要环节，对于数据的完整性和质量具有关键影响。数据的缺失可能源于多种原因，例如，在数据采集阶段，由于设备故障、人为疏忽或者其他无法预测的因素，数据可能没有被成功收集。同时，一些数据在一开始就无法获取，也会造成数据缺失。无论缺失数据的来源为何，其存在都会对数据分析结果产生不良影响，因此必须被妥善处理。处理缺失数据的方法通常有以下三种。

（1）删除缺失数据。删除缺失数据是处理缺失数据最直接的方法，当缺失数据量不大且分布随机时，这种方式最为简捷有效。在这种情况下，缺失数据的存在不会对数据的整体分布产生重大影响，故直接删除可以保持数据的完整性和真实性。但需要注意，如果数据缺失不是随机的，直接删除可能会导致偏见或误解，因为缺失可能与数据的某些特性有关，比如非响应的受访者可能存在共同的特征。在这种情况下，简单地删除可能会使这些特征在分析中被忽视。

（2）填充缺失数据。填充缺失数据是另一种常见的处理方法，适用于缺失数据较多的情况。平均值、中位数、众数填充是最简单的填充方法，根据数据的特性选择最适合的统计量进行填充。使用相邻数据填充，如前向填充和后向填充，适用于数据具有时序性的场景。插值和回归等方法则能在保持数据分布特性的同时，利用其他变量信息对缺失数据进行更准确的估计。但填充方法也有其局限性，如果填充的估计值与实际值相差较大，可能会引入额外的误差。

（3）预测缺失数据。预测缺失数据是一种更复杂的方法，通常需要借助于机器学习或统计模型，如决策树、随机森林、回归分析等，根据已有数据预测缺失数据。这种方法的优点在于能够更好地保留数据的完整性和一致性，尤其在缺失数据量较大时，能够有效地利用已有数据。然而，预测方法对计算资源和技术要求较高，需要慎重选择合适的模型，并对模型的预测性能进行适当的验证。此外，预测方法并不能保证预测值与实际值完全一致，因此可能会引入预测误差。

3. 处理重复数据

重复数据的存在可能会对数据分析结果产生偏差，因此需要进行有效的识别和处理。重复数据可能来源于多种情况，比如数据采集过程中的误操作，系统故障导致的重复输入，或者数据整合过程中的重复合并等。

识别重复数据并非简单的任务，这需要深入理解数据的内容和结构，以及重复数据可能产生的原因。通常需要对数据进行详细的观察和分析，甚至可能需要借助于专业的数据处理工具或算法。有时候，两条数据在某些字段上完全一致，但在其他字段上存在差异，这就需要进行细致的判断，确定是否应该被视为重复数据。

一旦识别出重复数据，最常见的处理方式就是删除。但是，在删除重复数据之前，需要确保这样做不会对数据的完整性造成影响。例如，如果重复数据来源于数据整合，那么这些重复数据可能反映了某些重要的业务过程，直接删除可能会丢失有用的信息。在这种情况下，可能需要采取其他处理策略，如合并重复记录，或者标记重复数据以备后续处理。

4.纠正错误数据

数据中可能存在一些错误的数据，如数据类型错误、数据值错误、数据格式错误等，这可能会导致企业在数据分析、决策制定等过程中产生严重偏差，因此需要通过一系列数据校验和数据转换技术进行纠正。

数据类型错误是一种常见的错误，例如，某些应为数值的数据可能被误录为文本，这在数据收集和录入过程中尤为常见。这种错误可能会导致数据分析工具无法正确解析数据，从而影响数据的后续使用。通过数据校验，企业可以确定数据是否满足预设的数据类型规则，从而识别和纠正数据类型错误。数据值错误则涉及数据的实际内容，比如数据值超出了合理范围或者与实际情况严重不符。例如，一个人的年龄记录为200岁，这显然超出了人的正常寿命范围，可以被认定为数据值错误。通过设定数据值的合理范围，可以进行数据校验，对于超出范围的数据进行修正或者标注，以防止在后续的数据处理中产生误导。数据格式错误主要是指数据的展示方式不符合预期或标准，如日期格式不统一，会导致数据解析出错。例如，一些企业在记录日期时，可能会混合使用“年/月/日”和“月/日/年”两种格式，这会对数据处理造成困扰。因此，企业需要制定统一的数据格式标准，并通过数据转换技术将不符合标准的数据进行格式转换。

5.统一数据格式

由于数据可能来自不同的系统、平台或渠道，每个源头的数据格式可能都有所不同，这就给数据处理和分析带来了不便。统一数据格式的目标是将所有的数据都转换成一种统一的、规整的，易于处理和分析的格式。

统一数据格式的方法有很多种，其中最常用的是标准化和归一化。标准化是一种使数据符合标准正态分布的转换方法，主要用于处理连续的数值型数据。标准化后的数据其平均值为0，标准差为1，这样的数据更便于进行数学处理和统计分析。例如，在财务数据中，标准化可以用来处理各种不同规模的公司的财务数据，使这些数据能在一个统一的标准下进行比较和分析。

归一化则是将数据转换到一个特定的范围，例如0到1之间，使数据在这个范围内均匀分布。归一化也是一种常用的处理数值型数据的方法，它可以消除数据的量纲影响，使数据可以在同一尺度下进行比较。在财务数据中，归一化可以用来处理各种具有不同量级或单位的数据，如利润、销售额、股价等。

6.数据清洗结果验证

数据清洗完成后，需要对清洗结果进行验证，以确保数据清洗的有效性。数据清洗结果验证主要是检查数据是否满足数据分析的需求，数据清洗是否达到预期的效果。如果数据清洗结果不满足需求，需要重新进行数据清洗。

经过数据清洗，可以确保数据的质量和可靠性，从而提高数据处理和分析的效率和质量，保证数据分析的准确性。只有在数据质量得到保证的情况下，才能充分利用数据的价值，推动企业的数据驱动决策。

（四）数据探索

数据探索是对数据的初步分析。在这个环节中，数据科学家会运用各种工具和技术，对原始数据进行初步的调查和解读，探索隐藏在数据背后的结构、模式和趋势。常用的分析方法有作图制表、计算统计等。

作图制表是数据探索的重要方法。借助于图表，如柱状图、饼图、散点图等，可以清晰、直观地展现数据的分布和变化。例如，时间序列数据可以用线图表示，类别数据可以用柱状图或饼图表示，多变量的关系可以用散点图或热力图表示。通过观察这些图表，可以获得数据的初步印象和理解。计算统计是数据探索过程中的另一种关键工具。通过计算描述性统计量，如均值、中位数、方差、标准差、四分位数等，数据科学家可以对数据的集中趋势和离散程度有一个全面的了解。这些统计量能帮助理解数据的主要特征，发现异常值，进而在数据清洗阶段对其进行处理。

数据探索不仅能提供对数据的初始认知，而且能为后续的数据算法模型构建提供重要依据。通过发现数据中的规律和模式，数据科学家可以选择合适的预测模型和学习算法。比如，如果数据显示出明显的线性关系，那么可以选择线性回归模型；如果数据呈现出群集现象，那么可以选择聚类算法。此外，数据探索还能帮助确认是否需要进行特征工程，如特征选择、特征提取和特征编码等。

（五）数据算法

数据算法是数据价值链的核心，其本质是一种用来处理数据、提取信息、生成知识的计算方法或计算模型。

1.数据算法的作用

（1）数据算法在处理大量和复杂数据上发挥着至关重要的作用。在当前的信息时代，企业每天都会产生海量的数据，如销售数据、用户行为数据、生产数据、物流数据等。这些数据的规模之大、结构之复杂，足以让传统的数据处理手段望而却步。而数据算法，凭借其出色的处理能力，能有效地对这些数据进行处理，筛选出有用的信息，剔除无用的噪声。无论是结构化的数据，如表格、数据库等，还是非结构化的数据，如文本、图片、音频等，都可以被数据算法有效处理。数据算法不仅能处理数据的数量和复杂性，更能从数据中提取出有价值的信息，将原始的、无序的数据转化为有用的知识。

（2）数据算法能够发现数据中的隐藏模式。在看似混乱无序的数据海洋中，实际上潜藏着众多的规律和模式。这些模式可能是用户的购买行为、市场的销售趋势、生产的效率“瓶颈”等。而这些模式，对于企业来说，具有极高的商业价值。例如，通过分析用户的购买行为，企业可以更精准地进行营销活动；通过分析市场的销售趋势，企业可以更准确地进行库存管理；通过分析生产的效率“瓶颈”，企业可以更有效地进行生产优化。然而，这些模式往往隐藏在数据中，不易被人直接发现。数据算法，通过其强大的分析能力，可以挖掘出这些隐藏的模式，为企业提供有价值的商业洞见。

（3）数据算法能够支持数据决策。在现代企业管理中，决策越来越依赖于数据。从战略决策、运营决策到投资决策、风险决策，数据已经成为决策的重要依据。然而，数据本身并不能直接用于决策，需要经过数据算法的处理和分析，才能转化为可用于决策的信息和知识。数据算法通过预测分析，可以预见未来的趋势和可能性，为决策提供前瞻性的视角；通过优化分析，可以找出最优的决策方案，为决策提供最大化的效益；通过风险分析，可以评估决策的风险和收益，为决策提供平衡的选择。因此，数据算法对提高决策的准确性和效率，具有至关重要的作用。

2.数据算法的设计与应用

数据算法的设计与运用是基于管理思维的，它是通过对数据进行分析和处理，形成符合企业价值诉求的思路和方法。这个过程并不是一蹴而就的，而是需要经过反复尝试、测试和优化。首先，数据科学家需要根据具体的业务场景，选择并尝试适配的算法模型，如回归分析、决策树、聚类分析、神经网络等。在选择模型的过程中，需要综合考虑模型的复杂性、可解释性、精度、效率等因素，以求得在满足业务需求的同时，也能保持模型的性能和效率。其次，数据科学家需要利用已有的数据集进行模型的测试和评估，检验模型的有效性和精度。最后，数据科学家需要根据实际应用的效果反馈，对模型进行优化和迭代。如果模型在某些指标上的表现不佳，那么可能需要调整模型的参数，或者改变特征选择和数据处理的方式。只有通过不断的尝试和优化，才能找到最符合业务需求，最能提升决策效率和效果的算法模型。

不同的业务场景可能需要不同的决策方法，这就需要企业在数据算法的应用上有足够的灵活性和创新性。通过对各种算法模型的掌握和运用，企业能够根据自身的业务需求和数据特性，选择最合适的决策方法，从而实现数据驱动的决策，提升企业的竞争力和运营效率。

（六）数据可视化

数据可视化是数据分析成果解读和应用的有效途径。只有将数据以及其分析结果正确、直观地展示出来，才能让利益相关者准确、清晰地获取所需信息，从而使这些信息能够真正应用到企业管理过程中，创造价值。

1.数据可视化的基本图表

数据可视化的基本图表，一般来说，主要有柱形图、条形图、折线图、面积图、饼图、散点图、气泡图、漏斗图、仪表盘、雷达图、词云图和热力图等。每种图表都有其特定的适用场景和表达方式。

（1）柱形图。柱形图是一种常用的数据可视化图表，能够清晰地展示各类别的数量对比，特别适用于对比不同类别的数据。在柱形图中，类别通常在横轴上展示，相应的数量或者度量则在纵轴上。每一个类别都有一个高度与之对应，而这个高度就代表着该类别的数量或度量。通过比较各个柱形的高度，可以很直观地看出不同类别之间的差异，从而作出相应的分析和决策。柱形图的直观性使其在业务报告、市场研究、社会科学等领域得到广泛应用。无论是展示产品销量，还是对比不同市场的表现，柱形图都能以简洁明了的方式呈现关键信息。

（2）条形图。条形图与柱形图在某种程度上相似，都是通过图形的长度来代表数量或者度量。不同的是，条形图的类别在纵轴上，长度在横轴上。这一特点使条形图尤其适用于类别较多或者类别名称较长的情况，因为在纵轴上可以更容易地展示和阅读这些类别。此外，人们往往会根据长度来进行排序，因此条形图也常常用于展示排名或者顺序，如最热门的产品、最赚钱的项目等。不管是在产品开发、用户研究，还是在公众舆情分析中，条形图都能提供清晰、准确的可视化效果。

（3）折线图。折线图则是一种展示趋势和变化的有效工具，尤其适合处理时间序列数据。在折线图中，时间通常在横轴上，而相应的数量或度量在纵轴上。每一个时间点都用一个点来表示，然后通过折线将这些点连接起来。因此，观察者可以通过观察折线的走势，快速地了解数据随时间的变化情况。例如，折线图可以用来展示公司的月度销售额、股票的日度价格、网站的用户访问量等。凭借其出色的时间序列展示能力，折线图在金融、市场研究、用户行为分析等多个领域都得到了广泛的应用。

（4）面积图。面积图是折线图的变体，它在折线图的基础上填充了折线下方的面积，增加了视觉的强度。面积图特别适合用于显示随时间变化的数量，以及展示各部分对总体的贡献情况。在面积图中，横轴通常表示时间，纵轴表示数量，而不同的类别或组则通过不同的颜色区分。图中的每个颜色区域表示一个类别或组的数量随时间的变化情况，上下方向的面积就对应着该类别的数量。面积图可以清晰地展现总体趋势，同时也能够直观地比较不同类别的变化情况。比如，一个面积图可以用来展示一个公司随时间变化的总销售额，以及各个产品线对总销售额的贡献。

（5）饼图。饼图是一种经典的展示数据构成的图表，它将一个圆形分割成多个扇形，每个扇形对应一个类别，扇形的面积与该类别的数量成正比。通过观察各个扇形的大小，人们可以直观地了解各个类别之间的比例关系。例如，饼图可以用于展示产品销售额中各个产品线的占比，或者是人口统计数据中各年龄段的人口占比。然而，饼图并不适合用于对比超过五六个类别的数据，因为过多的扇形会让人难以区分和对比。总的来说，饼图是一种简单、直观的数据可视化工具，尤其适合展示构成分析的结果。

（6）散点图。散点图是一种展示两个变量之间关系的图表。在散点图中，每个点代表一个观察值，横坐标和纵坐标分别代表这个观察值的两个变量值。通过观察这些点的分布，可以发现变量之间的关联性、群聚性或者异常值。散点图常用于展示广告投入与产品销量的关系，或者是用户年龄与购买力的关系。

（7）气泡图。气泡图是散点图的一种变形，它以点的大小来表示第三个维度的数值。气泡图以 x 轴和 y 轴分别代表两个维度的数据，点的大小则表示第三个维度的数据，点的颜色常常用来表示第四个维度的数据。气泡图可以清晰地表达出三个或四个维度的数据关系，使数据的比较更为直观。比如，一个气泡图可以用来展示各国的 GDP、人口和人均寿命之间的关系，其中，x 轴可以表示 GDP，y 轴可以表示人口，点的大小可以表示人均寿命，点的颜色可以表示所属大洲。

（8）漏斗图。漏斗图是一种表示数据过程或阶段转化的图表，常见于营销、销售和服务流程中。漏斗图的形状就像是一个倒置的金字塔，上面宽、下面窄，上面表示流程的开始，下面表示流程的结束，流程中的每一个阶段都对应着漏斗的一层，层的宽度表示该阶段的数量。通过漏斗图，可以清晰地看出数据在各个阶段的变化，从而了解整个流程的转化效率和问题所在。漏斗图可以用来展示一个在线商城的购物流程，从访问网站、浏览商品、放入购物车、支付订单到最后的购买完成，每一步的用户数量都可以在漏斗图上清晰地显示出来。

（9）仪表盘。仪表盘是一种视觉展示工具，常常用于表示一个或多个关键性指标（KPI）的当前状态和历史趋势。一个典型的仪表盘图表中，指针指向的位置表示当前的数据值，而表盘背后的色彩区域则表示数据的状态或级别，如安全、警告和危险等。仪表盘的视觉形式可以帮助决策者快速了解关键数据，直观地把握业务状况，从而作出更加准确和快速的决策。财务仪表盘可以实时展示公司的营收、利润、现金流等关键性财务指标。

（10）雷达图。雷达图，又名蜘蛛图或极坐标图，是一种显示多个变量的图表。在雷达图中，每个变量都有一个独立的轴，所有的轴都从图的中心点放射出去，形成一个圆形或多边形的网格。每个数据点在其对应的轴上的位置表示该变量的量值，然后将所有的数据点连接起来，形成一个封闭的图形。雷达图可以清晰地比较多个变量或者多组数据的相对值，因此常常用于评估产品或者团队的综合表现。

（11）词云图。词云图是一种表示文本数据的可视化方法，常常用于分析和展示文本数据中词汇的频率。在词云图中，每一个词都以不同的字体大小表示，字体大小的大小表示该词在文本中出现的频率，颜色则可以表示其他的变量，如词性、情感色彩等。通过词云图，可以快速了解文本的主题或关键词，从而对文本数据进行初步的分析。

（12）热力图。热力图是一种用颜色来表示二维或者三维数据的可视化方法。在热力图中，每一个格子的颜色表示一个或者两个变量的值，颜色的深浅或者温度表示值的大小。通过热力图，可以直观地看出数据在二维空间上的分布和关系，因此常常用于展示地理数据、时间序列数据或者相关性数据等。例如，一个城市的热力图可以展示各个地区的房价水平或者人口密度等。

以上各种图表的选择和使用，应根据数据的特点和需求来决定，选择合适的图表，可以有效地提升数据的表达力，使数据的信息更易于理解和接受。

2. 数据可视化的展现逻辑

数据可视化的展现逻辑主要包括时间逻辑、空间逻辑、用户角色逻辑、业务分析流程逻辑以及用户自定义逻辑（见图 3-6）。这五种逻辑形式贯穿于数据可视化的各个环节，为数据分析提供了清晰的组织框架和丰富的解释角度。

图 3-6　数据可视化的展现逻辑

时间逻辑是最常用的展现逻辑之一，其基础在于时间的线性属性，这意味着数据随时间的推移是连续的和有序的。通过时间逻辑，可以发现数据的变化趋势，判断事物的发展情况，预测未来的可能性。例如，折线图和面积图就是典型的运用时间逻辑来展示数据变化趋势的图表。而在商业分析中，时间序列分析也是一种常见的时间逻辑应用，如同比、环比等分析方法，可以清楚地展示数据在不同时间节点的变化情况。

空间逻辑是指根据数据的空间属性进行展示和分析。地理位置是许多数据的重要属性，例如人口统计数据、销售数据、交通流量数据等。在数据可视化中，可以使用地图、地理热点图、地理散点图等方式展示空间数据。通过这些图表，可以清晰地展示数据在不同地区的分布情况、空间差异和相关关系，帮助人们理解地理信息对数据的影响。

用户角色逻辑强调的是从用户的角度出发，展示对用户最重要、最关心的信息。用户角色逻辑可以根据用户的角色、权限、任务等因素来设计和展示数据，确保用户能够快速地找到和理解自己关心的信息。在商业分析中，用户角色逻辑通常通过定制化的仪表盘或报表来实现，展示的信息可以是关键业绩指标（KPI）、关键业务流程、重要事件等。

业务分析流程逻辑是指根据业务流程展现数据。在许多业务场景中，数据的产生和流动经过一系列的环节和处理过程。通过展现业务分析流程，可以帮助人们理解数据在不同环节的变化和转化规律，从而找出优化和改进的空间。在数据可视化中，可以使用流程图、漏斗图、环形图等方式展现业务分析流程，使人们更好地理解业务数据的来源和影响。

用户自定义逻辑是指根据用户的特定需求进行自定义展现。数据可视化工具通常提供了一些常见的图表和视图，但有时候用户可能有特定的展现需求，需要根据自己的思路和逻辑进行自定义。在现代的数据可视化工具中，通常提供了灵活的可视化配置和编程接口，使用户可以根据自己的需要定制图表的样式、交互方式和数据关联关系，以满足个性化的数据展现需求。

3. 数据可视化的实现工具

数据可视化是一种强大的工具，能够将数据以图表、图形和其他可视化形式呈现，使人们更容易理解和分析数据。有许多数据可视化工具可供选择，其中包括 Excel、Tableau、PowerBI、FineBI、R、Python 和财经云图等。这些工具各自具有特定的功能和优势，可以根据需求和使用场景选择合适的工具。

Excel 是一种广泛使用的电子表格软件，它具有简单易用的界面和基本的数据可视化功能。通过 Excel，用户可以创建各种图表，如折线图、柱状图和散点图等，以及进行基本的数据分析和数据透视操作。Excel 适合处理中小规模的数据和简单的可视化需求，对于初学者和非专业用户而言，Excel 提供了一个良好的入门平台。

Tableau 是一种领先的商业智能工具，它提供了丰富的数据可视化功能和灵活的图表定制选项。Tableau 具有直观的用户界面和强大的数据连接能力，可以从各种数据源中获取数据，并通过拖放操作创建交互式的图表和仪表板。Tableau 支持各种图表类型和数据透视分析，同时还提供了数据筛选、交互式过滤和故事板等功能，使用户可以更深入地探索和分享数据。

PowerBI 是微软推出的一款商业智能工具，与其他微软产品无缝集成，具有强大的数据整合和数据建模能力。PowerBI 提供了丰富的可视化选项，用户可以创建各种图表、地图和仪表板，还可以通过 PowerQuery 和 PowerPivot 等功能对数据进行清洗、转换和建模。PowerBI 还支持自动化数据刷新和实时数据更新，使用户能够实时监控数据变化和趋势。

FineBI 是一种企业级的数据可视化和分析平台，提供了全面的数据管理和数据分析功能。FineBI 具有灵活的数据连接和数据建模能力，可以处理大规模的数据集和复杂的分析需求。FineBI 提供了丰富的图表类型、自定义图表样式和高级的数据计算功能，还支持报表设计和在线协作等功能，适合大型企业和数据分析团队使用。

R 和 Python 是两种广泛使用的编程语言，在数据科学和数据可视化领域具有强大的功能和灵活性。R 语言拥有丰富的统计分析和数据可视化包，如 ggplot2 和 shiny，可以通过编程方式创建高度定制的图表和交互式应用。Python 语言的数据可视化库也很丰富，如 Matplotlib、Seaborn 和 Plotly，可以生成各种图表和地图，并结合其他数据处理和分析库进行综合应用。R 和 Python 适用于需要灵活定制和扩展的复杂数据可视化需求，对于具有编程经验的数据科学家和分析师而言是强大的工具。

财经云图是一种专注于金融领域的数据可视化平台，提供了丰富的金融图表和指标分析功能。财经云图可以帮助金融机构和投资者对股票、期货、外汇等金融数据进行可视化和分析，提供 K 线图、蜡烛图、波动图等特定的金融图表，以及技术指标、行情分析和风险评估等功能。

4. 数据可视化的具体步骤

虽然具体的数据可视化步骤可以因项目和需求而异，但通常包括以下几个关键步骤：确定目标、选择合适的图表类型、设计可视化、交互和分享、迭代和改进等，如图 3-7 所示。

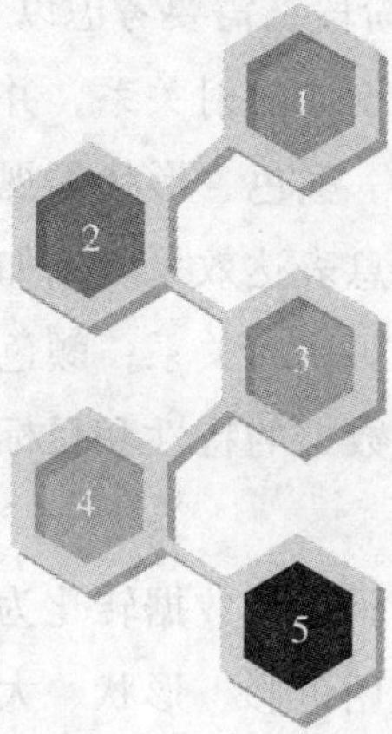

图 3-7　数据可视化的具体步骤

（1）确定目标。确定目标是数据可视化的首要步骤，因为只有明确了目标，才能进行有针对性的数据分析和设计有效的可视化。目标的确定关乎数据的选择、信息的展现和视觉效果的设计等一系列后续步骤。这需要明确答案两个核心问题：首先，数据可视化需要解答什么样的问题或表达什么样的信息？可能是关于业务的洞察，比如销售趋势、市场占有率或者客户行为等；也可能是关于数据本身的特性，比如数据的分布、关系或者模式等。其次，数据可视化的受众是谁？理解受众的背景和需求，可以帮助选择合适的信息、设计合适的视觉效果，以及提供合适的交互方式，使受众能够更好地理解和使用数据可视化。

（2）选择合适的图表类型。不同的图表类型适合表示不同的数据类型和信息。因此，需要根据数据的特性和目标的需求，选择最能表达信息的图表类型。比如，如果要展示一组数据的分布，可以选择直方图或者箱线图；如果要比较多组数据，可以选择条形图或者饼图；如果要展示数据的关系，可以选择散点图或气泡图；如果要展示数据随时间的变化，可以选择折线图或面积图。此外，还需要考虑图表的可读性和美观性。一个好的图表不仅能准确地表达信息，而且能吸引人的注意，使人们愿意理解和探索它所展示的数据。

（3）设计可视化。设计可视化是将选定的图表类型转化为实际的可视化图形的过程。在设计阶段，需要考虑以下几个方面。

①数据映射。确定数据的映射关系，并将数据的维度、值、关系等映射到图形的位置、大小、颜色、形状等视觉属性上。数据映射的选择可以大大影响可视化的信息表达效果。比如，位置和大小是最直观的视觉属性，适合表示强烈的对比和关系；颜色和形状则更适合表示类别和属性。数据映射需要结合数据的特性和目标的需求，选择最有效的视觉属性。

②视觉编码。视觉编码是将数据转化为视觉元素的过程。在进行视觉编码时，要考虑如何使用色彩、形状、大小等视觉元素，以及如何结合这些元素，来最好地表达数据和信息。例如，色彩可以用来表示数据的类别，形状可以用来表示数据的属性，大小可以用来表示数据的数量。此外，还需要考虑如何结合这些元素，来表达数据的关系和模式。

③布局和组织。布局和组织是设计可视化中的一个重要环节。好的布局和组织可以帮助用户更好地理解和使用数据可视化。布局是指如何将各个视觉元素放置在图表中的位置，比如，哪些元素应该放在中心，哪些元素应该放在边缘。组织是指如何将各个视觉元素按照某种逻辑关系进行组合，比如，哪些元素应该放在一起，哪些元素应该分开。布局和组织需要结合数据的关系和用户的视觉习惯，创建出清晰和有序的可视化。

④风格和主题。风格和主题是设计可视化中的点睛之笔。好的风格和主题不仅能增强可视化的美观性，也能增强可视化的易读性和吸引力。风格是指可视化的整体外观，包括颜色方案、字体、线条样式等。主题是指可视化的背景和情境，可以是具体的场景，也可以是抽象的概念。风格和主题需要根据数据的特性和目标的需求，选择最能表达信息和吸引注意的风格和主题。

（4）交互和分享。交互和分享是将数据可视化的成果与世界连接起来的重要桥梁。交互元素的添加，使数据可视化不仅是单向的信息展示，而是可以引导用户深入探索，发掘数据背后更深层次的含义。利用筛选器、滚动条、鼠标悬停提示等交互方式，用户可根据自己的兴趣和需求进行数据的深入探索，尽可能挖掘出数据的潜在价值和意义。这种交互性不仅提升了用户参与感，更大大增强了数据分析的准确性和深度。而分享，是将个体的洞见和理解推广到更广阔的人群。通过将可视化结果嵌入网页、报告或演示文稿中，分析结果和洞察可以轻松地传递给其他人，实现知识和信息的交流和传播，提升团队的协作效率和决策效力。

（5）迭代和改进。任何一个设计都不可能一蹴而就，都需要经过反复的试错和改进，才能接近理想的状态。在设计数据可视化时，也需要不断收集用户的反馈，对设计进行评估和修正。有时候，可能需要改变视觉编码的方式，有时候，可能需要调整布局和组织的结构，有时候，可能需要增强交互的体验。每一次的迭代都是对设计的一次深化和提炼，都能让数据可视化更加贴近用户的需求，更好地表达数据的信息。因此，只有不断迭代和改进，数据可视化才能不断进化、不断创新。

第三节　企业财务数据中心建设

为了有效地管理和利用财务数据，发挥财务数据的价值，企业需要建设一个完善的财务数据中心。财务数据中心是财务数据的集中管理和处理中心，具有高效的数据存储、处理和分析能力。

一、财务数据中心的重要性

数据中心被视为企业管理信息系统的“心脏”。最近几年，随着云计算、大数据、移动互联网、智能化等信息技术的不断发展，数据中心的市场需求日渐火热，大型企业、互联网巨头、政府机构都纷纷建设数据中心，以满足自身业务发展与精细化管理的诉求。构建财务数据中心能为企业带来以下几个方面价值。

（一）技术层面的价值

数据中心的建设是企业信息化建设中的必经阶段，它代表了企业信息化的方向。现代企业的信息涉及面广，数据量巨大，但由于各种应用系统常常无法有效共享数据，数据的安全性和容量问题层出不穷。而建设可靠性高、容量大的数据中心是应对这些挑战的有效途径。

（二）业务层面的价值

财务数据中心是企业的业务支撑平台，为业务发展和增长提供必要支持。构建一个贴近实际业务需求的企业的业务支撑平台数据中心，可以更好地适应业务快速发展的需求，发挥更大的价值。

以 D 集团为例，该集团业务范围涉及房地产主业及其延伸产业（包括建筑建设、酒店、绿化园林等业务），同时涉足能源、汽车、金融等其他业务。随着公司的快速发展，业务形态日益丰富，集团组织结构日益庞大和复杂。对于各级经营管理层和决策层而言，要随时随地看到全面、真实的经营数据，先掌握企业实际运营情况（比如，企业开盘项目的销售情况、在建项目的资金情况等），再通过预实对比及时“预警”以发现业务运营过程中的问题，并提出问题的最佳解决方案，最终推动经营目标的顺利完成。上述诉求需要企业借助统一的数据平台，汇总整合所有数据信息再进行多维度、多视角的分析，进而实时掌握企业业务运营过程中的关键数据。

（三）管理层面的价值

财务数据中心的建设有助于实现企业信息的高度共享和整合，通过对数据资源的整合、挖掘和转换，为各级管理者的决策提供有力依据。统一的数据中心能有效打破业务与财务之间的壁垒，解决企业内部的“信息孤岛”问题，并整合企业内部的不同地域、不同部门的信息，使管理者可以获取及时、准确、真实、可靠、全面的数据。例如，地产企业的决策者通常最关心销售金额、销售面积、结转收入、回款情况等指标。在数据中心的支持下，这些指标可以通过数据挖掘和分析技术，以可视化的形式呈现出来，为决策者的决策分析提供高质量的基础数据。

因此，构建一个集合了不同口径、不同地域、不同来源的财务数据中心，不仅可以为企业提供高效的管控能力，还可以为科学决策提供坚实的基础和前提，是推动企业持续发展的重要手段。

二、财务数据中心建设的基础：财务共享中心

（一）财务共享中心介绍

1. 财务共享中心的含义

共享服务中心的实践概念诞生于 20 世纪 80 年代，美国的福特公司是其最初的实践者。其后，在 1993 年，Gunn Partners 公司的几位创始人首次确立了共享服务这一创新管理理念。此后的几十年间，这一理念逐渐在全球范围内获得了认可并得以应用。

布赖恩·伯杰龙（Bryan Bergeron）在其著作《共享服务精要》中，将共享服务视为一个全新的半自主的业务单元，其是企业合作战略的关键组成部分。这个业务单元的核心目标是降低成本、提高效率、创造更高的经济价值，并提高对内部客户的服务质量。同时，这个业务单元也拥有自己的管理机构，可以像企业一样，在市场中自主竞争。

共享服务是在信息网络技术的推动下产生和发展的。这是一种创新的运营管理模式，它强调以顾客需求为导向，以市场价格和服务水平协议为基准，提供专业化的共享服务。其重点在于整合企业内部各业务单元分散的、重复性较高的业务，集中处理以实现整合资源和降低成本。如此一来，各业务单元能够专注于自身的核心业务，从而提高效率，提升客户满意度。

随着企业规模的扩大，以及业务复杂性的增加，公司开始意识到每个子公司需要配备同样的职能部门，比如财务、采购和人力资源等，这

不仅浪费资源，也降低了业务处理效率。因此，“共享服务”理念开始得到越来越多的公司的重视和采用，它被视为提高服务质量、降低成本、提高效率的有效竞争策略。

财务共享服务是共享服务理念在财务领域的应用。这是一种全新的财务管理模式，将不同组织或部门的财务职能、流程进行整合，形成一个独立或半独立的组织或部门，为企业内部客户提供更加专业和高效的财务服务。这种服务模式不仅可以降低成本，也为企业创造了新的利润点。

财务共享服务中心（也称财务共享中心，FSSC）具备独立的组织结构和管理体系，为企业提供标准化的财务服务。这种工作方式包含四个主要的共享方面。

（1）人员共享。人员共享将各级机构的财务服务中心的人员资源集中起来，通过流程化和标准化的工作方式，统一处理一些重复性的工作。这样做的好处是，可以让企业的财务人员更专注于自身的核心业务，同时提高整体工作效率。

（2）信息共享。信息共享则是让集团内部的员工可以在授权范围内，获取和共享财务服务中心的财务数据。这样做能够提高数据的透明度，有助于企业内部各部门之间的协同工作，也为企业决策提供了更准确的数据支持。

（3）运营共享。运营共享基本理念是通过集中的运营和资金管理，来降低企业的融资成本，提高投资回报。这是一个利用经济规模效应，优化资源配置，提高运营效率的重要手段。

（4）管理共享。管理共享意味着由财务共享中心统一管理会计工作，使会计信息更加规范和标准化，能为企业提供更准确的会计资料。这样做不仅能提高企业的管理效率，还可以帮助企业更好地满足各种监管要求，降低企业运营风险。

2. 传统财务管理中心与财务共享中心对比

传统意义上的财务管理模式，一般都是分散形式的财务核算，通常在公司初步发展时期使用这种管理模式。伴随公司规模的扩大、业务模式的变化，这种财务核算模式的缺点逐渐显现出来，取而代之的是集中式财务共享中心这种核算模式，它更适用于企业的长期发展。如表3-1所示为传统财务管理中心与财务共享中心对比，分别介绍了传统财务管理中心与财务共享中心的特点。

表3-1 传统财务管理中心与财务共享中心对比

传统财务管理中心	财务共享中心
分散式财务管理模式	集中式财务核算处理
各业务单位分别进行财务核算，财务核算不规范，效率较低	实现了财务核算的流程化和标准化，提高了服务质量及效率
大量人员重复，财务运营成本较高	降低了公司的财务运营成本
企业集团的财务管控能力较弱	强化了企业集团的财务管控能力，有助于加速实现公司的战略目标
侧重于财务核算，忽视管理决策	侧重于管理决策，弱化了财务核算

3. 财务共享的理论基础

（1）规模经济理论。规模经济理论的核心观点在于，随着生产规模的扩大，单位产品的平均成本会下降，从而实现了经济效益的提升。在财务共享服务模式中，各个组织或部门的财务功能被集中到一个独立或半独立的组织或部门，这种集中化的操作方式可以显著提高财务处理的效率，降低单位业务处理的成本，实现规模经济的效益。财务共享服务中心可以处理大量重复性的财务工作，如会计核算、资金收付、交易处理等，而无须为每个部门或业务单元配备独立的财务人员，这就极大地减少了人力资源成本，实现了规模经济的效益。

（2）标准化理论。标准化理论主张通过采用统一的规则、程序和标准，以降低复杂性，提高效率。在财务共享服务模式中，标准化的理念被广泛应用。财务共享服务中心通过制定统一的制度、信息系统、业务流程和管控标准，实现了企业内部财务流程的标准化。这种标准化不仅可以提高工作效率，降低错误率，还可以提高数据的可比性，为企业决策提供更准确的信息支持。

标准化理论也强调了系统的连贯性和一致性，这对于企业的管理非常重要。在财务共享服务模式中，各个部门的财务业务被集中处理，这就要求必须采用统一的标准，否则就无法保证业务处理的准确性和效率。因此，财务共享服务中心需要制定一套详尽的标准和程序，以确保所有的财务业务都能按照同一套规则进行。这种系统的连贯性和一致性有助于提高整个企业的运营效率。

（3）委托代理理论。委托代理理论的核心在于，存在两方之间的契约关系，一方（委托人）将权力或任务交给另一方（代理人）去完成。在这个过程中，如何制定合理的契约，以保证代理人能够按照委托人的意愿去行动，是委托代理理论关注的焦点。在财务共享服务环境下，具体的财务职能，如会计核算、资金收付、交易处理等，被集中到共享服务中心，各个业务部门就像委托人，而财务共享服务中心就像代理人。在这种情况下，企业需要设定一套完善的管理制度和激励机制，来确保财务共享服务中心能够有效地完成其被委托的职能，从而实现企业的目标。

（4）流程再造理论。流程再造理论强调打破现有流程的束缚，从根本上对流程进行再设计，以实现质的飞跃。在实施财务共享服务的过程中，企业需要对原有的财务流程进行全面的审视和评估，找出存在的问题和“瓶颈”，然后根据共享服务的特点，从根本上对财务流程进行再造和优化。

流程再造的目的不仅是简化和优化流程，还包括提高流程的灵活性和适应性。在财务共享服务环境下，企业可能需要处理大量不同类型的财务业务，这就需要财务流程具有足够的灵活性，能够应对各种复杂和多变的情况。同时，随着业务环境的变化，企业也需要及时调整和优化财务流程，以适应新的业务需求。这就需要财务流程具有足够的适应性，能够快速地应对环境的变化。

（5）资源整合理论。资源整合理论主张，企业的竞争优势取决于其如何整合和配置其内部和外部的资源。在财务共享服务模式下，企业需要将分散在各个业务单元的财务资源集中起来，通过集中处理，实现资源的最优配置。这种资源整合不仅可以提高资源利用率，降低运营成本，还可以提高服务质量，提升企业的竞争优势。

资源整合理论还强调，资源的整合和配置需要在动态环境中进行。随着业务环境的变化，企业需要不断地调整和优化资源配置，以适应新的业务需求。在财务共享服务模式下，企业需要建立一套灵活的资源管理体系，能够实时响应环境的变化，及时调整资源配置，从而保持企业的竞争优势。

（6）系统科学理论。系统科学理论是研究系统的结构和功能，以及系统中各元素之间的关系的学问。在财务共享服务模式下，企业需要将分散的财务职能和流程整合到一个系统中，实现各元素之间的协同和一体化。这就需要企业运用系统科学理论，从全局角度来看待和管理财务共享服务。

系统科学理论强调，系统中各元素之间的关系是动态的，相互影响、相互制约。在财务共享服务模式下，企业需要确保各财务职能和流程之间的顺畅配合，从而保证整个系统的稳定和高效运行。同时，企业也需要建立一套有效的反馈机制，能够实时收集和处理系统中的信息，及时发现和解决问题，从而保持系统的健康和稳定。

4. 财务共享的发展历程

财务共享服务从 20 世纪 80 年代发展至今已有 30 余年，全球财务共享服务中心的发展历程大致可以分为三个阶段，20 世纪 80 年代的初步应用阶段、90 年代逐渐成熟阶段以及迈入 21 世纪初期后的成熟和持续发展阶段。[①] 国外财务共享服务发展历程如图 3-8 所示。

① 秦正余．财务共享服务与传统管理模式的比较 [J]. 新会计，2013（4）：9-11.

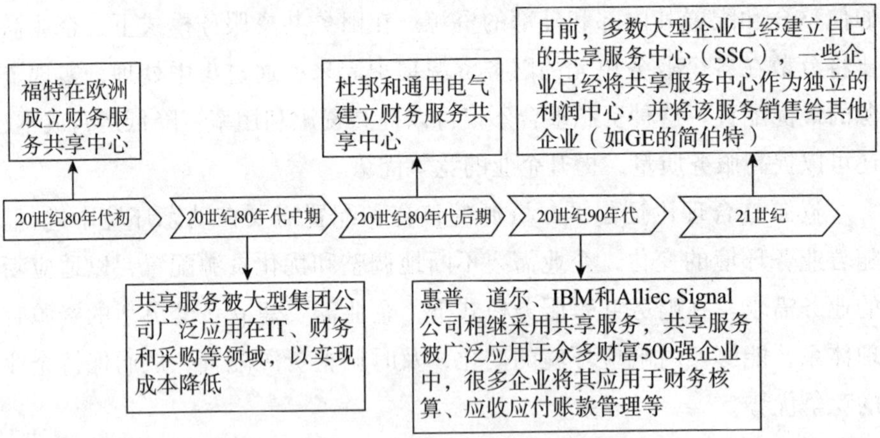

图 3-8　国外财务共享服务发展历程

在初步应用阶段，国外几家大型集团公司开始试水财务共享服务，此时共享服务理论提出时间不久，这一创新财务运作模式还没有足够的实践经验，实施财务共享的主要动力是为了降低随着集团扩张而日益上升的财务管理成本。

在逐渐成熟阶段，财务共享服务得到了进一步的发展，越来越多的跨国跨地区经营的集团公司实施了财务共享服务中心，信息技术也发生重大革新。集团对于财务共享服务的服务要求不再局限于降低成本提升效率的初级阶段，开始以提高服务质量作为新的要求。

到了成熟持续发展阶段，财务共享服务的功能已经从提高服务质量拓展到战略支撑；财务共享服务模式已经开始趋向成熟，并被大型集团公司广泛地采用，成为规模扩张后财务管理的必然趋势。

相对于国外财务共享服务的发展，我国的财务共享服务发展时间相对较短。从 1999 年外资公司开始在中国建立财务共享服务中心，到 2005 年中兴通讯成立中国全自主的财务共享服务中心，财务共享服务开始在我国发展起来，而在近年来，财务共享服务在我国更是呈现出高速增长的势头。我国财务共享服务发展历程如图 3-9 所示。

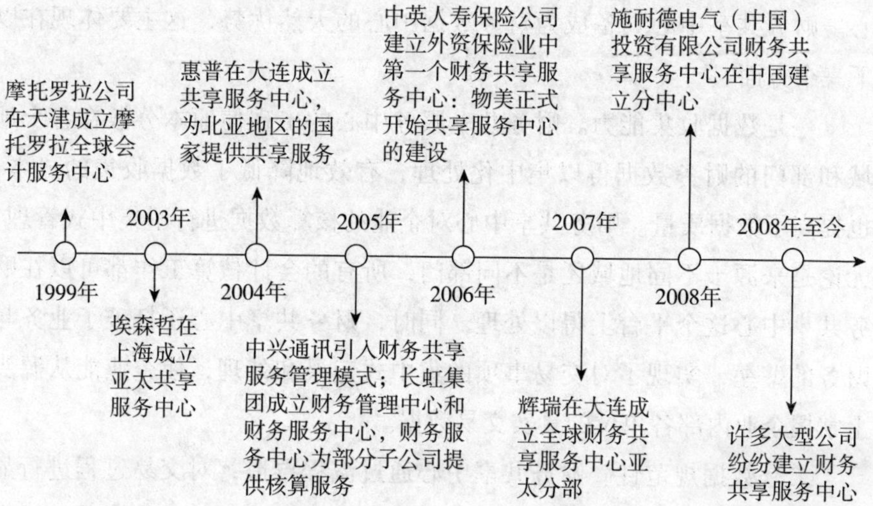

图 3-9　我国财务共享服务发展历程

越来越多的集团公司通过建设财务共享服务产生规模效应，降低财务和行政管理成本；而集中标准化的财务流程，将分散在各级机构的财务数据进行统一的管理报告，通过互联网技术将集团管理权力延伸到基层财务机构，实践效果得到认可，增强了内外部客户对财务共享中心财务产品的满意度。

通过对国内外共享服务发展历程的梳理，我国经济在高速增长后，涌现出一大批大型集团，受到一批早期实施财务共享服务的跨国集团公司的启发，开始建立适应我国环境的财务共享服务，但是受制于成立时间不长，在构建实施过程中对于系统构建、人才培养、风险管控等问题上处理还不够成熟，有些集团公司的财务共享服务停留在简单规模处理基础会计工作上。因此，财务共享服务在我国还处于初期应用阶段，逐渐成熟阶段的初期，还需要一段时间更多的尝试与纠正，来提高财务共享服务服务意识与质量，逐步走向战略支持的成熟阶段。

（二）从财务共享中心到财务数据中心

财务共享中心是财务数字化转型的基础，企业要想真正实现财务转型，就必须应用数字化技术，将财务共享中心进一步发展为财务数据中心。财务共享中心具备成为财务数据中心的天然优势，这主要体现在以下三个方面。

一是数据收集能力。财务共享服务中心的出现使原本分散在各个地域和部门的财务数据得以集中化处理，有效地降低了数据收集的成本，也提高了数据质量。财务共享中心对企业的核算数据进行了集中式管理，无论是来源于不同地域还是不同部门，所有的会计核算工作都可以在财务共享中心这个平台上得以处理。同时，财务共享中心还打破了业务与财务的壁垒，实现了对交易事项的集中式记录和处理，使企业能从源头上掌握企业内部各单位的真实交易数据。

二是数据规范性。财务共享中心通过流程再造，对交易过程进行显性化和规范化的管理，这一改变夯实了数据基础，对提升数据质量起到了至关重要的作用。它使企业能从源头上获取真实规范的高质量数据，这些数据将成为未来企业战略分析、管理决策的重要依据。

三是对数据中心建设路径的适应性。财务共享中心在企业信息化平台中对数据中心建设要求的贴合度最高。从管理、财务或业务角度出发，都难以建设出一个真正有用的数据中心。管理层面尽管有战略和管理高度，但往往缺乏基础数据支撑；财务人员可能不熟悉业务和IT技术；业务人员可能对财务知识和管理需求了解不深。而财务共享中心可以提炼出管理者最关心的报告级数据，从而成为管理者管控思想的基础体现。

事实上，海尔集团、华为集团等领先企业的实践充分证明，通过财务共享中心组建一个真实、可靠、规范、全面且基于管理目标的数据中心，进而得到企业数据的“全局视图”，是当下符合企业需求又切实可行的数据中心的最佳方案。

三、财务数据中心建设的策略

目前，很多企业尤其是大型企业已普遍完成财务共享中心的建设和优化，为财务数据中心的建设打下了坚实基础。财务数据中心的建设可以通过以下策略进行（见图 3-10）。

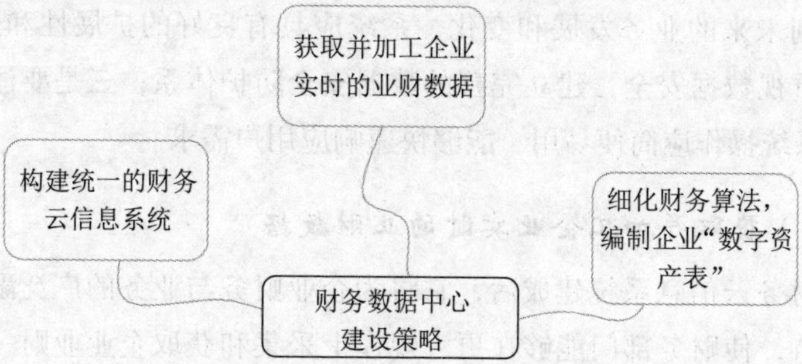

图 3-10 财务数据中心建设策略

（一）构建统一的财务云信息系统

构建统一的财务云信息系统是财务数据中心建设的基础。财务云信息系统是一个基于云计算技术的财务信息管理平台，该平台以集中、统一的方式进行财务信息的管理和处理，从而能更好地支持企业的决策和运营。

财务云信息系统的核心价值体现在“集中”和“统一”两个关键词上。集中是指财务云信息系统可以将企业内的财务数据、业务数据，以及其他相关数据汇集到一起，形成一个数据的汇集中心。这样做的好处是，可以避免“数据孤岛”的出现，确保企业内所有的数据都能为决策提供支持。同时，由于数据的集中，也可以更好地对数据进行管理和保护，降低数据泄露的风险。

统一则是指财务云信息系统对数据的处理和管理采取统一的方式。这样做可以确保数据的一致性和准确性，避免由于处理方式不一致导致的数据错误。同时，统一的处理和管理方式也可以提高工作效率，减少重复劳动。

云计算技术是实现财务云信息系统集中和统一的关键。云计算具有弹性、可扩展、可自动化等特点，可以满足财务数据中心对数据处理能力、存储空间等的大规模需求。同时，云计算的虚拟化特性也可以降低硬件投入，减少成本。

在实际构建财务云信息系统时，应注意以下几点：一是系统设计时要考虑到未来的业务发展和变化，系统应具有良好的扩展性和适应性；二是要重视数据安全，建立完善的数据安全防护体系；三是要注重用户体验，系统操作应简便易用，能够快速响应用户需求。

（二）获取并加工企业实时的业财数据

当财务云信息系统建成后，它将为企业财务与业务的广泛融合提供强大支持，使财务部门能够在更大规模上采集和获取企业业财一体化的数据，构建起财务大数据库。这样的数据库不仅为财务分析和管理提供了更为全面和翔实的信息支持，也为企业决策提供了更为深入和精准的数据依据。

以建筑企业为例，财务部门不仅需要获取财务数据，还需要获取现场第一手的业务数据，如客户的行为信息、交易信息，主要材料的价格信息、数量信息，施工人员的劳动信息、薪酬信息等；不仅要获取内部数据，还要获取外部数据，如行业数据、竞争对手数据、国家宏观经济数据等；不仅要获取静态数据，还要获取动态数据，如价格变化趋势、市场交易动态等。在广泛采集和全面获取数据的基础上，企业首先利用信息技术对数据进行加工和整理，按照分析维度提取相关数据，对数据进行相关性计算、分布式检验等质量描述，以筛选可用的数据。其次，通过回归、聚类、时间序列、因素分析等数学模型分析数据，深挖数据之间更深层次的钩稽关系，为项目现金流预测、投融资决策、税务筹划、预算管理等提供依据。最后，企业还要借助信息技术可视化地展示数据分析结果。

（三）细化财务算法，编制企业“数字资产表”

细化财务算法并编制企业的“数字资产表”旨在将获取并加工的企业实时业财数据转化为企业管理与决策的有力工具。

“数字资产表”的概念源于传统的财务报表，但它更为深入且全面。它不仅仅是一个财务报表，也是一个包含了企业所有资产、负债和权益信息的全面报告。更重要的是，“数字资产表”还包括了未来的预期收益和风险，以及这些预期对企业价值的影响。这要求企业不仅需要收集和处理当前的数据，还需要对未来的趋势进行预测。

编制“数字资产表”的首要任务是细化财务算法。这是因为，无论是传统的财务报表，还是新的“数字资产表”，都需要依靠一套财务算法来进行计算和分析。财务算法通常包括了各种财务指标的计算方法，如利润、现金流、资产回报率等。这些指标可以帮助企业理解自身的经济状况和财务表现。然而，对于“数字资产表”来说，仅有这些传统的财务指标是不够的，还需要更多的数据和算法来揭示企业的潜在价值和风险。这就需要企业根据自身的业务特性和管理需求，开发新的算法和模型。

为了细化财务算法，企业可以借助于数据科学和人工智能技术。通过运用大数据、机器学习、深度学习等技术，企业可以从海量的数据中提取有价值的特征，发现数据之间的关联性和规律性。基于这些特征和规律，企业可以开发出新的算法，如预测算法、优化算法、风险评估算法等。这些算法可以帮助企业更准确地预测未来的收益和风险，更有效地管理资源，从而提升企业的竞争优势。

在财务算法细化的基础上，企业可以编制出更为精细和全面的“数字资产表”。这个过程需要财务云信息系统的支持。财务云信息系统可以自动地进行数据收集、数据处理和数据分析，以及财务算法的实施。通过这样的系统，企业可以实时地更新数字资产表，为管理者提供最新、最准确的决策依据。

四、财务数据中心建设的步骤

建设财务数据中心，旨在为企业提供可靠、一致和即时的财务数据，从而改善决策制定、优化业务运营并提升企业的业务效率和质量。构建财务数据中心的关键步骤如下。

（一）确定目标

在构建财务数据中心的过程中，一切都从明确目标开始。理解企业对于财务数据中心的期望和需求是开启此类大规模项目的必要条件。这涉及为数据中心定义清晰的业务目标，并确保这些目标能够适应整体的公司战略。可能涵盖的目标包括实时报告，更高的数据质量，更快速的决策制定等。不同的企业可能有各自的业务需求，有的可能强调数据的实时性，有的可能关注数据的质量和准确性，有的可能需要数据支持快速决策。这就需要针对企业的实际情况，定制适应企业发展需要的财务数据中心目标。有了明确的目标，才能够有针对性地进行后续的工作，避免资源的浪费。

（二）制定策略

在确定目标之后，紧接着需要进行的工作就是制定实现这些目标的策略。策略的制定需要考虑的因素包括现有的 IT 基础设施，人员技能，数据质量以及公司的财务流程。这就需要在企业内部进行深入的调查和分析，以理解当前的数据环境，并确定如何最好地利用现有资源以及需要增加的资源。现有的 IT 基础设施决定了企业现在能够处理和管理的数据类型和数据量，人员技能则决定了能够处理数据的效率和质量，数据质量直接影响了数据的应用价值，公司的财务流程则决定了数据的生成和应用方式。这些因素对于制定策略具有决定性的影响。对于现有资源的分析，需要明确资源的优势和不足，对于优势资源，需要充分利用，对于不足资源，需要及时补充。在这个过程中，可能会涉及新技术的引入、新人才的招聘等，这些需要在策略中明确指出。同时，还需要预计这些改变可能会带来的风险，并提前做好应对措施。

（三）项目规划

在制定项目规划时，需要根据制定的策略，确定实施的关键里程碑、项目预算和时间表。关键里程碑是项目进程中的重要标志，它可以帮助项目团队和管理层了解项目的进展情况。项目预算是实施项目的经济保障，它需要根据项目的实际需求和企业的财务状况进行合理设定。时间表则是指导项目进程的时间指标，它可以帮助项目团队合理安排工作和时间。在确定这些项目规划后，需要与所有相关的利益相关者进行沟通，以确保所有人对项目的理解和期望一致。这可以通过会议、报告等方式进行。在沟通的过程中，需要明确项目的目标、策略、计划等关键信息，以避免信息误解和冲突。

（四）数据整合

财务数据中心的主要功能之一就是集中处理和存储财务数据，因此，如何从各个业务系统中抽取数据，清理和标准化数据，然后存储在一个中央数据库中，是项目实施的关键任务。这可能涉及大量的数据处理工作，包括数据清洗、数据转换、数据加载等。在这个过程中，需要建立一套完善的流程和标准，以确保数据的一致性和准确性。流程的建立需要考虑数据的来源、类型、质量等因素，以确定最合适的处理方式。标准的制定则需要考虑数据的使用需求、数据质量、数据安全等因素，以确定最适合的数据标准。在数据整合的过程中，还需要对数据进行持续的监控和管理，以确保数据的质量和安全。

（五）系统开发

系统开发涉及新系统的数据库、应用程序和接口的开发和测试。开发工作必须紧密依照项目计划进行，无论是功能实现、代码质量还是项目进度，都须以项目计划作为评判和调整的依据。在开发过程中，特别需要关注的是数据安全和系统效率，这两者是评判系统优良与否的重要标准。进而，所有的开发工作必须经过充分的测试，这包括但不限于单元测试、系统测试、压力测试等，以确保系统的功能和性能满足预期，且在各种可能的情况下都能够保持稳定和可靠。

（六）系统实施

系统实施阶段是财务数据中心从设计到实际运行的关键转折点，包含数据迁移、系统配置和用户培训等多个重要环节。数据迁移要确保源数据的完整性和准确性，同时要满足新系统的数据格式和结构要求。系统配置包括对软硬件环境、网络环境、权限设定等多个层面的设置，需要兼顾系统性能、数据安全、使用便利等多方面的需求。用户培训则是让系统实际用户熟悉和掌握新系统的关键步骤，好的用户培训可以显著提高系统的使用效率和效果，减少错误操作带来的损失。

（七）持续优化

财务数据中心建设并不是一次性完成，然后长久运行的过程。业务环境的变化、技术的进步、用户需求的调整等都可能需要对财务数据中心进行持续优化。这主要包括数据质量的持续监控、系统性能的评估、用户反馈的响应等多个环节。数据质量的监控可以发现和修复数据错误，提高数据的准确性和可用性；系统性能的评估可以找出系统“瓶颈”，提高系统效率；用户反馈的响应可以调整系统功能和操作方式，提高用户满意度。只有持续优化，才能确保财务数据中心能够适应不断变化的业务环境和需求，实现其长期的价值。

五、财务数据中心的运营和维护

财务数据中心，作为企业的信息枢纽和决策支持工具，其运营和维护的重要性不言而喻。有效的运营和维护不仅确保了数据中心的稳定性和安全性，而且提升了数据的质量和可用性，从而加强了数据中心对企业的支持力度。

（一）财务数据中心的运营

财务数据中心的运营主要包括日常的数据管理、系统监控和性能优化。数据管理是确保数据的完整性和一致性的重要工作。这需要根据预设的规则和标准，对收集的数据进行定期的清理和整理，以防止数据的重复和冗余。同时，数据管理还需要通过数据审计和校验，来保证数据的准确性和可靠性。系统监控则是保障数据中心稳定运行的必要工作。这主要要通过实时的系统状态监控和故障预警，及时发现和处理可能影响数据中心运行的问题。这不仅包括硬件设备的监控，也包括系统软件和应用程序的监控。性能优化是提升数据中心运行效率的关键任务。这涉及对数据库的维护和调优，提升数据处理和查询的速度。此外，还需要通过技术升级和硬件扩容，提高系统的处理能力和存储容量，以适应业务的发展和变化。

（二）财务数据中心的维护

在维护方面，财务数据中心主要需要进行系统更新、数据备份和安全防护。系统更新是保持系统功能和性能的重要措施。这包括对操作系统、数据库管理系统和应用软件的定期更新，以修复已知的问题和缺陷，增强系统的稳定性和安全性。为确保系统更新的顺利进行，财务数据中心应制定一套更新策略，如评估和测试更新补丁、制订更新计划、建立回滚机制以应对潜在的问题。

数据备份是指定期将重要的财务数据复制到另一个存储介质，以便在数据丢失、损坏或灾难发生时进行恢复。数据备份的目的是保护数据的完整性和可用性，并减少数据丢失的风险。财务数据中心应制定详细的数据备份策略，如确定备份频率、备份的存储位置、备份的保留期限以及备份恢复的测试和验证过程。备份数据应存储在不同的地点，以防止单一点故障引起的数据丢失。此外，需要定期检查备份的完整性和可用性，并确保备份的数据与原始数据一致。

安全防护则是确保数据中心的安全性的必要工作。企业可以通过“防火墙”、入侵检测系统和病毒防护软件，防止恶意攻击和病毒感染。同时，还需要通过用户权限管理和操作审计，防止内部人员的非法操作和数据泄露。

第四章　企业财务支持决策的路径规划

本章将主要研究数据价值驱动下企业财务如何支持企业决策。首先解析从业财融合到管财融合的过程，揭示其在决策支持中的关键作用。其次讨论在数据价值驱动下的企业决策方式，最后将提出数字化财务管理报告的实施路径，展示其如何提供更为精准和直观的决策信息。

第一节　从业财融合到管财融合

一、业财融合与管财融合概述

（一）业财融合

1. 业财融合的概念

业财融合是指将业务和财务流程进行整合，实现业务与财务的无缝对接，形成统一的管理模式。这种融合不仅体现在操作层面的流程管理，还涵盖了战略层面的业务和财务规划。

在这种模式下，财务部门不再仅仅是企业的“账房”，而是成为企业决策的核心参与者。财务信息和业务数据可以实时共享，大大增强了企业的运营效率和决策效率。同时，通过将财务管理融入业务流程中，可以使企业的业务运行更加合规，降低企业的财务风险。

业财融合是企业内部各部门之间以数据为基础的深度协同，是企业实现运营效率优化、提升管理水平、降低运营成本的有效途径。而这种深度协同的基础则是对企业的业务流程、组织架构、信息系统等进行有效整合。

在企业的每一项业务决策中，财务数据都扮演着重要角色。无论是投资决策、运营决策还是战略决策，都需要以财务数据为基础进行分析和评估。因此，业财融合能够确保企业的决策更为准确，有效降低决策风险。

业财融合还是实现企业转型升级的关键。随着经济环境的变化，许多企业正面临着转型升级的压力。而业财融合，使企业可以以更精细化的财务数据对企业运营进行全面掌控，这对企业的转型升级具有重要指导意义。

2. 业财融合的特点

业财融合的特点如图 4-1 所示。

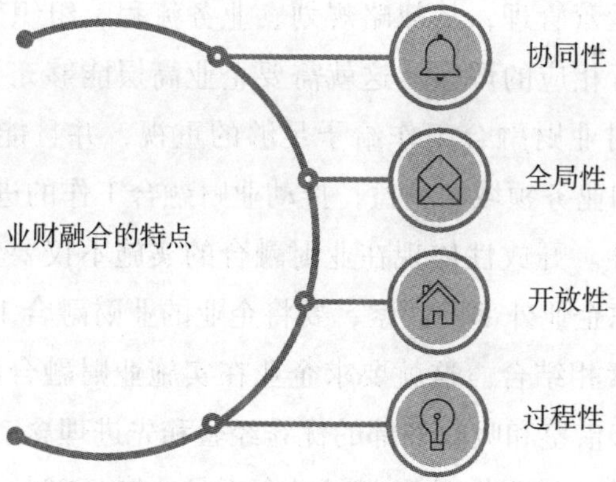

图 4-1　业财融合的特点

（1）协同性。协同性是指业务部门和财务部门需要进行深度的交互和融合，双方需要解决语言不一致的问题，统一业财口径，达成共识。这种协同性不仅需要在数据和信息上实现统一，而且还需要在业务流程、管理制度等方面实现融合。

协同性的实现，一方面，需要建立统一的信息系统，让所有的数据和信息都能在一个平台上实时共享；另一方面，也需要调整和优化企业内部的工作流程，消除业务部门和财务部门之间的壁垒，让两者能够进行有效的协同工作。例如，可以通过项目管理的方式，让财务部门参与到业务部门的项目实施中，实现业务部门和财务部门的协同合作。

这种协同性的实现，对企业的管理有着深远的影响。一方面，它可以提高企业的运营效率，使企业能够更快地响应市场变化；另一方面，它也有助于提高企业的决策质量，因为财务部门的专业知识和分析能力，可以为业务部门的决策提供更加准确的支持。

（2）全局性。业财融合的全局性体现在以下两个方面：一是业财融合需要整个企业的配合和支持；二是业财融合会影响企业的整个运营和发展。这就要求企业在实施业财融合的时候，不能仅仅从一个部门或一个业务领域出发，而需要考虑全局，将业财融合作为一项全面的、跨部门的、跨业务领域的任务来推进。

全局性的实现，需要得到企业高层的支持和推动。因为业财融合涉及企业的整个运营管理，从战略规划、业务流程、组织架构到信息系统等，都需要进行相应的调整。这就需要企业高层能够充分认识到业财融合的重要性，对业财融合工作给予足够的重视，并且能够从全局出发，协调各个部门和业务领域的利益，推动业财融合工作的进展。

（3）开放性。开放性体现在业财融合的实施不仅要考虑企业内部的因素，还要考虑企业外部的因素，要将企业的业财融合工作与市场环境、技术发展等因素相结合。这就要求企业在实施业财融合的时候，要有开放的思维，能够借鉴和吸收外部的优秀经验和先进理念。

（4）过程性。过程性是指业财融合不是一蹴而就的，而是一个持续的、动态的过程。在这个过程中，企业需要不断地调整和优化自己的业务流程、管理制度、信息系统等，以适应业财融合的需要。

3. 业财融合的发展阶段

业财融合起源于传统分工理论的弊端。亚当·斯密的分工理论曾经推动了社会生产力的大幅提升，然而，随着企业规模的不断扩大，流程链的不断拉长，分工的不断细化，职能范围的缩小，逐渐产生了新的问题。流程链条的过长，决策信息的滞后，职能划分的过细，都造成了“信息孤岛”，影响了企业的决策效率。这些问题的出现使分工理论受到了重新的审视，人们开始寻求新的企业管理理念，这就是业财融合。

业财融合的发展可以分为三个阶段：萌芽期、成长期和成熟期。

（1）萌芽期，多表现为财务部门的内部创新，创新点体现在财务思路、财务方法以及财务工具上，不过内容还是集中于财务核算领域，属于“新瓶子装老醋”，典型的有 ABC 成本法、目标成本法等。

（2）成长期，财务与业务之间的边界开始模糊，财务人员与业务人员之间的交流和协作增加，互相关注对方的工作领域。此时，企业开始重视财务与业务的协同，着力解决信息不对称问题，加强信息化手段的使用，初步构建集成的业财信息平台，流程梳理基本完成，业务财务协同网络初步形成。

（3）成熟期，企业全面推行预算管理，建立业财融合的绩效评价体系，实现完整的业财融合体系。在这个阶段，企业可以高效准确地将原始数据转化为决策信息，使管理者能够快速、科学地作出决策。此外，业财融合还能与企业的战略规划、实施和考核有机融合，全面支持企业的战略发展。

业财融合的发展是一个从单一到复杂，从封闭到开放，从静态到动态的过程。其核心在于突破传统的职能边界，实现业务和财务的深度融合，提升企业的决策效率和效果。

（二）管财融合

1. 管财融合的概念

管财融合将财务管理理念深度嵌入企业的各个管理环节，全面提升企业的战略规划、执行和控制能力。它强调的不仅是业务与财务的协同，而是在战略层面上实现财务与企业管理的全面融合，强调财务视角在企业管理决策中的重要地位，为企业的战略制定、执行提供强大的财务支持。在这个过程中，财务角色也从传统的数算者和监管者转变为企业管理的重要合作伙伴。

2. 管财融合的发展脉络

在经历了财务管理的传统阶段和业财融合阶段后，企业开始逐渐意识到财务管理在企业战略中的重要性，开始探索将财务理念融入企业全方位管理中的方式。管财融合的发展是企业财务管理不断深化的必然结果。随着企业管理层对财务管理重要性的认识日益提升，管财融合逐渐成为一种新的管理理念和实践。

3. 管财融合的特点

管财融合的特点如图 4-2 所示。

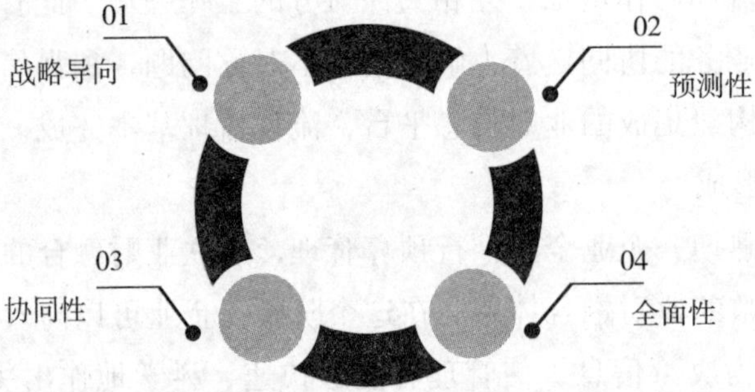

图 4-2　管财融合的特点

（1）战略导向。管财融合注重在战略层面上实现财务与企业管理的融合，财务部门不再是仅仅负责账务处理和财务报告的角色，而是成为企业决策过程中的核心参与者。这样做的目的是使财务部门能够更好地理解企业的长期目标，并在决策过程中提供有价值的信息和分析，从而提高决策的质量和企业的竞争力。

（2）预测性。管财融合要求财务管理具有预测性，它不仅包括对公司财务表现的预测，也包括对市场、竞争环境、技术变革等方面的预测。预测的目标是提供足够的信息，使管理者可以及时调整战略并作出有据可依的决策。科学的财务预测也可以为投资者提供关于公司未来发展的重要信息，从而增强他们的信心。

（3）协同性。协同性是管财融合的核心。它要求财务部门与其他管理部门实现深度的协同，共同参与企业的战略制定和执行。这意味着财务部门需要理解和掌握企业运营的各个方面，同时也要对企业的业务有深入的理解。这样，财务部门才能为企业的决策提供全面且准确的财务信息和建议。

（4）全面性。管财融合要求企业从全面的角度考虑财务因素，而不仅仅是在财务报告中才考虑。这意味着企业需要在其所有的运营活动中，无论是销售、采购、生产还是人力资源管理，都要考虑到财务管理的因素。将财务管理的理念渗透到企业的全线业务和管理中，可以帮助企业更好地控制成本，提高效率，增强其竞争力。

4. 管财融合的意义与价值

管财融合对企业的意义深远，且其能为企业创造更大价值。企业能够通过管财融合实现更科学、更精确的决策，从而把握市场机遇，实现企业的长期目标。

首先，管财融合在战略决策制定上发挥着不可或缺的作用。在企业制定战略的过程中，精确且科学的财务数据是必不可少的。这些数据可以帮助企业更好地评估自身的财务状况，识别可能的风险，预测未来的收益。而财务部门是收集、处理和分析这些数据的关键环节。管财融合能够使财务部门更好地理解企业的战略目标，从而提供更精确、更有价值的财务数据，为企业的战略制定提供有力支持。

其次，管财融合对于企业战略执行的影响也不容小觑。执行战略时，企业需要明确的目标、翔实的计划以及精准的控制。财务部门可以通过提供财务数据和分析，帮助企业明确战略执行的目标和计划。而管财融合则可以使财务部门在战略执行的过程中，提供及时、准确的财务信息，帮助企业及时调整战略，以实现预定的目标。

再次，管财融合在提升企业内部管理效率上也有着显著的效果。深度的财务与业务协同可以使企业更精准地控制成本，提升效率。财务部门可以通过对企业各项业务的财务分析，帮助企业发现可能存在的成本浪费，提出优化建议。同时，财务部门也可以通过提供实时、精准的财务数据，帮助企业更好地控制成本，提升效率。

最后，管财融合对提升企业核心竞争力也有着直接的影响。企业的核心竞争力在于其能否持续创造价值。而在创造价值的过程中，无论是价值的创造，还是价值的保障，都离不开财务的参与。管财融合可以使财务部门更好地理解企业的业务，从而提供更有价值的财务服务，帮助企业创造和保障价值。

二、业财融合与管财融合的关系

业财融合和管财融合都是企业财务管理的重要理念，它们之间的关系千丝万缕，互相影响，共同推动企业的发展。

业财融合是财务管理理念的一种基础形式，它强调财务管理与业务运营的紧密结合，以达到优化财务管理效果，提升企业经营效率的目的。财务不再只是被动地接受业务部门的指令，而是成为业务部门的重要伙伴，通过理解业务部门的需求，为其提供专业的财务服务，帮助业务部门实现其业务目标。

与此相比，管财融合则进一步提升了财务管理的层次，它强调的是财务管理在企业决策中的重要角色。在管财融合的理念下，财务部门不仅需要理解业务部门的需求，提供专业的财务服务，更需要从企业的战略高度出发，为企业的战略决策提供有力支持。这种理念要求财务部门具有更广阔的视野，更高的专业素养，更强的决策能力。

因此，可以说业财融合与管财融合是相辅相成的。业财融合为管财融合打下了坚实的基础，通过实现财务与业务的紧密结合，使财务部门对业务有了深入的理解，为进一步提升财务管理层次，实现管财融合做好了准备。同时，管财融合也为业财融合赋予了更高的目标，那就是要将财务管理与企业决策紧密结合起来，使财务管理在企业的发展中发挥更大的作用。

业财融合与管财融合也可以相互借鉴、相互学习。业财融合中的财务与业务的紧密结合，可以为管财融合提供有价值的经验，帮助管财融合更好地理解业务部门的需求，提供更专业的财务服务。而管财融合中财务在决策中的重要角色，也可以为业财融合提供新的思路，帮助业财融合更好地服务于企业的业务目标。

三、管财融合的实现路径

管财融合可以从以下五个层面进行，具体如图 4-3 所示。

图 4-3　管财融合的实现路径

（一）明确战略目标和愿景

明确战略目标和愿景有助于指导管财融合的发展方向。一个清晰的战略目标可以为管财融合提供明确的指导，并确保其与企业的整体愿景和目标相一致。战略目标应该具体、可衡量和可追踪，以便评估管财融合的实施成果。愿景是对未来期望状态的描述，它可以激励和激发组织内部的参与者，并促使他们为实现该愿景而努力。

明确战略目标和愿景需要进行战略规划和分析。企业应该进行全面的战略规划，考虑内外部环境的因素，并评估当前的管财能力和需求。战略规划过程应该包括战略定位、目标设定、资源分配和绩效评估等关键要素。除此之外，还需要进行竞争分析和趋势研究，以便了解行业的变化和发展方向，从而更好地制定管财融合的战略目标和愿景。

在明确战略目标和愿景的过程中，还需要与关键利益相关者进行广泛的沟通和协商。利益相关者包括高层管理人员、业务部门负责人、财务部门负责人等，他们对于管财融合的成功实施起着重要的作用。与利益相关者的沟通应该是双向的，既要传达组织的战略目标和愿景，也要倾听他们的反馈和建议。这样可以确保战略目标和愿景的制定是基于共识和合作的结果，提高实施的成功率。

明确战略目标和愿景不仅仅是一个单一的过程，而是一个持续的迭代和改进过程。随着外部环境的变化和组织内部的需求变化，战略目标和愿景可能需要进行修正和调整。因此，组织应该建立起灵活的战略管理机制，定期进行战略回顾和更新，以确保管财融合与组织的战略目标和愿景保持一致，并适应不断变化的商业环境。

（二）整合信息系统和数据

整合信息系统和数据的首要目标是消除“信息孤岛”和“数据孤岛”，使财务和业务数据能够无缝地流动和共享。传统上，财务和业务部门通常使用各自独立的信息系统和数据源，导致信息的重复录入、数据不一致等问题。通过整合信息系统和数据，可以实现数据的一次录入、多次使用，提高数据的准确性和可靠性。

为了实现信息系统和数据的整合，需要进行全面的信息系统评估和规划。企业应该评估当前所使用的信息系统，了解其功能、性能和互操作性等方面的特点。同时，需要明确财务和业务部门对于信息系统的需求，确定整合的目标和范围。在评估的基础上，制定信息系统整合的规划，包括确定整合的方式、时间表和资源投入。

整合信息系统和数据应该是一个持续的过程。随着技术的不断发展和业务的变化，企业需要不断地评估和优化整合的效果，并进行必要的调整和改进。这可能涉及更新和升级信息系统、引入新的技术和工具，以适应不断变化的业务需求。

（三）加强组织结构和角色设计

加强组织结构和角色设计的主要目的是打破部门之间的壁垒，促进财务和业务部门之间的紧密合作。在传统上，财务和业务部门往往在组织结构上相对独立，各自有不同的职责和权力范围。然而，在实现管财融合的过程中，需要将财务和业务职能进行整合，建立跨部门的团队和职能角色。这将有助于促进信息的流动和知识的共享，提高工作效率和协同能力。具体措施有以下几点。

1.进行组织结构评估和调整

组织应该评估当前的组织结构，了解其存在的问题和“瓶颈”。评估可以包括组织层级、职能划分、决策流程等方面的内容。通过评估，可以确定需要调整的部门和岗位，以更好地支持管财融合的实施。调整组织结构时，应该考虑到财务和业务部门之间的协作需求，尽可能减少层级，简化决策流程，提高组织的灵活性和响应能力。

2.重新设计角色和职责

财务和业务部门的角色和职责需要根据管财融合的目标进行调整和重新定义。关键是要明确各个部门和岗位在管财融合中的角色和职责，确保各自的工作与整体目标相一致。例如，财务部门可能需要更多地参与业务决策和规划，提供财务数据和分析支持；业务部门则需要更多地了解财务数据和报告，以便作出明智的决策。此外，还需要制定清晰的绩效指标和评估机制，对各个部门和岗位进行绩效考核，激励他们积极参与管财融合。

3.进行相关的培训和发展

员工需要具备跨部门合作和沟通的能力，以适应新的组织结构和角色要求。培训可以包括团队合作、沟通技巧、财务知识和业务理解等方面的内容。通过培训和发展，可以提升员工的综合素质和跨部门合作能力，促进财务和业务部门之间的良好协作。

（四）培养跨部门合作和沟通能力

培养跨部门合作和沟通能力有助于消除部门之间的隔阂和壁垒，实现信息的共享和协作。财务和业务部门在传统上往往相对独立，彼此缺乏有效的沟通和合作。然而，在实现管财融合的过程中，财务和业务部门之间的密切合作是至关重要的。通过培养员工的跨部门合作和沟通能力，可以促进各部门之间的相互理解、信任和协作，共同实现管财融合的目标。

1. 建立相应的培训和发展机制

企业应该提供培训课程和工作坊，培养员工在跨部门合作和沟通方面的技能。培训内容可以包括团队合作、冲突管理、沟通技巧、协调能力等方面的内容。通过培训和发展，可以提高员工的综合素质和跨部门合作能力，使他们能够更好地适应管财融合的工作要求。

2. 建立跨部门合作的激励机制，鼓励员工积极参与和贡献

激励机制可以包括奖励和认可制度，将跨部门合作和沟通能力作为绩效考核的重要指标之一。这可以激励员工主动寻求跨部门合作的机会，促进信息的共享和团队合作。

3. 建立有效的沟通渠道和机制

企业可以建立定期的会议和沟通平台，让财务和业务部门的代表能够定期交流和分享信息。此外，还可以利用现代化的协同工具和技术，促进远程和实时的沟通和协作。通过建立良好的沟通渠道和机制，可以加强财务和业务部门之间的信息交流和合作。

4. 鼓励员工的跨学科学习和知识分享

财务和业务部门往往具有不同的专业知识和技能，通过相互学习和分享，可以促进知识的互补和创新。组织可以设立跨部门团队和项目，让财务和业务部门的员工共同参与，共同解决问题和实现目标。这可以培养员工的综合素质和跨部门合作能力，促进财务和业务之间的紧密合作。

（五）建立绩效管理和评估机制

1. 建立绩效管理和评估机制的重要性

首先，建立绩效管理和评估机制有助于明确管财融合的目标和期望。绩效管理体系应该与管财融合的目标相一致，确保各个部门和岗位的绩效目标与整体目标保持一致。这有助于提高组织内部的协同和一致性，确保各项工作朝着管财融合的目标方向进行。

其次，绩效管理和评估机制可以激励和激发员工的积极性和创造力。

通过设定明确的绩效目标和指标，员工能够明确知道自己的工作职责和预期成果。同时，通过定期的绩效评估和反馈，员工能够了解自己的表现和发展方向，从而调整和优化自己的工作。这有助于提高员工的工作动力和投入度，推动整体绩效的提升。

2. 建立绩效管理和评估机制的对策

（1）明确绩效目标和指标。绩效目标应该具体、可衡量和与管财融合的目标相关。指标的设定应该清晰明确，能够反映出绩效的实际表现。建立定期的绩效评估和反馈机制。绩效评估可以采用定期的绩效考核和中期的进展评估，以评估员工的工作表现和绩效达成情况。评估结果应该及时反馈给员工，给予认可和激励，并提供改进的建议和支持。

（2）考虑公平和公正的原则。评估过程应该透明、公开，并遵循一定的评估标准和程序。评估者应该具备专业的能力和公正的态度，确保评估结果的客观性和可靠性。组织应该建立申诉和复核机制，以确保员工对于绩效评估结果的公平和合理。

（3）培养和发展相关人员的管理和评估能力。管理人员需要具备有效的绩效管理和评估技巧，能够制定合理的绩效目标和指标，并进行有效的绩效评估和反馈。同时，还需要提供相应的培训和支持，帮助管理人员更好地运用绩效管理工具和技术，推动绩效的持续提升。

建立绩效管理和评估机制是一个持续的过程。随着业务的发展和管财融合目标的调整，绩效管理和评估机制也需要进行相应的调整和优化。组织应该定期审查和改进绩效管理体系，确保其与组织的发展和变化保持一致。

第二节　数据价值驱动下的企业决策

一、企业决策概述

（一）企业决策的概念

企业决策是指在不同的业务环境下，管理层或决策者通过对现实情况的认知、分析和评估，作出关于企业资源配置、行为选择和目标达成等方面的决策过程。它是管理者根据信息和判断作出的一系列选择，以实现企业的长期利益和发展目标。①

企业决策的核心在于权衡和选择。在复杂多变的商业环境中，企业面临各种不确定性和风险，需要在有限的资源条件下作出决策。企业决策需要考虑到多个因素，如市场需求、竞争状况、技术变革、法律法规等，同时也需要考虑内部因素，如企业的战略目标、资源状况、组织能力等。

（二）企业决策分类

企业决策根据其重要等级和影响范围可以分为战略决策、管理决策和业务决策。这些不同层次的决策在企业运营和发展中起着不同的作用和影响。下面介绍战略决策、管理决策和业务决策的概念和特点。

1.战略决策

战略决策是企业高层管理者在制定和调整企业长期发展方向和目标时所作出的决策。战略决策关注的是整个企业的发展战略，涉及资源的

① 许志龙．企业管理的经济学分析[M]．北京：海洋出版社，2019：127.

配置、市场定位、产品创新等重要方面。战略决策是企业最高层次的决策，对企业的长期发展具有重大影响。它需要考虑到外部环境的变化、竞争状况、行业趋势等因素，并确定企业的核心竞争力和差异化战略。战略决策的制定需要全面的信息和深入的分析，涉及较大的风险和不确定性。

2. 管理决策

管理决策是中层管理者或部门负责人在组织内部运营和管理过程中所作出的决策。管理决策关注的是企业的组织结构、流程设计、资源分配等方面，以实现战略目标。管理决策涉及部门间的协调与合作、资源的优化配置和管理效率的提高。它需要考虑到组织内部的能力和资源状况，结合外部环境的要求和变化，以推动组织的运作和绩效。管理决策通常具有较高的操作性和可操作性，可以通过有效的管理实践和技术工具来支持和实施。

3. 业务决策

业务决策是基层管理者或现场工作人员在日常业务操作和任务完成过程中所作出的决策。业务决策关注的是具体的业务活动和任务，涉及具体的操作流程、资源调配和问题解决。业务决策通常是针对具体情况和问题的，需要根据现场实际情况进行快速决策。业务决策的效果直接影响到业务的执行和结果，它需要依靠员工的专业知识和经验，结合组织的规章制度和流程，以达到预期的业务目标。

这三种决策层次相互关联，共同推动企业的发展。战略决策为企业提供了长远的发展方向和目标，管理决策在战略的指导下，将战略转化为具体的组织和流程安排，而业务决策则在管理决策的指导下，将组织和流程安排转化为具体的业务操作和任务执行。三者相互依存、相互促进，共同支持企业的可持续发展。

（三）企业决策的过程

企业决策是一个复杂的过程，涉及问题识别、信息收集、方案评估和实施等多个环节。在这个过程中，管理者需要通过分析和判断来作出明智的选择，以实现企业的目标和利益最大化。下面将介绍企业决策的主要过程。

1. 问题识别

企业决策的第一步是明确问题和目标。在不同的业务环境中，企业面临各种问题和挑战，需要通过决策来解决或应对。问题识别阶段要求管理者具备敏锐的观察力和分析能力，能够识别出关键的问题和需要解决的痛点。问题识别需要综合考虑内外部因素，例如市场需求、竞争状况、技术变革等，以确定决策的焦点和范围。

2. 信息收集

在问题识别后，企业需要收集相关的信息和数据来支持决策过程。信息收集可以包括内部和外部的数据来源，如市场调研、竞争分析、财务报表、员工反馈等。收集到的信息应该是准确、可靠且相关的，以便为决策提供实质性的支持。信息收集阶段需要运用适当的工具和技术，如调查问卷、数据分析软件等，以获取全面和客观的数据基础。

3. 信息分析

收集到的信息需要进行分析和解读，以提取有价值的洞察和见解。信息分析可以采用不同的方法和技术，如统计分析、数据挖掘、趋势分析等。通过对数据的分析，管理者可以发现问题的根本原因，识别出潜在的机会和风险，并为决策制定提供基础。信息分析阶段需要运用科学的方法和逻辑推理，确保分析结果准确可信。

4. 方案评估

在信息分析的基础上，企业需要制订备选方案，并对其进行评估和比较。方案评估可以考虑多个因素，如成本效益、风险与回报、可行性等。评估可以运用量化和定性的方法，如利润预测、风险分析、SWOT分析等。通过方案评估，管理者可以对备选方案的优劣进行判断，并选择最合适的方案作为决策的基础。

5. 决策实施

在选择了最佳方案后，决策需要付诸实施并进行监控。决策实施阶段涉及资源的配置、任务的分配和目标的设定。管理者需要制订实施计划，并明确责任和时间表。同时，决策实施需要进行监控和评估，以确保决策的有效性和成果的实现。监控可以包括定期的绩效评估、项目管理、反馈机制等，以及及时调整和优化决策。

企业决策的过程是一个循环的过程，需要不断的反馈和调整。在实施过程中，管理者需要及时关注实施的效果和反馈信息，以便进行必要的修正和优化。决策过程中的反馈和学习可以为下一轮决策提供经验教训和改进的机会。

二、数字经济时代企业决策面临的挑战

（一）企业决策所面对的环境更为复杂

在数字经济时代，企业决策所面对的环境确实变得更加复杂，主要体现在以下几个方面（见图 4-4）。

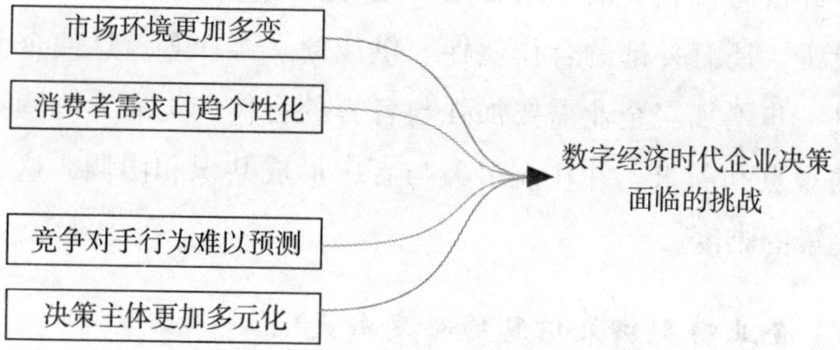

图 4-4　数字经济时代企业决策面临的挑战

1. 市场环境更加多变

新技术的迅速发展和应用，使市场环境在短时间内发生了巨大变化。以云计算、大数据、人工智能等为代表的新技术，令各行各业的运营模式焕然一新。这些技术通过优化生产流程，提高服务效率，或者创造全新的产品和服务，对企业的经营模式和竞争格局产生深远影响。在这种快速变化的环境下，企业的决策需要具备弹性，能迅速适应和应对环境

的变化，掌握市场的机遇，并妥善应对可能出现的风险。

2. 消费者需求日趋个性化

随着数字技术的普及和互联网的发展，消费者的选择和行为变得更加多样化和个性化。消费者期望获得个性化的产品和服务，企业需要根据消费者的需求进行精细化定制，提供更加个性化的解决方案。这对企业的决策能力提出了更高的要求，需要深入了解消费者，及时捕捉消费者的变化和需求，以便进行准确的决策。

3. 竞争对手行为难以预测

在数字经济时代，竞争对手的行为更加多样化和复杂化。企业很难预测竞争对手将采取的策略和行动，可能会面临来自多个方向的竞争。这要求企业在决策过程中要有敏锐的市场洞察力和预测能力，及时调整决策以应对激烈的竞争环境。

4. 决策主体更加多元化

数字经济时代企业的决策参与者变得更加多元化，不仅有内部的管理者和员工，还有外部的合作伙伴、供应商、客户等。这使企业决策的复杂度进一步增加。企业需要加强与各方的合作和沟通，协调不同利益相关者的观点和需求，并在众多参与者中形成共识和协调，这无疑增大了企业决策的难度。

（二）企业辨别决策信息的难度加大

在数字经济时代，企业决策过程中辨别决策信息的难度确实在加大。这种变化主要源自信息的海量化、复杂化以及真实性的挑战。

1. 信息海量化是决策过程中的一大挑战

互联网、大数据、人工智能等技术的发展，使企业能够获取的信息量大增。无论是市场动态、消费者行为还是竞争对手的策略，都有大量的数据可供分析和研究。这无疑为企业的决策提供了更为丰富的信息来源。然而，海量的信息同时也带来了决策的困扰。如何从中筛选出对决策有用的信息，是企业面临的重要任务。

2. 信息复杂化加大了辨别决策信息的难度

信息的形式和内容变得越来越多元和复杂，不仅包括传统的文字和数字信息，还包括图片、音频、视频等多媒体信息。同时，信息的内容也越来越丰富和复杂，不仅有定性的描述信息，还有定量的数据信息，以及模糊的预测信息。如何处理和理解这些复杂的信息，成为企业决策的一大挑战。

3. 信息真实性的挑战也不容忽视

在数字经济时代，信息的传播速度快，影响范围广，但同时也存在着信息真实性的问题。假信息、误导信息、过时信息等都可能对企业决策造成影响。企业需要有能力辨别信息的真实性，以避免作出错误的决策。

（三）企业决策程序存在滞后性

在数字经济时代，企业决策程序的滞后性是不容忽视的问题。主要体现在企业决策速度跟不上市场环境的变化速度，以及企业决策结构的僵化导致决策效率低下。市场环境的快速变化要求企业有快速响应的决策能力。然而，许多企业的决策流程仍然保留着传统的繁复和慢节奏。例如，企业在决策时，通常需要经过信息收集、信息处理、决策方案制订、决策方案评估、决策方案选择等多个环节。这些环节虽然都是必要的，但是如果处理不当，就可能导致决策的滞后。企业决策结构的僵化也是导致决策滞后的重要原因。在许多企业中，决策权力仍然集中在少数高层管理者手中，而其他员工的参与度较低。这种决策结构虽然在一定程度上可以保证决策的一致性，但是在快速变化的市场环境中，这种决策结构往往导致决策的效率低下。

（四）企业决策方法较落后

现行的决策方法主要基于历史数据和经验，缺乏对未来趋势和变化的预测，这在高度动态、复杂且充满不确定性的数字经济环境下，已经不能满足企业的决策需求。一方面，传统的决策方法对数据的处理能力有限。在数字经济时代，数据的产生和流通速度远远超过了人类的处理能力，传统的决策方法往往无法对这些数据进行有效的整合和利用。在决策过程中，有许多相关的因素需要综合考虑，包括市场变化、客户需求、竞争环境等。如果不能对这些数据进行有效的整合和利用，就可能导致决策的失误。另一方面，传统的决策方法对未来的预测能力较弱。在数字经济时代，市场环境、技术发展、社会需求等因素的变化都可能对企业的决策产生影响。如果企业不能对这些变化进行有效的预测，就可能错过市场机会，或者作出错误的决策。

三、数据价值驱动企业决策的优势

（一）数据价值的发挥可以提升决策的精准性

利用数据进行决策在实际应用中有多种优势，其中之一就是可以大幅提升决策的精准性。传统的决策过程往往依赖于决策者的经验和主观判断，这在一定程度上可能引入偏差。而利用数据进行决策则能有效避免这一问题，因为它依赖于硬性的数据和科学的分析方法。通过对大量数据进行收集、处理和分析，决策者可以得到更全面、更深入的信息，从而作出更精准的决策。例如，企业在确定产品价格、制定市场策略或者进行资源分配时，可以通过分析历史数据、竞品数据、市场调研数据等，获取到更准确的信息，从而作出更有利的决定。

（二）数据的应用支持预测性决策

在经济活动中，很多决策都需要对未来进行预测，比如预测市场需求、预测产品销量、预测资金流动等。传统的预测方法往往依赖于人的直觉和经验，这种方法在数据量较小、环境相对稳定的情况下或许可以取得一定的效果，但在现代复杂多变的经济环境下，这种方法的准确性和效率都难以保证。

数字经济时代所产生的海量数据可以通过数据分析和机器学习等技术进行深入挖掘，揭示潜在的趋势和未来可能发生的情况。企业可以基于数据的预测结果进行决策，提前采取措施应对未来的变化。预测性决策使企业能够更好地把握市场机遇，避免潜在的风险，为企业的发展提供更有远见的指导。例如，企业可以通过分析历史销售数据，预测未来的销售趋势；通过分析用户行为数据，预测用户的购买意愿；通过分析市场数据，预测行业的发展趋势等。这些预测性决策不仅可以提升决策的准确性，还可以帮助企业更好地规划资源，提高运营效率。

（三）数据价值的发挥可以提升决策效率

传统决策往往需要长时间的思考和讨论，这对企业来说可能会成为一种负担。而数据价值驱动的决策则能够大幅度提升决策的效率。企业可以借助先进的数据分析工具，快速获取、处理和分析数据，然后基于这些数据作出决策。这样，企业可以在短时间内作出大量的决策，从而提高整体的运营效率。

（四）数据价值的发挥可以强化企业的竞争优势

在数字经济时代，数据成为企业竞争的重要资产。企业通过充分挖掘和利用数据，可以获得更深入的市场洞察、更精准的定位以及更具竞争力的产品和服务。数据驱动的决策可以帮助企业更好地理解消费者需求，开发个性化的解决方案，并在市场中脱颖而出。同时，数据还可以为企业提供持续的创新动力，使企业能够及时应对市场的变化和竞争的挑战，保持竞争优势。

四、数据价值驱动下的企业决策模型

（一）描述性决策模型

描述性决策模型通过收集和处理大量的历史数据，以详细描绘过去和现在的情况。描述性决策模型基于各种数据源（如交易数据、客户数据、运营数据等），运用各种数据分析技术（如数据挖掘、统计分析等）来呈现出清晰、易于理解的数据图像。这种模型给企业的决策提供了重要的基础支持。

描述性决策模型的优势在于提供全面、客观的数据分析和洞察。首先，它能够从大量的数据中提取关键信息，揭示数据之间的关联和趋势。通过可视化工具，如图表、图形和仪表板，描述性决策模型可以将数据呈现得更加直观和易懂，使决策者能够迅速获得对业务情况的全面了解。其次，描述性决策模型基于事实和数据，减少了主观性和个人偏见对决策的影响。这种模型提供客观的基础，使决策者能够以数据为支持，作出更明智和可信的决策。此外，描述性决策模型还具有实时性的优势。通过数据的及时更新和分析，企业可以随时了解当前的业务状态和市场动态，及时调整决策和策略。

描述性决策模型的应用十分广泛。例如，在市场营销中，企业可以通过描述性模型分析各种营销活动的效果，以便于优化营销策略；在运营管理中，企业可以通过描述性模型分析运营过程中的各种问题，以便于提升运营效率；在财务管理中，企业可以通过描述性模型分析财务状况，以便于作出合理的财务决策。

（二）预测性决策模型

预测性决策模型的核心是利用历史数据和统计分析方法构建数学模型，以预测未来事件的概率、趋势和结果。[①]这种决策模型通过对大量的数据进行分析和挖掘，揭示数据之间的关联和规律，并将这些规律应用于未来的情景中。预测性决策模型可以基于统计方法、机器学习算法和人工智能等技术，根据数据的特征和趋势进行预测和推断。

预测性决策模型具有灵活性和适应性。模型可以根据数据的变化进行更新和调整，以保持预测的准确性。此外，预测性决策模型还可以通过模拟不同决策方案的结果，评估风险和收益，并帮助决策者作出更加理性和明智的决策。

预测性决策模型在许多领域都有广泛的应用。例如，亚马逊利用预测性决策模型预测客户的购买行为，提前将产品调配到离客户最近的仓库，从而提高了配送效率和客户满意度；网飞利用预测性决策模型预测

① 王方华，李乃和．营销工程[M]．上海：上海交通大学出版社，2006：16.

用户的观看行为，为用户推荐他们可能感兴趣的影片，从而提高了用户体验和用户黏性。

预测的准确性会受到许多因素的影响，比如数据的质量、模型的选择、算法的复杂性等。而且，由于未来总是充满了不确定性，即使预测十分准确，也不能保证一定会发生。因此，使用预测性决策模型时，需要谨慎对待预测结果，同时也要做好应对不确定性的准备。

（三）优化性决策模型

优化性决策模型的核心是通过建立数学模型和运用优化算法，以在给定的约束条件下寻找最佳的决策方案。这种模型通常包括目标函数、决策变量和约束条件等要素。企业通过收集和分析相关数据，将其转化为模型的输入参数，并通过模型求解得到最优的决策结果。优化性决策模型可以应用于资源分配、生产计划、供应链优化等方面，以提高效率、降低成本或实现其他特定的目标。

（四）决策树模型

决策树是一种基于树状结构的机器学习算法，通过将数据集划分为不同的子集，从而实现决策的过程。决策树模型具有简单直观、易于理解和解释的优点，因此在实际应用中得到广泛的应用。

决策树模型的构建过程是基于数据的特征和目标变量之间的关系。它通过对数据集中的特征进行分析，选择最佳的特征进行分割，从而将数据划分为不同的子集。这个分割过程基于一系列的判定准则，例如信息增益、基尼系数等。通过逐步分割数据，决策树模型能够形成一棵树状结构，其中每个节点代表一个特征，每个分支代表一个特征的取值，每个叶节点代表一个决策结果。

决策树模型在企业决策中具有广泛的应用，常用于帮助企业进行分类决策。通过分析已有数据集中的特征与目标变量之间的关系，决策树模型能够根据新的输入数据进行分类，从而帮助企业判断客户、产品或服务的属性，并作出相应的决策。例如，一个电商企业可以使用决策树模型来根据用户的浏览历史、购买记录等信息，对用户进行分类，从而实现个性化推荐和定向营销。

在大数据的背景下，决策树模型还可以与其他数据科学技术相结合，如机器学习、人工智能等，发挥出更大的价值。例如，机器学习算法可以用来优化决策树模型，使其更加精确和有效；人工智能技术可以用来模拟复杂的决策环境，帮助企业在各种可能的情况下找到最优的决策。

（五）模拟和场景分析决策模型

模拟和场景分析是一种基于数据和模型的方法，通过构建虚拟的环境和情景，模拟现实世界中的决策和结果，为企业决策提供深入的洞察和评估。

模拟是指利用计算机技术和数学模型，通过对一系列输入和参数的设定，模拟系统的行为和结果。在企业决策中，模拟决策模型可以用于预测和评估不同决策方案的影响和结果。通过建立合理的模型和输入参数，模拟决策模型可以模拟出不同决策路径下的可能结果，帮助企业了解各种决策选择的优劣势，并为决策提供依据。场景分析是指根据特定的情景和假设，对决策结果进行系统的分析和评估。在企业决策中，场景分析决策模型可以帮助企业预测和评估可能出现的不同情景下的决策结果，包括各种风险和机遇。通过构建不同的决策场景，考虑不同的变量和条件，场景分析决策模型可以帮助企业更全面地了解决策的潜在影响，并选择最优的决策方案。

五、财务数据价值驱动决策的实际运用

（一）产品定价策略决策

产品定价是一个关键的商业决策，直接影响着企业的盈利能力和市场竞争力。财务数据提供了决策所需的关键信息，帮助企业制定合理的产品定价策略。

1. 财务数据可以帮助企业了解产品成本结构

财务数据提供了企业各项成本的详细信息，如直接材料费用、直接

人工费用、制造费用、销售费用和管理费用等，通过分析这些财务数据，企业可以准确计算产品的总成本，并了解各个成本项的比重。这将为企业确定产品定价的底线提供依据，确保产品销售能够覆盖成本，实现盈利。

2.财务数据可以帮助企业评估市场需求和竞争情况

在制定产品定价策略时，了解市场需求和竞争情况是必不可少的。财务数据可以提供有关市场销售额、市场份额、竞争对手的定价策略和市场定位等信息。通过分析这些财务数据，企业可以了解市场上类似产品的定价水平、消费者的价格敏感度以及市场份额与价格之间的关系。这些信息可以帮助企业确定自己的定价策略，使产品在市场中获得竞争优势。

3.财务数据可以帮助企业进行定价优化

通过分析生产成本、市场价格、销售量等财务数据，企业可以调整价格策略，找到最大化利润的最佳价格点。更进一步地，这些数据还可以用于模拟不同价格策略下的预期收益，帮助企业预测并应对市场变化。

4.财务数据可以用于定价决策的监控和调整

产品定价是一个动态的过程，企业需要根据市场反馈和财务数据的实际表现对定价策略进行监控和调整。财务数据提供了产品销售、成本和利润的实际数据，企业可以通过对这些数据的分析，了解定价策略的效果和产品的盈利能力。如果定价策略表现不佳，财务数据可以帮助企业及时发现问题，并采取相应的调整措施，以确保产品定价的有效性和盈利能力。

（二）营销策略决策

营销策略决策涉及企业在市场推广、产品促销和客户关系管理等方面的决策，而财务数据能够提供关键的信息和指导，帮助企业制定有效的营销策略。

1.财务数据可以帮助企业识别利润最大化的市场细分

通过分析财务数据，企业可以了解不同市场细分的销售额、销售成本和利润水平。企业可以将市场细分根据其利润贡献进行优先级排序，选择那些能够实现最大利润的市场细分作为目标市场。财务数据还可以帮助企业了解各个市场细分的成本结构和利润率，从而更好地制定定价策略和销售策略，以实现利润最大化的营销目标。

2. 财务数据可以帮助企业评估和优化营销投资回报

营销投资回报（Return on Marketing Investment, ROMI）是衡量营销活动效果的重要指标，财务数据在此方面起到关键作用。营销投资数据，如广告花费、促销费用等，以及营销活动产生的结果数据，如销售额、新增客户数量等，是计算和评估ROMI的基础。利用这些数据，企业可以量化不同营销活动的效果，比较哪些活动的ROMI更高，从而有针对性地调整营销策略。比如，若通过数据发现某一广告渠道的ROMI低于平均水平，那么企业可能需要调整广告内容或投放策略，或者考虑减少在该渠道的投放。同时，通过对历史数据的深度挖掘，企业还可以发现某些影响ROMI的关键因素，如季节性、客户群体等，并据此优化营销策略。因此，财务数据的运用，对于企业评估和优化营销投资回报具有重要的价值。

3. 财务数据还可以帮助企业进行客户利润分析和客户关系管理

不同客户对企业的利润贡献是不同的，财务数据可以提供客户销售额、销售成本和利润的详细信息。通过分析财务数据，企业可以了解每个客户的利润水平，识别高利润客户和低利润客户。这有助于企业制定差异化的客户管理策略，例如，针对高利润客户提供更优惠的价格和服务，以增强客户忠诚度和利润贡献。

（三）供应链管理决策

供应链管理决策涉及供应链的各个环节，包括供应商选择、生产规划、库存管理、物流配送等。每个环节都需要通过精准的决策来保证供应链的顺畅运行，避免出现供需失衡、库存积压等问题。而财务数据能够提供关键的信息和指导，帮助企业优化供应链管理决策。

1.财务数据可以帮助企业评估供应商的财务稳定性和供应风险

通过分析供应商的财务数据，企业可以了解供应商的盈利能力、偿债能力和流动性状况。这可以帮助企业评估供应商的财务稳定性，并预测供应商是否存在潜在的供应风险，例如供应中断、质量问题等。基于这些信息，企业可以选择稳定的供应商，并制定相应的风险管理策略，以确保供应链的可靠性和稳定性。

2.财务数据可以帮助企业评估供应链合作伙伴的绩效和贡献

供应链合作伙伴的表现直接关系到企业的供应链效率和竞争力。财务数据可以提供关于合作伙伴的销售额、利润和成本等信息。通过分析财务数据，企业可以评估合作伙伴的绩效和贡献，了解合作伙伴的盈利能力和市场份额，并与其进行合作绩效的共享和评估。这有助于企业优化供应链合作伙伴的选择和管理，提升整体供应链的绩效和效率。

3.财务数据可以帮助企业降低物流成本

分析物流成本数据，如运输成本、仓储成本、包装成本等，有助于企业找出成本过高的环节，进一步探索降低物流成本的有效途径。例如，可以通过物流路线优化、批量运输、选择更合适的运输方式等手段，降低运输成本。同时，财务数据分析还能协助企业进行仓储空间的优化和包装方式的改进，进一步降低物流成本。

4.财务数据可以帮助企业进行供应链成本分析和优化

供应链管理涉及多个环节和多个成本项，如采购成本、生产成本、运输成本等。财务数据可以提供这些成本的详细信息，并帮助企业进行成本分析和成本优化。通过分析财务数据，企业可以识别成本的主要来源和成本的变动趋势，找到成本的节约空间和改进机会，并制定相应的供应链成本优化策略。

（四）客户关系管理决策

客户关系管理是指企业与客户之间建立和维护良好关系的一系列策

略和活动①，财务数据可以为客户关系管理提供重要的信息，帮助企业优化客户关系管理决策。

1. 财务数据可以帮助企业进行客户分析和细分

通过分析财务数据，企业可以了解不同客户的销售额、利润贡献和购买行为等信息。这可以帮助企业识别高价值客户和潜力客户，了解不同客户群体的需求和偏好，从而进行客户细分。基于财务数据的客户分析，企业可以针对不同的客户细分制定差异化的营销策略和服务策略，以提高客户满意度、忠诚度和盈利能力。

2. 财务数据可以帮助企业进行客户生命周期价值分析

客户生命周期价值分析（Customer Lifetime Value, CLV）是衡量客户对企业长期贡献价值的重要指标，对企业战略决策具有深远影响。财务数据是进行 CLV 分析的关键，包括客户的购买记录、购买频率、消费金额等数据。通过这些数据，企业能够追踪每个客户的消费行为，计算他们的累积利润，并预测未来可能带来的收益。例如，如果一个客户在过去一段时间内的消费金额持续增长，且购买频率较高，那么他的 CLV 可能会很高。反之，如果一个客户的购买频率降低，或者消费金额下降，那么他的 CLV 可能会降低。基于这些信息，企业可以制定相应的客户关系管理策略，如针对高价值客户提供更个性化的服务，以提高他们的满意度和忠诚度，或者采取措施挽回低价值客户，提升其消费水平。

3. 财务数据可以帮助企业进行客户满意度和忠诚度分析

财务数据可以提供客户退款率、客户投诉率和客户流失率等信息。通过分析这些财务信息，企业可以评估客户满意度和忠诚度的水平，并识别潜在的问题和改进机会。企业可以利用财务数据分析的结果，制定改进措施和提升客户体验的策略，以增强客户的忠诚度和长期价值。

4. 财务数据可以帮助企业进行客户收益管理

客户收益管理是一种基于财务数据的管理策略，旨在识别并优化企

① 张巍，吴勇，傅治．电子商务运营实务[M]．上海：上海交通大学出版社，2019：109.

业的利润来源。它利用收入、成本和利润等财务数据，分析每个客户或客户群体对企业利润的贡献。对高收益客户，企业可以采取策略提高他们的满意度，进一步提升他们的忠诚度和购买力，例如提供更高级别的服务或产品，或者为他们创建定制的优惠活动。对低收益或亏损的客户，企业可以重新评估和调整与他们的交易方式，减少供应链成本，提高价格，或者重新设计产品和服务，使其更符合这些客户的需求和预期，以提高他们的收益性。

（五）人力资源管理决策

人力资源管理涉及企业的员工招聘、培训、绩效评估和薪酬管理等方面的决策，财务数据帮助企业优化人力资源管理决策主要体现在以下几个方面。

1. 财务数据可以帮助企业进行人力资源规划，制定招聘决策

在人力资源规划中，企业需要通过财务数据，如人力资源成本、员工效益、业务收入等，准确估算对人力的需求，并制定符合企业发展目标的人力资源策略。同时，这些财务数据还可以帮助企业了解各部门、各岗位的人力需求和人力效益，为合理配置人力资源提供依据。在招聘策略制定中，财务数据同样发挥着重要作用。通过分析历史招聘成本、员工离职率、新员工的熟练期等财务数据，企业可以预估招聘的成本和效益，以便在不同的岗位和级别上设定合理的招聘预算。此外，财务数据还可以帮助企业评估和优化各种招聘渠道的效果，以提高招聘的效率和效果。因此，财务数据在人力资源规划和招聘策略的制定中起到了至关重要的作用。

2. 财务数据可以帮助企业进行绩效评估和激励管理

通过分析财务数据，企业可以评估员工的绩效和贡献，了解员工的销售额、利润贡献和业绩指标等信息。财务数据还可以提供员工薪酬和奖励的详细信息。基于这些财务数据，企业可以进行绩效评估和绩效激励，制定相应的薪酬体系和激励机制，以提高员工的工作动力和绩效表现。

3. 财务数据可以帮助企业进行培训和发展的决策

财务数据可以提供培训活动的费用、培训参与人数和培训效果的评估指标等信息。通过对财务数据的分析，企业可以评估培训和发展的回报率，并根据业务需求和预算情况，制订合理的培训计划和发展策略。

4. 财务数据可以帮助企业进行员工流失分析和人才管理

在员工流失分析方面，财务数据，如员工的薪酬结构、福利待遇、晋升速度等信息，都可以作为重要的参考因素。这些数据的分析和对比，可以帮助企业识别出可能导致员工离职的原因，以便采取有效的措施进行预防。同时，这些信息也可以用于评估员工离职对企业财务状况的可能影响，如培训新员工的成本、生产效率下降等。在人才管理方面，财务数据的应用则更为广泛。例如，企业可以通过财务数据评估员工的绩效，以便合理设置薪酬、激励等奖励机制；又如，财务数据还可以帮助企业评估各种人才管理策略的经济效益，以便制定更有效的人力资源管理策略。这些分析和评估，旨在构建一个公平、公正、高效的人才管理体系，以提高员工满意度，降低员工流失率，进一步提升企业的整体竞争力。

（六）风险管理决策

风险管理是企业决策中不可忽视的重要方面，而财务数据在风险管理决策中的实际运用发挥着关键的作用。财务数据可以提供有关企业的财务状况、风险暴露和潜在风险的信息，帮助企业评估和管理各种风险。

1. 财务数据可以帮助企业进行风险识别和评估

具体的财务数据，如收入、利润、资产、负债和现金流等，可以为企业提供一种实时和准确的经营状态快照。利用这些数据，企业可以清晰地洞察到其经济活动中存在的风险和不确定性。这种识别和评估过程，通常会包括市场风险、信用风险、操作风险等多个层面。例如，通过对收入数据的深度分析，企业可以识别出市场波动性带来的风险；通过负债数据，企业可以了解到贷款偿还或者债务重组的可能困难；再如，现金流数据则可以帮助企业预见可能的流动性风险。这样，企业就能更有针对性地进行风险管理和防范，从而保障其经营的稳定和持续。

2.财务数据可以帮助企业进行风险量化和风险测度

通过深度解读企业财务数据，不仅可以定性地识别出存在的风险，更可以对风险进行定量的分析。具体地说，一方面，企业可以借助财务数据，使用统计模型、预测算法等方法，为各种风险制定量化的指标，如债务比率、流动比率、快速比率等，用于评价企业的偿债能力和运营风险。另一方面，财务数据还可以辅助企业使用历史模拟、方差—协方差法、蒙特卡罗模拟等风险测度方法，对可能的损失进行量化评估。从而，企业不仅能对风险有清晰的认识，更能对风险进行科学、系统的管理，帮助企业在风险控制和商业决策中找到最佳的平衡点，促进企业的持续发展。

3.财务数据可以帮助企业进行风险监控和应对措施

财务数据可以提供有关企业财务表现的实际数据，例如销售额、利润和现金流等。通过对这些财务数据的监控和分析，企业可以及时发现风险信号和异常情况，并采取相应的应对措施。财务数据可以帮助企业评估风险事件的影响程度和紧急程度，并制定相应的风险应对策略，以减轻风险的影响和损失。

第三节　数字化财务管理报告实施路径

一、财务管理报告概述

（一）财务管理报告的概念

财务管理报告是指企业根据财务信息和数据编制的一种重要的管理工具，用于向内部管理层、外部股东和利益相关者提供有关企业财务状况和经营绩效的详细信息。它是财务管理的重要成果之一，对于企业的决策具有重要意义。

作为一种信息传递和解释财务结果的方式，财务管理报告主要包括三个方面：历史性的财务信息、预测性的财务信息以及解释性的财务信息。历史性的财务信息反映了公司过去一段时间内的经营情况，而预测性的财务信息提供了公司未来可能的发展情况，解释性的财务信息解答了为何会出现这样的财务结果以及公司如何应对未来的财务状况。

（二）财务管理报告的信息质量要求

财务管理报告的信息质量要求如图 4-5 所示。

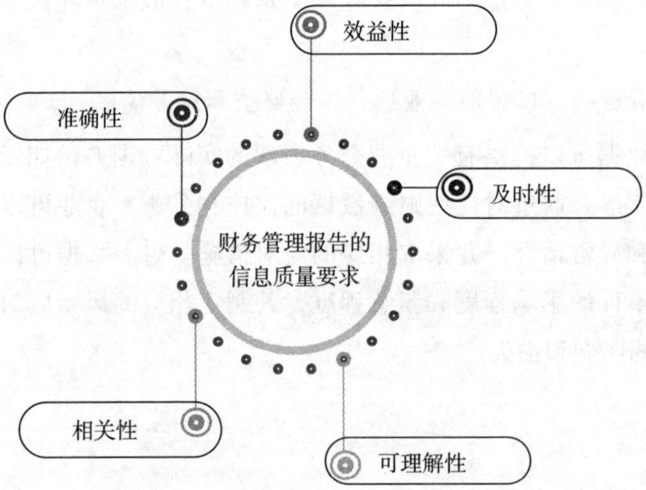

图 4-5　财务管理报告的信息质量要求

1. 准确性

信息的准确性直接影响决策的正确性。财务管理报告需要真实、准确地反映企业的经济活动和财务状况，避免误导决策者。这需要企业在收集、整理和处理信息时，确保数据来源的可靠性，避免计算和录入错误，减少主观判断的影响，从而提高信息的准确性。

2. 相关性

相关性是指财务管理报告所提供的信息必须与决策有关系。现代财务管理报告的重要特征之一是面向未来决策，因此，能否有助于管理者正确决策，是衡量财务管理报告信息质量高低的重要标志。与决策相关的信息会导致决策的差别，提供不相关的信息会贻误决策时机，浪费决策时间，导致决策失误。然而，相关性只是与特定决策目的相关，而与某一决策相关的信息和其他决策不一定相关。财务管理报告服务于企业的管理决策、内部规划和控制，其信息不受对外报告规范的约束，大量地使用预测、估计未来事项等信息。对于财务管理报告而言，信息的相关性价值要高于客观性和可验证性，应具备相应的准确性、精确性和真实性。

3. 可理解性

可理解性也就是简明易懂。如果提供的信息不为使用者所理解，那么就难以发挥其预期的作用，甚至无法为决策者所用。因此，财务管理报告所提供的信息应以使用者容易理解为准则，以使用者容易接受的形式及表达方式提供。而提高可理解性的途径就是财务管理人员应与信息使用者加强沟通和协商，在财务管理报告的形式和内容上进行讨论。

4. 及时性

及时性要求规范财务管理报告的提供时间，讲求时效，在尽可能短的时间内迅速完成数据收集、处理和信息传递，确保有用的信息得以及时利用。在现代社会经济环境中，知识日新月异，管理者需要的信息越快越好，只有获得及时的信息，才能作出正确合理的决策，才能把握机遇，抓住机会，获取成功。[①]而及时性和准确性往往难以两全其美，因此应根据具体情况权衡利害得失，在及时性和准确性之间进行折中，以满足决策者的需要。财务管理报告强调的及时性，其重要程度不亚于其真实性、准确性。

① 刘洋，曲远洋．管理会计[M]．上海：上海财经大学出版社，2017：7.

5. 效益性

效益性是指财务管理报告在对信息的收集和处理时应考虑其发生的成本和产生的效益。效益性包括两层含义：第一，信息质量应有助于企业总体目标的实现，即财务管理报告提供的信息必须能够体现财务管理报告为提高企业总体经济效益服务的要求；第二，坚持成本—效益原则，即财务管理报告提供信息所获得的收益必须大于为取得或处理该信息所花费的信息成本。

二、数字化财务管理报告的必要性

在快速变化的商业环境中，信息的获取与处理能力直接影响企业的决策质量与效率。传统的财务管理报告，尽管具有其历史性、预测性和解释性的信息功能，但在处理大数据时面临困难，适应性和实时性相对较弱。于是，数字化财务管理报告应运而生，数字化财务管理报告具有以下优势。

（一）能够满足大数据时代的需求

随着科技的进步，企业的运营数据日益增多，数据种类也越来越复杂，不再仅限于财务数据，还包括市场数据、客户数据等。同时，大数据技术的发展使企业可以从大量数据中获取有价值的信息，为决策提供依据。数字化财务管理报告，借助先进的技术手段，能够处理大规模数据，提取出有价值的信息，帮助企业更好地理解市场和自身情况，从而作出更合理的决策。

（二）提高报告的实时性和准确性

在传统的财务管理报告制作过程中，人工收集、整理和分析数据的步骤往往既耗时又容易出错。数据的处理时间长，易造成信息滞后，可能导致决策的时效性降低。同时，由于人为因素，数据的处理过程可能会出现错误，影响报告的准确性，进而影响决策的正确性。

而数字化财务管理报告通过自动化工具和算法，实现了数据处理的自动化，大大缩短了数据处理的时间，实现了报告的实时更新。决策者可以根据最新、最准确的报告作出决策，降低了决策延误带来的风险。同时，自动化的数据处理过程减少了人为因素的影响，提高了报告的准确性。更重要的是，数字化财务管理报告还可以实现数据的实时监控和分析，为企业提供实时的业务指标，帮助企业及时发现和解决问题，实现决策的精准性。

（三）提升决策效率

传统的财务管理报告通常包含大量的数据和文字，决策者需要花费大量的时间研读报告，理解报告的内容。这不仅降低了决策效率，同时也增加了决策的难度。

数字化财务管理报告则通过直观的图表、可视化工具和互动功能，使决策者可以快速理解报告的内容，无须花费大量时间阅读报告。通过直观的图形和交互式的设计，决策者可以清晰地看到企业的经营状况，了解企业的财务状况，从而作出更有利于企业发展的决策。同时，数字化财务管理报告的互动功能还可以让决策者根据需要，选择关注的数据，进行深度分析，这进一步提高了决策的效率和精准性。

（四）增强报告的可比性

传统的财务管理报告在格式和内容上可能因企业而异，使比较和分析变得困难。而数字化财务管理报告通过采用标准化的报告格式和内容，以及使用一致的财务数据和业绩指标，实现了报告的高度可比性。无论是企业内部的不同部门，还是同行业的不同企业，通过数字化财务管理报告，都可以进行有效的比较和分析。决策者可以清晰、直观地看到不同部门或不同企业的业绩差异，从而作出有针对性的决策，以改进业务运营，提升企业竞争力。

（五）提高企业的透明度

在信息化时代，企业透明度是企业建立公众信任、提升企业声誉的重要因素。数字化财务管理报告，以其实时性、准确性和可视化的特点，能够全面、真实地反映企业的经营状况，向公众、投资者、员工以及其他利益相关者传递准确的信息，提高企业的透明度。

具体来说，数字化财务管理报告不仅可以实时更新企业的财务数据和业绩指标，使利益相关者能够及时了解企业的最新经营状况，而且其可视化的报告形式，使非专业人士也能快速、容易地理解企业的经营状况。这样不仅有助于提升公众对企业的信任，也有助于吸引投资者和优秀人才，提升企业的竞争力。

三、数字化财务管理报告的主要内容

数字化财务管理报告并非仅仅是将传统的财务报告数字化，而是将财务信息与其他相关信息（如市场信息、客户信息等）集成在一起，提供更全面、更深入的分析视角。数字化财务管理报告的主要内容，通常包括财务数据分析、业务性能分析、经济环境分析和企业风险分析这四个部分。

财务数据分析是报告的基础，是数字化财务管理报告中的核心内容之一。这部分的分析主要包括了企业的财务状况、运营成果、现金流动和股东权益等关键数据的解析。这些数据能够展现企业的经济情况，包括但不限于资产负债状况、盈利能力、偿债能力以及运营效率。这类分析的目的在于为企业决策者、投资者、债权人等利益相关者提供一个关于企业财务健康状况的透明、直观和全面的视图。

业务性能分析则进一步深入企业的各个业务领域。通过深度解读财务数据，进一步探索影响业务运行的内部因素。这部分分析通常包括对企业销售额、毛利率、运营费用等关键业务指标的评估。同时，业务性能分析也会根据企业的业务类型和行业特点，关注特定的业务关键绩效指标（KPI），如客户获取成本、用户生命周期价值、存货周转率等。

经济环境分析是对企业外部环境的探讨，这部分分析帮助企业理解并应对外部市场环境的变化。这包括对宏观经济指标的解读，如 GDP 增长率、通货膨胀率、失业率等；行业趋势的研究，如行业生命周期、市场份额、竞争态势等；以及其他可能影响企业运营的因素，如政策法规变化、科技进步、社会文化变迁等。

企业风险分析是对企业面临的各种风险进行深度挖掘和评估。这部分分析主要关注企业内外部可能的风险源，以及这些风险对企业的可能影响。风险类型可能包括财务风险、运营风险、市场风险、法律风险等。通过风险分析，企业可以更好地理解和预测可能的风险，制定相应的风险管理和应对策略，从而降低风险对企业运营的负面影响。

数字化财务管理报告通过以上四个部分内容，为企业决策者和其他利益相关者提供全面、深入、实时的财务信息和分析，帮助他们更好地理解和评估企业的运营状况，为决策提供有效的信息支持。

四、数字化财务管理报告的实施流程

数字化财务管理报告的实施包括五个关键步骤：确定报告目标、收集和整理数据、设计和编写报告、发布和传播报告、评估和改进报告。

确定报告目标是实施流程的起点，决定了报告的方向和重点。这个阶段要明确报告的主要接收者是谁（如高层管理者、投资者、债权人等），他们关心的信息是什么，以及报告希望达成的目标是什么（如传递企业运营信息、支持决策、增强透明度等）。明确的报告目标有助于确定后续的数据收集和报告设计。

收集和整理数据是制作报告的基础，需要确保数据的准确性和完整性。数据的来源可能包括企业内部的财务系统、业务系统等，也可能来自外部的市场研究报告、公开的经济数据等。数据的收集需要考虑数据的质量、时效性、完整性、一致性等。数据的整理则需要将收集到的原始数据转化为可供分析和展示的格式。

设计和编写报告是报告实施的核心阶段，此阶段须将深入分析和整理后的数据信息融入财务报告中。报告内容的编制，取决于报告目标与接收者需求，意图以清晰、准确的方式传达企业的财务状况和运营结果。报告的形式可以采用文字、表格、图表等多种方式来呈现，不同的展示方式可以突出不同的信息点。文字描述可以清晰直接地传达信息，表格可以明确地展示数据比较，图表（如柱状图、饼图、折线图等）可以直观地显示数据趋势和结构。因此，报告形式应根据所要强调的信息点，灵活选用不同的展示方式，使接收者更易理解和接受。

发布和传播报告是将报告推向接收者的过程。报告发布的方式需要考虑报告的保密性和接收者的便利性。例如，对内部管理者的报告，可以通过内部网络进行发布；对投资者和公众的报告，可以通过企业网站、电子邮件、社交媒体等渠道进行发布。报告的传播需要考虑接收者的阅读习惯和接收方式，以提高报告的接收率和阅读率。

评估和改进报告是实施流程的闭环，通过对报告的评估和反馈来改进报告的质量和效果。评估可以从报告的内容、形式、影响等方面进行，可以通过问卷调查、面谈、数据分析等方式获取反馈。改进则需要根据反馈调整报告的目标、内容、形式等，以提高报告的效果和满意度。

以上的实施流程不是一次性的任务，而是一个持续的过程。企业需要根据内外部环境的变化和接收者的反馈，不断地调整和优化报告的目标、数据、内容、形式等，以实现报告的持续改进和提升。

五、数字化财务管理报告实施的保障措施

数字化财务管理报告的顺利实施需要有一定的保障措施，主要包含四个方面，具体如图 4-6 所示。

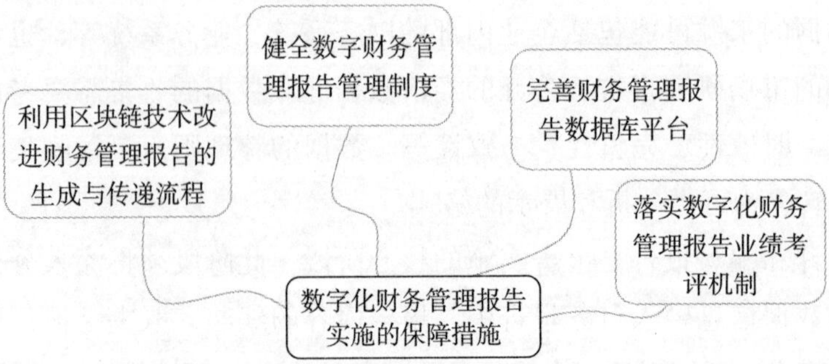

图 4-6　数字化财务管理报告实施的保障措施

（一）利用区块链技术改进财务管理报告的生成与传递流程

1. 区块链及其主要特点

区块链是一种分布式数据库技术，最初是作为比特币的底层技术而被设计出来的。简单来说，区块链是由一个个包含交易信息的数据块按照时间顺序链式连接起来的技术。[①] 每一个数据块（区块）都包含一定数量的交易信息，并以加密的形式记录到区块链上。一旦信息被记录到区块链上，就几乎无法被修改或删除。区块链具有以下几个特点。

（1）“去中心化”。传统的中心化系统通常由一些特定的中心实体控制和管理，而区块链则是一个“去中心化”的网络，没有中心化的控制机构。区块链网络由多个节点组成，每个节点都有权参与数据验证和交易处理。“去中心化”使区块链系统具有更高的“鲁棒性”和抗攻击性，因为没有单点故障，也没有单一的攻击目标。

（2）高度的信任机制。区块链通过密码学技术和共识算法确保了高度的信任机制。每个交易都被记录在一个称为区块的数据结构中，并通过加密和哈希算法链接到前一个区块。这种链式结构使任何对数据进行篡改或伪造的尝试都会被其他节点检测到。因此，区块链中的数据是具有高度可信度的，无须依赖中心化的机构或第三方的审计。

（3）可追溯性。区块链中的所有交易和数据都被永久记录在区块链上，形成了一个不可篡改的历史记录。这种特性使区块链具有高度的可追溯性。任何人都可以查看和验证区块链上的交易历史，而且一旦数据被写入区块链，就无法进行删除或修改。这为金融、物流、供应链等领域提供了更好的透明度和可信度，防止了潜在的欺诈行为。

（4）共识机制。区块链通过共识机制来解决节点之间的数据一致性问题。共识机制是指在分布式网络中，各个节点通过算法达成一致的规则和决策。常见的共识机制包括工作量证明（Proof-of-Work，PoW）、权益证明（Proof-of-Stake，PoS）、权威证明（Proof-of-Authority，PoA）

① 李瑞．数字经济建设与发展研究[M]．北京：中国原子能出版传媒有限公司，2022：156.

等。通过共识机制，区块链网络中的节点能够就交易的有效性达成共识，并确保数据在网络中同步和一致，从而保证整个系统的安全性和可靠性。

2. 改进方法

区块链采用P2P网络广播技术，需要网络的参与者具有一定的计算能力、储存能力以及网络中具有足够多的认证节点。在企业内部，企业所有的业务都将纳入区块链网络中，所有的部门也将通过区块链联结在一起，实现信息互通互享。这种方式打破了传统企业中各部门互相独立的情形，提高了部门之间信息沟通效率以及协同效率。在企业区块链中，财务数据分布储存于区块链运行体系中，并不由各个部门中心单独储存，根据权限分配，所有部门都可以通过授权访问区块链上的数据，这样大大降低了信息不对称和不完全带来的风险，确保区块链上信息真实、可靠以及可追溯。

（1）物理层。该层主要负责收集财务管理报告所需的信息。在大数据背景下，企业数据呈现出源头多元、种类复杂以及大容量的特点。传统的财务管理报告体系，企业财务管理报告信息主要来自企业内部，且大部分为结构化数据，对非结构化以及企业外部丰富信息的应用并不深入。区块链技术的出现，为企业数据的获取提供了极大的便利：一方面，区块链分布式账本的特性，使企业能够全面应用内外部的财务信息和业务信息，包括业务订单信息、合同履行情况信息、销售团队变动、生产进度表等，这些业务信息的记载主要涉及合同签署流程以及合同执行情况。伴随业务信息并涉及资金流动的财务信息，主要包括生产成本信息、收入信息、采购信息等；另一方面，区块链技术使企业能够充分利用非结构性数据和半结构化数据，这些数据在区块链中注册后广播，然后分布式存储在区块链中。

（2）定义层。定义层的作用是把物理层的多样财务信息通过区块链技术语言进行转化，这些转化涉及的因素包括区块链的结构、数字签名、时间戳、哈希算法、共识机制以及非对称加密等元素。转化完成后，定义层会把这些信息统一地导入区块链系统中，将公司的各类信息进行标准化，使公司各类信息都能在区块链结构中得以表现。通过区块链定义模式，数据的标准化得以实现，极大地提高了各个部门之间信息传递、交流的效率，以及数据处理的效率。这种模式促成了信息的全网共享和按需索取，同时推动了财务信息与其他部门信息的深度融合。

（3）网络层。网络层接收并利用 P2P 网络将来自前两个层面的信息进行全网传播。在全网传播过程中，区块链上的各个节点对传播的信息进行校验，保证了信息传递的真实性和可靠性。例如，在业务信息生成后，该信息会在全网广播。多数信息，如客户信息、供应商信息、竞争对手信息等，已经在特定节点上进行了分布式记账，因此后续过程中无须收集信息，而是直接进行信息的验证。那些经过验证的信息会形成新的区块，进入协同层面进行分类并储存。

（4）协同层。协同层的主要职责是存储和管理区块链上经过验证的数据。在前三个层面的操作后，公司的财务数据已经经历了收集、区块链处理以及全网认证的过程。这一系列过程极大地确保了信息的真实性和可靠性。然而，由于公司部门众多、业务复杂以及信息来源的多样性，区块链会通过运用聚类分析、决策树分析、时间序列分析等手段，将数据进行分类，从而为财务管理报告的生成提供必要的前提条件。这些信息主要分为经营战略类、经营预算类、经营规划类、经营策划类以及业绩考核类。

（5）应用层。基于协同层对数据的处理和分类，应用层能够形成多维度的财务管理报告体系。得益于区块链技术的支持，这个财务管理报告体系显示出极大的适应性，体现在没有固定的报告格式和报告生成时间。根据决策者的需求和时间要求，结合智能合约技术，可以生成不同领域的财务管理报告，为经营决策提供支持。这种方式的财务管理报告生成提升了财务信息的相关性，从而增强了财务信息在决策支持和价值创造方面的功能。举例来说，如果管理者希望了解企业的成本信息，他们可以设定智能合约的条件，系统会自动调用区块链上的数据，实时生成包含成本动因分析、成本归集与分配、成本投入等多维度的成本分析报告。如果管理者需要了解预算相关的信息，系统可以生成包括收入预算报告、成本预算报告、费用预算报告等内容的预算财务管理报告。

（二）健全数字财务管理报告管理制度

在推动数字化财务管理报告实施的过程中，健全财务管理报告管理制度是一项至关重要的任务。新的制度需要在满足现有财务管理要求的同时，适应数字化环境下的特殊需求。

健全财务管理报告制度的基础是明确财务报告的准备和发布的责任主体。在数字化环境下，财务报告的编制过程可能涉及数据分析师、IT专员等新的角色，管理制度需要明确这些角色的责任和权力。例如，数据分析师可能需要负责分析财务数据，提出财务指标，IT专员可能需要负责维护财务报告平台的稳定运行。这些角色的权责需要在制度中明确，以确保财务报告的编制过程有效运行。

在健全财务管理报告管理制度的过程中，应注重制度的灵活性和适应性。随着科技的发展，数字化技术会不断进步，新的数据处理和分析工具可能会出现。管理制度需要具有一定的灵活性，能够适应这些变化，确保财务报告的编制过程能够充分利用最新的技术。例如，制度可能需要允许使用新的数据处理工具，只要这些工具能够满足数据安全和准确性的要求。

同时，管理制度需要规定财务报告的数据安全和准确性的标准。在数字化环境下，数据安全和准确性是财务报告质量的关键。管理制度需要明确数据的收集、处理和存储的规定，确保数据的安全和准确。例如，制度可能需要规定定期对数据的准确性进行审核，对数据的收集和处理过程进行监督。

管理制度需要配套一套完整的监督和执行机制。财务报告的编制过程涉及多个部门和角色，管理制度需要明确监督和执行的责任主体，以确保制度的执行。例如，管理制度可能需要规定内部审计部门负责监督财务报告的编制过程，确保各个部门和角色遵守制度。

（三）完善财务管理报告数据库平台

一个优秀的财务管理报告数据库平台需要具备良好的用户体验，便于财务人员快速而准确地输入和获取数据。平台需要有直观的用户界面和操作逻辑，让财务人员能够轻松掌握并高效使用。不仅如此，平台还需要提供便捷的数据查询和报告生成功能，让财务人员能够快速制作财务报告，满足管理者的决策需求。

为了适应复杂多变的业务环境，财务管理报告数据库平台需要具有良好的扩展性和兼容性。平台需要能够容易添加新的数据源和数据类型，以应对不断出现的新的财务数据和分析需求。

最后，财务管理报告数据库平台的维护和更新是不容忽视的问题。平台需要定期进行维护和更新，以修复可能存在的问题，提高平台的性能，以及增加新的功能。这需要有专门的技术团队来负责，以确保平台的稳定运行。

（四）落实数字化财务管理报告业绩考评机制

落实数字化财务管理报告业绩考评机制是在企业中提高财务报告质量的重要手段。有效的业绩考评机制不仅能提升财务报告的准确性和有效性，同时也能提高企业的整体财务管理效率。

在实施业绩考评机制时，需要注意公平性和透明性的原则。公平性要求所有相关的财务人员都要接受同样的评价，不论他们的职位和地位。这样可以避免偏见和不公，提高评价的有效性。透明性则要求评价的结果和过程都要公开透明，让所有人都能理解评价的标准和结果。这样可以提高评价的接受度，并鼓励大家共同努力提高财务报告的质量。

落实业绩考评机制的过程中，要充分考虑到人的因素。人是财务报告制作过程中的关键因素，所以需要通过考评机制来引导和激励他们提高工作效率和质量。比如，可以设定一些激励措施，如奖金、晋升等，以奖励那些在财务报告工作中表现优秀的员工。同时，也可以设定一些惩罚机制，如降级、停薪等，以惩罚那些在工作中疏忽大意或故意造假的员工。这样，通过“软”和“硬”手段，可以更好地驱使员工提高工作质量。

考评机制需要不断反馈和调整。在实践过程中，可能会发现一些问题和“短板”，需要通过调整考评标准和方法来修正。这需要建立一个反馈机制，收集员工和管理者的意见和建议，及时发现和解决问题。这样，考评机制才能持续改进，更好地服务于企业的财务管理。

第五章　企业财务数据治理体系建设

随着信息技术的快速发展和大数据时代的来临，企业财务管理正在逐渐向财务数据治理转变。企业不仅需要有效管理财务数据，还需要建立完善的财务数据治理体系，以实现数据的标准化、质量控制、安全保护等，进一步提升财务工作的效率和质量。在这个过程中，财务数据治理平台的规划和建设是关键环节，它为实现财务数据治理提供了必要的技术支持。

第一节　从财务管理到财务治理

一、财务治理的概念

财务治理是指以财务关系为逻辑线索，通过财权的合理配置，形成有效的财务激励和约束机制，协调股东、债权人和经营者之间的财务冲突和矛盾，建立合理的利益制衡机制，提高治理效率的一系列财务制度安排。

财务治理这一概念，可以从以下两个方面进行理解。

（一）财务治理被视为企业财务权力配置的一系列制度安排

从制度安排的角度来看，财务治理旨在进行一系列的制度安排以节约成本，确保在制度规定范围内允许各自利益最大化。这是一种契约安排，因为经济人的有限理性和对自身利益最大化的追求可能导致的机会主义倾向，契约的事先安排和事后监督执行都有成本。此外，财务治理问题源于所有权和经营权的分离，涉及委托代理关系和代理成本等问题。在所有权和经营权相分离的条件下，股东作为出资人，为了保证其利益目标的实现，必然会参与企业管理与监督。经营者行使上市企业的法人权力和直接经营权，必须全面且直接地参与对企业重大财务事项的决策和管理，从而在实质上形成了以经营者为财务治理主体的经营者财务治理的层次。这两个层次的企业财务治理，体现了所有者财务和经营者财务是不同的利益主体，其财务目标不同，权力与责任也不同。这一角度的财务治理是对责、权、利的配置。

（二）财务治理是规范各权利主体之间财务关系的行为规范

从行为规范的角度来看，财务治理主要致力于解决股东、债权人、经营者之间的财务冲突和矛盾。在企业治理中，这些冲突和矛盾具体表现为企业财务目标的确立、企业控制权与索取权的配置以及对控股股东、小股东、债权人等企业财务关系的处理。只有正确处理这三者之间的关系，才能恰当协调财务委托人和财务代理人的利益矛盾，充分调动上市企业内部各权利主体的积极性，从制度上保证企业财务活动的正常进行，促进企业财务目标的实现。

二、财务治理的理论基础

（一）公司治理理论

企业的财务治理是建立在一定的公司治理基础上的，公司治理理论自然就成为财务治理的基础理论，公司治理理论的出现和发展是财务治理理论产生和发展的前提。公司治理不仅研究公司治理结构中所有者对经营者的监督与制衡作用，也强调如何通过公司治理结构和机制来保证公司决策的有效性和科学性，从而保护公司各方利益相关者的利益。

财务治理作为公司治理的一部分，在研究思路、研究方法等方面，必然要遵守、借鉴公司治理理论。可以说，公司治理理论对财务治理理论的引领和指导是最为直接、最为重要的。同时，由于财务治理是公司治理的核心，财务治理理论的不断充实、发展也必将促进公司治理理论的不断拓展、完善。

公司治理理论中有代表性的是委托—代理理论和利益相关者理论，这是财务治理理论中激励约束机制及共同治理、相机治理等理论的基础。公司治理理论对财务治理理论的指引是全方位的，有公司治理的本质含义，可以认识到财务治理的深层内涵：财务治理不仅是一套组织模式、一种制度安排，同时也是一套决策程序、一种激励约束机制；财务治理不仅指内部治理（资本结构安排、代理机制等），而且包含外部治理（债权人、政府、供应商等参与治理）；财务治理是对企业财务资源的全面整合，是一种能够增进企业财务决策科学性、有效性的共同治理。

（二）企业契约理论

企业契约理论也是财务治理理论的重要基础，它旨在解决由于经济人的有限理性和对自身利益最大化的追求可能导致的机会主义倾向，以及契约的事前安排和事后监督执行都有成本。契约理论强调，通过一系列制度安排，可以节约成本，确保在制度规定范围内准许各自利益最大化。

在财务治理中，企业契约理论关注的是如何通过契约和约定来规定和约束各方的行为，以解决财务决策中可能出现的问题。这些问题可能源于不完全信息、风险分配不均、矛盾冲突等情况。通过契约的方式，将这些风险和问题明确规定，使企业的财务决策和财务行为更加清晰、透明和有序。

企业契约理论对财务治理的影响也是深远的。首先，它为企业财务治理提供了理论基础，使财务决策不再是简单的权衡和选择，而是根据契约和约定来进行。其次，契约理论也改变了财务决策的视角，将其从单纯的经济决策，提升到了法律和制度层面。这使企业在面对复杂和多变的市场环境时，可以依据已有的契约和约定，更好地进行财务决策。最后，企业契约理论强调的是公平、公正和公开。它主张通过契约来规定和约束各方的权利和义务，保证各方的利益不会被损害。这一点对于财务治理来说，意义重大。因为在财务治理过程中，公平、公正和公开是非常重要的，这不仅可以保证各方的利益，也有助于提高企业的声誉和市场地位。

（三）本金理论

本金理论指出，企业的本金拥有者，即投资者，对企业的控制权并不完全。这是由于在现代公司制度下，所有权与控制权的分离使投资者往往不能直接参与企业的日常经营与管理。在这种情况下，投资者通过财务报告获取企业的经营状况，监督经营者的行为，保护自身的权益。

本金理论着重研究投资者如何通过财务治理来保护自身利益，避免或减少由于信息不对称导致的代理问题。这种理论关注的焦点是：如何通过有效的财务制度设计，包括财务报告制度、审计制度、内部控制制度等，以达到公平、公正的财务信息披露，保障投资者的权益。

在财务治理中，本金理论对理解和解决股东与经营者之间的利益冲突，以及其他相关财务问题具有重要价值。它强调通过有效的财务制度设计和制度保障，提高企业财务信息的质量和可信度，以达到保护投资者利益，促进企业健康发展的目标。

（四）财权流理论

财权流理论着眼于企业内部财权的流动与转换，是对企业财务治理理论的深化和发展，不仅具有丰富的理论内涵，同时在企业财务治理实践中有着极其重要的指导价值。

财权流理论强调，企业内部财权的流动并非孤立的、无规则的现象，而是遵循一定的路径和规则。这些路径和规则是由企业的财务决策结构、财务制度设计以及外部市场环境等多方面因素共同决定的。这种流动性和变动性表明，企业的财权结构并非一成不变，而是处在一种动态的、不断变化和调整的状态中。企业的财权不仅在空间上有流动，也在时间上有流动。空间上的流动主要体现在财权的所有者之间，而时间上的流动则体现在财权在不同时间段的所有者之间。这种跨时空的财权流动，使企业财务治理的问题变得更加复杂，同时也为解决这些问题提供了新的视角和方法。

财权流理论还揭示了财权流动的深层机制，那就是财权的流动与转换是由企业内部各利益相关者的经济行为所驱动的。这些经济行为不仅取决于利益相关者的经济利益，同时也受到企业财务制度、法律法规以及社会风险等多种因素的影响。这为人们理解和掌握财权流动的规律，设计和改进企业的财务治理机制提供了重要的理论指导。

根据财权流理论，企业应当积极引导和规范财权的流动，优化财权的配置，使其更好地服务于企业的长期发展。为此，企业可以通过完善财权的分配与转移机制，改进财务决策的透明度和公正性，以及优化财务报告和审计制度等方式，来促进财权的合理流动，提高企业财务治理的效率。

（五）财务分层理论

财务分层理论主要在于研究企业财务管理的分层结构和运作机制，即研究在企业内部，如何根据管理层次和决策权限的不同，将企业财务管理任务进行适当的分层和划分。这一理论的主要目的是寻找最有效、最合理的财务管理结构，以达到优化资源配置、提高决策效率、减少内部冲突和改进企业绩效的目标。[①]

财务分层理论强调，在复杂的企业组织体系中，各个层次的管理者对企业财务的影响力和决策权是不同的。高层管理者通常对企业全局性、战略性的财务决策具有决定权，如企业的总体投资、融资策略，以及企业重大的资本运作等。而中层和基层管理者则主要负责企业具体业务领域内的财务管理工作，如部门预算的编制和控制，以及业务运营的日常财务管理等。这种按管理层次和决策权限进行的财务分层，有助于确保企业财务决策的高效进行，避免决策层级混乱和权限不明的问题。

① 李红梅．村级财务管理体制问题研究[M]．长春：吉林大学出版社，2009：44.

财务分层理论按照企业权力结构把企业财务分为不同的层次，扩大了企业财务的外延，深化了对企业财务治理的认识，对财务治理理论发展和我国公司财务治理结构的完善都影响深远。在财务分层理论中，有关财权分层次配置的论述，是企业财务分层治理、财务治理权分层配置的理论基础。财务分层理论确立经营者财务处于财务管理的核心地位，为财务治理理论明确了研究的重点，也为企业找到了治理的重心，即财务治理首先应重点处理好企业内部经营者财务治理，解决好该层次中财务激励约束机制设计等一系列治理问题。

三、财务治理与财务管理

（一）财务治理与财务管理的联系

财务治理与财务管理的联系主要表现在以下两个方面。

1. 体系的统一性

这一点不仅体现在它们都属于企业财务活动的范畴，共同构成了完整的财务体系，同时，这两者也是相互依存、互相影响的。财务治理主导企业的整体财务战略和财务制度建设，而财务管理是根据这些战略和制度，进行具体的财务操作和决策。换句话说，财务治理决定了企业的财务大方向，财务管理则是在这个方向下开展的日常管理活动。它们像两个轮子，推动着企业财务的车轮前进，缺一不可。

2. 作用的互补性

财务治理主要是从宏观层面对企业财务进行管理和协调，它设定了整个企业的财务治理框架和制度，对企业的财务战略、政策、程序等进行统一的规划和设计。而财务管理则是在这个既定的财务治理框架下，对企业的具体财务活动进行操作和控制，主要涉及企业的筹资、投资、盈利和风险管理等方面。可以说，财务治理是制定战略，而财务管理则是执行战略，它们在企业财务管理中的作用是互补的。

（二）财务治理与财务管理的区别

1.侧重点不同

财务治理以财权为治理对象，具有一种广泛性和全局性。它旨在确立一套全面有效的治理结构，对企业内的各个利益相关者——包括股东、管理层、员工、债权人、供应商、客户以及社会等——进行有序的制度安排。这种制度安排主要通过财务契约来实现，借助激励与约束机制来达到维护利益相关者根本利益的目的。它关注的是企业的长远发展，试图解决如何通过良好的治理来实现财富的持续创造。这种从宏观角度出发的审视，使财务治理在某种程度上形成了公司治理的重要组成部分。

与财务治理相比，财务管理的视角则更加具体和实操。它主要关注如何在日常经营活动中进行有效的财务控制，以实现财富的创造和积累。财务管理的任务包括但不限于财务计划制订、预算控制、成本控制、资产管理、投资决策、筹资决策等。在这个层面，财务管理更多的是依赖于财务专业知识和技能，它需要对财务数据进行精细的分析和把握，以提供对企业经营状况的准确评估和预测。

2.具体目标的差异

财务治理注重的是从宏观层面构建和优化财务制度安排，以实现企业财务的全局管理和控制，其终极目标是确保企业财富创造的可持续性和各利益相关者的利益均衡。而财务管理则着眼于微观层面的财务决策和操作，其目标是通过日常的财务管理活动，实现企业的财富最大化和财务健康。

3.权力特征的差异

从价值角度看，财务管理是对资金流向、流量和流速的合理协调与控制。从权力角度看，财务治理是对财务控制权与剩余索取权的对称性安排，其中，财务控制权具体包括财务决策权、财务执行权和财务监督权。所以，财务治理的规范即财务治理权的合理配置是首要的和根本的。而财务管理是在财权配置的基础上，对相应的筹资权、投资权和收益权等财权的运营权。

四、财务治理的必要性

财务治理之所以非常重要，是因为需要解决现代企业的下列问题。

（一）两权分离问题

两权分离问题在现代企业中是一个无法避免的问题。在一般的公司结构中，所有权和控制权存在明显的分离，即股东作为所有者拥有公司的所有权，但公司的日常运营和决策权则被交由经理人，即控制权。这就产生了所谓的两权分离问题。这个问题的存在，主要是由于现代企业规模的扩大，特别是股份制公司的出现，股东数量众多，很难参与公司的日常管理。这种分离不仅可能导致管理层滥用职权，而且可能引发内部人控制问题，对公司的运营造成严重影响。

面对两权分离的问题，财务治理的重要性便显现出来。财务治理主要是通过制度设计和机制建设，强化对企业内部人的约束和激励，以确保管理者的行为符合所有者的利益。首先，通过设立有效的财务监控机制，如审计委员会、内部审计等，可以定期对企业的财务情况进行审查，检查管理层是否滥用财务资源，或者是否存在财务舞弊的行为。其次，财务治理也会通过激励机制，如股权激励、期权激励等，将管理者的利益与股东的利益紧密绑定，使管理者在追求自身利益的同时，也最大化股东的利益。此外，财务治理还会通过相关的财务政策和规定，加强对企业财务的规范管理，防止企业财务出现偏离，确保企业的持续健康发展。

（二）委托—代理问题

从法律上看，股东与董事会之间、董事会与总经理之间、不同层级经理之间均形成了委托—代理关系：股东授权董事会经营企业：董事会授权总经理管理企业日常经营事务；总经理授权下级经理管理企业具体事务。由于委托方和代理方有着各自不同的利益目标，且双方“信息不对称”，委托—代理契约必然存在不完备和不对等的问题，存在代理人在其经营企业的过程中滥用职权，以自身利益最大化为目标配置公司资源的可能性。委托方因此希望设计一种体制，使代理方在该体制的制约下努力工作，确保受托责任的完成。财务治理就是在各委托方和受托方之间建立起一种相互约束、相互制衡的管理体制。

（三）财务关系协调问题

财务关系协调问题主要涉及企业中各方利益主体之间的权益分配和协调。现代企业中涉及的各方利益主体包括股东、债权人、员工、管理层、供应商、客户、政府等。这些主体的财务利益往往是相互关联、相互影响的。比如，股东期待公司的盈利和股票升值，债权人期待公司的稳定运营和按时偿还债务，员工期待公司的稳定发展和合理的工资待遇，供应商和客户期待公司的信誉和持续性，政府期待公司的合规经营和税收贡献。这些利益主体的需求和期望并不总是一致的，甚至有时可能相互冲突。这就需要通过财务治理来进行有效的协调。

财务治理在解决财务关系协调问题上的作用主要体现在以下几个方面：一是财务治理通过设计合理的权益分配制度，来平衡各方利益主体的权益。这需要在满足各方最基本的权益需求的前提下，通过协商、谈判等方式，确定各方的权益分配，以实现公平、合理的权益分配。二是财务治理通过设计合理的决策制度，来协调各方的决策需求。这需要确保各方在决策过程中的权益，避免任何一方的决策权益被忽视或剥夺。三是财务治理通过设计合理的信息披露制度，来减少各方的信息不对称。这需要确保各方都能获取足够、准确的信息，从而使各方能在完全知情的情况下进行决策。

五、财务治理的原则

财务治理原则是通过一系列制度来谋求建立一套具体的公司财务运作机制，保证股东、债权人、职工、社区等利害相关者利益，防止任何利益层失去制衡而危及其他利益相关者的行为，促进公司的健康发展。财务治理的原则如图 5-1 所示。

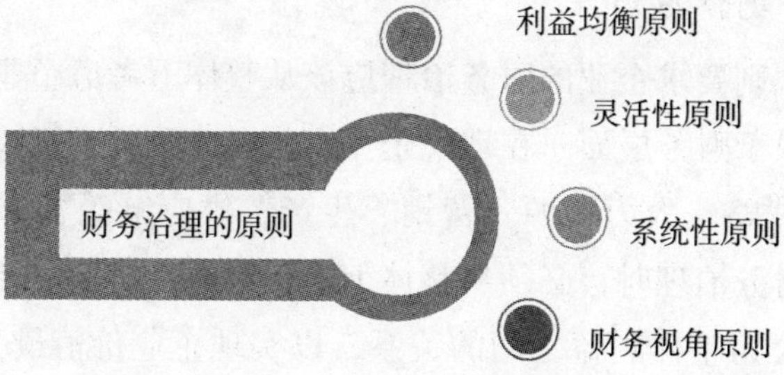

图 5-1 财务治理的原则

（一）利益均衡原则

利益均衡原则强调在企业的各利害关系人中间形成一种平衡的财务治理结构。在企业中，不同的利害关系人有各自不同的经济利益需求，如股东期待公司的价值增长，债权人期待企业的稳定偿债，员工期待获得稳定和公正的报酬，供应商期待企业的信誉和持续的商业关系，消费者期待高质量的产品或服务等。这些不同的利害关系人的经济利益需求在某些时候可能存在冲突。利益均衡原则要求企业在面对这些利益冲突时，必须采取适当的财务治理措施，以保持各利害关系人之间的利益均衡。这种利益均衡不仅包括短期的利益均衡，更要考虑到长期的利益均衡。通过这种方式，可以实现企业的可持续发展，提高企业的经济效益。

（二）灵活性原则

因为每一个企业都有其自身的特性和环境，比如企业的行业属性、经营模式、企业规模、市场环境等因素，都会对企业的财务治理产生影响。因此，企业在进行财务治理时，不能“一刀切”，不能生搬硬套，而是需要根据企业自身的实际情况和外部环境进行灵活的调整和适应。比如，对于创新型的科技企业，可能需要更加重视激励机制的设计，以激发员工的创新精神；而对于成熟稳定的制造业企业，可能需要更加重视资本结构的优化，以降低企业的财务风险。只有这样，企业的财务治理才能真正符合企业的实际需要，从而实现企业的价值最大化。

（三）系统性原则

系统性原则要求企业的财务治理应该从整体上考虑企业的各个方面，而不仅仅局限于财务层面。在现代企业中，财务治理不仅涉及财务管理，还涉及企业战略、人力资源、营销、生产、供应链等各个方面。因此，企业在进行财务治理时，必须从整体上进行考虑，协调好各个部门之间、个人利益与公司整体利益之间的关系，以实现企业价值最大化。这需要企业在财务治理中，不仅要考虑财务数据的精准，还要考虑企业的整体运营，以及企业与外部环境的互动。

（四）财务视角原则

财务是企业运营的核心，是企业的经济活动的反映。因此，企业的财务治理应该以财务的视角为主，通过设计合理的会计制度、建立健全的财务报告系统、优化财务决策过程等方式，来实现企业的价值增长。同时，财务视角也要求企业在进行财务治理时，要关注企业的经济效益，关注企业的投资回报，关注企业的风险管理，以实现企业的财务健康。

第二节　财务数据治理体系的内容

财务治理关键的一环在于财务数据治理，财务部门是企业的“数据中枢”，汇聚了企业从业务前端到财务管理后端的大量数据。完善财务数据治理体系对财务管理数字化转型具有重要意义。

一、财务数据治理目标体系

（一）确保财务数据的准确性和可靠性

确保财务数据的准确性和可靠性是财务数据治理的关键目标。准确的财务数据能够提供真实可信的财务信息，帮助企业决策和管理，维护市场的公平和透明，并得到投资者和监管机构的信任。为实现这一目标，企业需要建立健全的内部控制制度，加强财务人员的培训和教育，并利用先进的信息技术手段来提升财务数据的准确性和可靠性。

（二）保护财务数据的机密性和完整性

保护财务数据的机密性和完整性对于企业的稳健运营和声誉维护至关重要。企业需要建立严格的访问控制机制，保护财务数据的机密性；同时，建立数据校验和验证机制，确保财务数据的完整性和可信度。此外，加强员工培训和意识提升，制定安全策略和政策，并建立应急响应机制，能够帮助企业有效保护财务数据的安全性和完整性。

（三）提高财务数据的可用性

可用性指的是财务数据能够被用户方便地理解和利用的程度。通过提高财务数据的可用性，企业能够更好地支持决策和分析，进而提升整体运营和管理效果。为了提高财务数据的可用性，首先，企业可以建立清晰、简明的财务报告和信息披露机制，确保财务数据以易于理解和应用的方式展示。其次，企业可以采用标准化的财务数据格式和指标，以便不同部门和利益相关方能够进行比较和分析。最后，还可以通过数据可视化和数据分析工具，将财务数据转化为图表、图像和可交互的形式，能够更直观地展现财务数据的关系和趋势，提升用户对数据的理解和应用能力。

（四）提升财务数据的及时性和一致性

提升财务数据的及时性和一致性对于企业的决策和运营具有重要意义。及时的财务数据能够支持实时决策和监控，帮助企业快速适应市场变化。一致的财务数据能够提高数据的可比性和准确性，增强决策的基础和可信度。为实现这一目标，企业可以采取一系列的措施。一是建立高效的数据采集和处理流程，确保财务数据能够及时准确地进入系统。自动化的数据采集和处理技术可以大大提高数据的效率和准确性。二是建立数据集成和标准化的机制，确保不同系统之间的数据一致性和可比性。这可以通过采用统一的数据标准、接口和规范来实现。

二、财务数据治理标准体系

（一）财务数据治理标准体系的内涵

财务数据治理标准体系的内容丰富，包括国际标准、国家标准、行业标准、企业标准等。这些不同层面的标准各有特色，相互补充，为财务数据治理提供全方位的规范。

国际标准反映了全球视野下财务数据治理的共识和最佳实践，为国家、行业、企业标准提供了重要的参考和借鉴。这些国际标准由专业组织或者联合国等国际机构制定，通常具有广泛的适用性和权威性。国家标准则是在符合国际标准的基础上，结合国情、法律法规以及国内的实践经验制定的，对国内的企业有着直接和强制性的要求。国家标准不仅考虑到全球最佳实践，还重点考虑到国内的具体条件和要求，具有较强的针对性和操作性。行业标准根据不同行业的特点和需求制定，针对性更强。由于不同行业的业务模式、业务流程、风险特点等方面可能存在很大差异，因此行业标准的制定需要深入研究和理解行业特点，从而保证财务数据治理工作的有效性。企业标准则是在以上三层标准的基础上，结合企业自身的实际情况，包括业务模式、组织结构、信息系统等方面进行定制的。企业标准需要考虑到企业内部的数据生态，如何在满足上级标准的同时，使数据治理工作更好地服务于企业的战略目标和业务需求。

财务数据治理标准体系的核心内容为元数据标准、主数据标准、参照数据标准以及数据指标标准等，这些标准不仅规范了财务数据的结构和格式，还规定了数据的生命周期管理、数据质量管理等方面的要求。

元数据标准，也被视为数据的“数据”，用于描述其他数据的数据。它提供了关于数据的重要信息，如数据的来源、所有者、创建日期、数据类型、数据质量等。对于财务数据治理来说，元数据标准提供了关于财务数据如何、何时以及由谁生成的关键信息。它不仅促进了对数据的深入理解，而且提高了数据的可追溯性和透明度，是确保数据质量和一致性的重要工具。

主数据标准关注的是企业核心业务活动中使用的关键业务实体的数据，如客户数据、产品数据、供应商数据、账户数据等。这些数据通常在企业的多个系统和业务流程中共享和复用，因此，需要有一致的定义和格式。主数据标准规定了这些数据的数据模型、数据格式、数据质量要求等，使企业可以在不同的业务流程和系统中共享和复用一致的主数据，从而提高了业务的效率和数据的准确性。

参照数据标准则处理的是那些用于分类或编码的数据，如地区代码、产品分类代码、币种代码等。这类数据通常有固定的取值范围，并且不会经常改变。参照数据标准规定了这些数据的数据模型、数据格式以及取值范围等，确保了数据的一致性和准确性。在财务数据治理中，参照数据标准为财务报告、分析以及决策提供了准确的分类和编码依据。

数据指标标准则是对于企业关键性能指标的数据的规范。这些指标可能涉及企业的各个方面，如财务状况、业务运营、风险管理等。数据指标标准规定了指标的计算方法、数据来源、数据质量要求等，确保了各个指标的准确性和一致性。在财务数据治理中，数据指标标准为财务报告、分析以及决策提供了准确和一致的度量。

（二）企业财务数据治理标准体系的建设

企业财务数据治理标准体系的建设是一项极其重要的工作，其挑战在于必须同时考虑满足当前实际需求与预见未来发展趋势。这意味着标准体系不仅要解决眼前的问题，更要有长远的视野，以便与国家和国际标准接轨，应对未来可能出现的新情况和新问题。

当前实际需求主要涉及企业的业务需求、技术需求以及法规需求。业务需求要求数据标准体系能够支持企业的业务运营和决策。即标准体系需要定义清楚业务数据的数据模型、数据格式以及数据质量要求等，以确保业务数据的准确性和一致性。技术需求则要求数据标准体系能够适应企业的技术架构和技术策略。即标准体系需要考虑数据的存储、处理、共享等技术问题，以便于在技术层面实现数据治理。法规需求则要求数据标准体系能够遵守相关的法律法规，如数据保护法、信息安全法等，以防止企业因违反法规而面临法律风险。

与国家和国际标准接轨则是未来发展的需求，主要涉及标准的普适性、持续性以及开放性。普适性要求企业的数据标准体系能够与国家和国际标准保持一致，从而在全球范围内实现数据的交互和共享。例如，企业需要参考国际标准，如 ISO/IEC 11179（元数据注册标准）等，来定义自己的元数据标准。持续性则要求企业的数据标准体系能够适应未来的发展，包括业务的变化、技术的更新以及法规的修订等。例如，企业需要定期评审和更新数据标准，以确保标准的时效性。开放性则要求企业的数据标准体系能够对外开放，与其他企业或者组织共享标准，从而促进数据的互通和利用。例如，企业可能需要将一部分数据标准公之于众，以便其他企业或者组织参考和使用。

三、财务数据治理制度体系

财务数据治理制度体系包括以下六个方面，具体如图 5-2 所示。

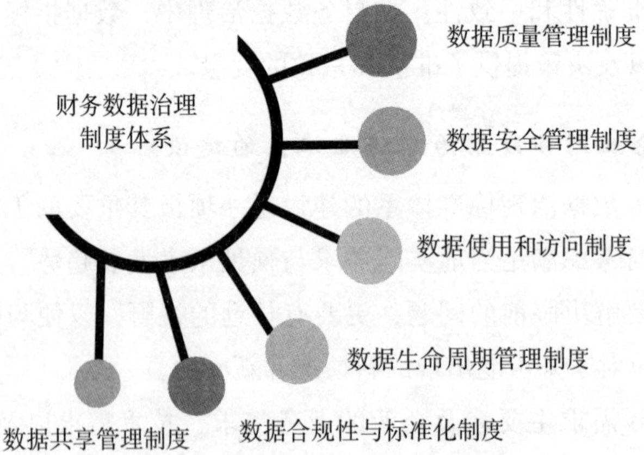

图 5-2　财务数据治理制度体系

（一）数据质量管理制度

数据质量管理制度旨在保证企业财务数据的正确性、完整性、及时性、一致性以及可用性等质量属性。这种制度的实施对于实现准确、透明和有效的财务报告，以及为决策制定提供可靠支持具有关键性作用。

企业数据质量管理制度的建立可以从以下三个方面进行：一是建立明确的数据质量目标，这些目标应以业务需求为导向，并转化为具体、可衡量的数据质量指标。例如，对于某一财务报告中的利润数据，可能需要设定其正确性、及时性和一致性等质量指标。然后，基于这些质量指标，设计和实施相应的数据质量管理活动，如数据清洗、数据校验、数据质量报告等，以确保数据质量目标的达成。二是设定数据质量责任人，通常包括数据所有者、数据管理者以及数据用户等。数据所有者负责制定和监督数据质量政策的执行，数据管理者负责执行数据质量管理活动，而数据用户则需要按照规定的方式使用和维护数据。各种角色的职责应在制度中明确定义，并配以相应的培训和支持，以确保他们能有效地履行职责。三是建立数据质量的持续改进机制。这包括定期对数据质量进行评估和审计，根据评估和审计结果，调整数据质量目标和管理活动。同时，对数据质量问题进行跟踪和解决，以防止同类问题的再次发生。此外，还可以根据业务需求和技术发展的变化，对数据质量管理制度进行定期的评审和更新。

数据质量管理制度的有效实施，需要企业对数据质量的重要性有深入的理解和认同，这通常需要从企业的高层领导开始，形成对数据质量的共识，并将其融入企业的文化和价值观中。同时，需要配合其他财务数据治理制度，如数据安全管理制度、数据使用和访问制度等，共同构建起企业的数据治理体系。

（二）数据安全管理制度

数据安全管理制度专注于保护财务数据不受内部和外部威胁的侵犯，防止数据的泄露、篡改和损坏。该制度的实施对于保证财务数据的安全性、隐私性以及合规性等质量属性有着重要意义。

数据安全管理制度需要在技术和管理两个层面上保护数据安全。在技术层面，应该采取各种安全技术来防止数据的非法访问和攻击，如数据加密、身份认证、访问控制、网络“防火墙”、入侵检测系统等。在管理层面，应该制定和执行各种数据安全政策和程序，规定数据的访问、使用、存储、传输、备份、恢复等活动应如何进行，以及在遇到数据安全事件时应如何响应。

数据安全管理制度还应包含数据安全风险的识别、评估和控制。这包括对数据的分类和分级，确定各类数据的安全等级，识别各类数据面临的威胁和风险；对风险进行评估，确定风险的大小和可能的影响；并基于风险评估的结果，设计和实施相应的风险控制措施，以降低风险到可接受的水平。

（三）数据使用和访问制度

数据使用和访问制度，是财务数据治理的重要环节，旨在规范各层面对数据的访问和使用，以保障数据安全，提高数据质量，以及优化数据应用，从而为企业全面优化和提升财务数据的管理水平和运用效率，为企业战略决策提供有力支持。①

数据使用涉及如何根据企业内部用户的角色、权限、需求等因素，制定恰当的数据使用规则。例如，不同角色的用户可能对数据的需求和使用方式存在差异，数据使用规则需要能够满足这些差异化的需求，同时保证数据的安全性和合规性。对于敏感数据或者重要数据，数据使用规则需要更加严格，可能需要进一步限制数据的使用范围和方式。同时，数据使用需要严格遵守相关法律法规和企业内部的规章制度，任何违反法规或者规章制度的数据使用行为都应被禁止和打击。数据访问更多地关注如何保护数据的安全，防止无授权访问和数据泄露。数据访问应遵循最小权限原则，即用户只能访问完成其工作所需的最少量的数据。例如，对于敏感数据或者重要数据，可能需要限制其访问权限，只有特定角色的用户才能访问。为了实现这一点，企业需要对数据访问权限进行

① 腾讯研究院．网络法论丛（第2卷）[M]. 北京：中国政法大学出版社，2018：142.

细粒度控制，可以通过角色基础的访问控制（RBAC）或者属性基础的访问控制（ABAC）等技术，实现对数据访问的精细管理。

为了确保数据使用和访问的合规性，企业需要建立完善的数据访问和使用监控机制。这包括实时的数据访问和使用监控，以及定期的数据审计。实时的数据访问和使用监控可以及时发现和处理数据使用和访问中的问题，而定期的数据审计则可以发现潜在的数据使用和访问风险，以及评估数据使用和访问的效果。这些措施能够提高数据使用和访问的透明度，提升数据的安全性，同时也有助于优化数据使用和访问的管理，提高数据的价值。

通过设立数据使用和访问制度，企业可以制定清晰的数据访问和使用规则，明确各部门、各职位的数据访问权限和使用限制，提升数据安全性，减少风险。

（四）数据生命周期管理制度

财务数据生命周期管理制度是指在数据的生命周期中，对数据进行持续、系统的管理和控制，包括数据的生成、收集、存储、处理、分发、使用、维护和销毁等环节。此制度的主要目标是实现财务数据的高效利用，保障数据质量和数据安全，同时满足合规性要求。

在数据生成和收集阶段，严格的数据源管理和质量控制机制被引入，以确保数据的准确性和一致性。需要定义数据收集的标准和方法，同时实施有效的质量控制，以减少错误和偏差，提高数据质量。数据存储阶段则需要重点关注数据的安全性和可访问性。为保障数据安全，应对数据进行备份和加密，并设置相应的访问权限，以防止数据丢失或被非法访问。同时，也需确保数据的可访问性，即数据应随时可供合法用户访问和使用。数据处理阶段的主要任务是提取、清洗和整合数据，以满足各种业务需求。此阶段须制定相应的数据处理规则和流程，确保数据的完整性和一致性，同时避免数据的错误处理。在数据分发和使用阶段，要求设定明确的数据分发策略和使用规则，以防止数据的误用。数据维护阶段主要关注数据的更新和修正。需要定期进行数据的审查和清理，及时修正错误，更新过时的数据，以保证数据的准确性和时效性。最后，在数据销毁阶段，需要制定有效的数据销毁策略和方法，以确保数据在其生命周期结束后被安全、彻底地销毁，防止数据的泄露。

财务数据生命周期管理制度是数据治理的重要组成部分，通过全程跟踪和管理数据，确保数据的质量和安全，提高数据的利用效率，为企业决策提供有力支持。同时，合理的数据生命周期管理也能帮助企业节约资源，降低运营成本，提高工作效率。

（五）数据合规性与标准化制度

数据合规性与标准化制度作为财务数据治理的重要组成部分，对于保障企业的数据安全，提高数据质量，优化数据的使用与管理，实现数据价值具有决定性的作用。

数据合规性主要是指企业在数据的收集、使用和管理过程中，必须遵循的一系列法律法规、行业标准和企业内部规章制度。例如，对于财务数据的收集，企业需要遵循相关的数据保护法律法规，确保个人隐私的安全。对于数据的使用，企业需要遵循数据安全法规，防止数据的滥用或非法使用。对于数据的管理，企业则需要遵循企业数据治理的内部规章制度，保证数据治理的规范化和标准化。数据合规性的实施，需要企业在数据治理的全过程中进行持续的监控和审计。一方面，企业需要定期对数据治理的各个环节进行审计，发现并纠正不合规的行为。另一方面，企业需要建立一套完善的数据合规性监控机制，可以实时监控数据治理的全过程，及时发现和处理数据合规性问题。

数据标准化则是指企业在数据治理过程中，需要按照一定的标准进行数据的收集、处理和使用，以保证数据的一致性和可用性。数据标准化可以大大提高数据的质量，提升数据的使用效率，降低数据管理的成本。数据标准化的实施，需要企业制定一套完整的数据标准体系，包括数据定义标准、数据格式标准、数据质量标准、数据安全标准等，并在数据治理的全过程中进行严格的执行。此外，企业还需要对数据标准进行定期的更新和优化，以适应业务需求和技术发展的变化。

（六）数据共享管理制度

数据共享管理制度旨在规范企业内部及与外部合作伙伴的数据共享行为，保证数据共享的安全性，提高数据的利用效率，从而为企业的决策提供支持。

数据共享管理制度须明确设立一份详尽全面的数据共享协议，对数据共享过程中的各个环节，包括数据的采集、存储、处理和传输等，都要作出明确详细的规定。首先，协议需要详细制定数据共享的范围，包括可供共享的数据种类、数据来源，以及数据可以被哪些具备合法资格的单位或个人使用。其次，共享方式的设定，也要规定清楚，是通过直接发送、在线共享平台还是其他方式来实现。再次，数据共享的期限，也就是数据使用者可以使用这些数据的时间长度需要设定，包括数据更新的频率和时间点等。最后，对于责任方面，协议需要明确规定在数据共享过程中各方的权利和义务，如何确保数据的安全性，谁负责解决可能出现的数据质量问题等。此外，对于违约行为，协议需要有明确的处罚条款，包括违约情况的定义、违约方的责任和赔偿方式等。所有这些内容都是为了确保数据共享的透明性和公平性，让所有参与者在清楚自己的权利和义务的同时，确保数据共享过程的公正和公平。

企业应定期评估和优化数据共享管理制度，以适应业务和技术的变化。评估应考虑数据共享的效率、安全性、合规性等因素，根据评估结果进行相应的优化。

四、财务数据治理机制

（一）建立有效的沟通与协商机制

财务数据治理是一个涉及各部门、各层级的复杂系统性工作，而有效的沟通与协商机制是确保整个治理体系顺畅运行的关键。作为一种制度性工具，沟通与协商机制能够协调各方利益，解决潜在的矛盾和冲突，推动财务数据治理工作的顺利开展。特别是在大数据时代，企业数据的爆炸性增长使数据的获取、存储、处理和利用变得越来越复杂，要做好这项工作，各部门之间、上下层之间需要更紧密的合作，而这离不开有效的沟通与协商。

在实际工作中，沟通与协商机制主要体现在以下几个方面：首先，各部门之间需要定期进行沟通交流，分享数据治理的最新进展、面临的问题和可能的解决方案，这样可以提高各部门的工作效率，减少重复工作，提升数据的利用效率。其次，上下层之间也需要进行有效的沟通，上层需要了解基层的实际工作情况，基层需要了解上层的战略目标和期望，通过沟通可以更好地对接需求，提高工作效率。最后，企业还需要和外部相关方进行沟通协商，包括与政府部门、行业协会、其他企业等进行交流，获取最新的行业动态和政策信息，了解他们的需求和期望，这样可以更好地对接外部环境，提高数据的应用价值。

建立有效的沟通与协商机制需要企业做好以下几个方面的工作：第一，明确沟通的目标，包括沟通的内容、方式、时间、频率等，以保证沟通的有效性。第二，建立专门的沟通平台，提供便捷的沟通工具，鼓励员工积极参与沟通，营造开放透明的沟通环境。第三，注重沟通的结果，即时反馈沟通的结果，对有效的建议和意见进行采纳和实施，对不合理的建议和意见给予解释和疏导，以此来提高员工的沟通积极性。第四，加强沟通技巧的培训，提升员工的沟通能力，使得沟通更有效。通过这些方式，企业可以建立起一套有效的沟通与协商机制，从而推动财务数据治理工作的顺利开展。

（二）激励约束机制

作为一种组织管理的重要工具，激励约束机制能够调动人的积极性和创造性，推动财务数据治理工作的高效进行。财务数据治理不仅仅是技术活动，更是管理活动，涉及的内容广泛，包括数据的采集、存储、处理、分析、使用等，所有这些环节都需要人的参与。而如何调动人的积极性，激发人的创造性，使得人能够为财务数据治理工作作出最大的贡献，就需要依靠激励约束机制。

在激励方面，企业可以设立一套完善的激励制度，包括物质激励和精神激励两部分。物质激励主要是通过提供具体的奖励，如提高工资、奖金、晋升机会等，以此来激发员工的工作热情和主动性。精神激励则是通过赞扬、表彰、肯定等方式，满足员工的成就感和自豪感，进一步调动员工的工作积极性。同时，激励制度需要公平、公正、透明，能够让员工感觉到，只要他们努力工作，就能得到应有的回报。这样，员工才会更加积极地参与到财务数据治理工作中，提高工作效率，提升工作质量。

在约束方面，企业需要建立一套有效的监督机制，对财务数据治理过程进行全程监督，确保规章制度的执行。监督机制可以包括内部监督和外部监督两部分。内部监督主要依赖于企业内部的审计、评估等机制，通过定期或不定期的审计、评估，检查各环节的工作情况，发现问题及时进行改正。外部监督则依赖于政府的监管、公众的监督、媒体的曝光等，对企业进行压力，迫使企业规范操作，改正错误。财务，企业还需要设立一套违规处罚机制，对于违反规章制度的行为，要进行严肃处理，给予相应的处罚，以此来警示其他员工，防止类似情况的发生。处罚可以包括警告、罚款、降级、解雇等，需要根据违规行为的严重性来决定。

五、财务数据治理评价体系

财务数据治理评价体系是衡量治理效果、指导未来改进的重要工具。有效的评价体系能够帮助企业了解当前财务数据治理的状况，发现问题，找出改进的方向，从而提高财务数据的质量，提升数据的应用价值。评价体系需要全面，既要考虑财务数据的内部质量，也要考虑数据的使用效果。此外，评价体系需要公正公平，只有这样，才能真实反映出财务数据治理的实际效果，指导企业作出正确的决策。

一个合理的财务数据治理评价体系应包括以下几个方面：数据质量、数据安全性、数据使用效果、治理流程效率等。数据质量包括数据的准确性、完整性、一致性、及时性等，是衡量数据是否可信、是否满足使用需求的关键指标。数据安全性则关注数据是否得到有效保护，是否能防止数据泄露、篡改、丢失等风险。数据使用效果主要看数据是否能够有效支持决策，是否能提高工作效率，是否能创造价值。治理流程效率则关注数据治理过程是否高效，是否能在满足质量要求的同时，尽快完成数据治理任务。这些方面共同构成了财务数据治理评价体系，能全面反映财务数据治理的效果。

第三节　财务数据治理平台的规划与建设

一、财务数据治理平台的设计原则

（一）以业务需求为导向的设计原则

以业务需求为导向的设计原则就是要求财务数据治理平台要以实际业务需求为依据，而不是以技术或其他非业务因素为驱动，以此来保证平台的实用性和效率。

（二）用户友好性原则

用户友好性原则关注的是财务数据治理平台是否易于使用，是否能提供优良的用户体验。这一原则强调平台的设计应易于理解、操作和掌握，使用户可以快速熟练地使用平台进行工作。

在具体设计中，用户友好性原则涵盖了许多方面：一是用户界面设计应简洁清晰，布局合理，各项功能一目了然，用户能快速找到所需的功能或信息。二是操作流程设计应尽量简化，减少用户的操作步骤，提高工作效率。三是平台应提供详细的使用指南和在线帮助，方便用户随时查询和学习。另外，用户友好性原则也包括对用户反馈的快速响应和处理。当用户在使用过程中遇到问题或有新的需求时，平台应能提供有效的支持和解决方案，及时改进和优化功能，以满足用户的实际需求。

只有这样，财务数据治理平台才能真正地为用户带来便利，提高工作效率，赢得用户的满意和信赖。

（三）安全性原则

鉴于财务数据通常包含企业的重要商业信息，如果数据遭到未授权访问、修改或泄露，可能会对企业造成严重的经济损失甚至法律问题。安全性原则要求财务数据治理平台应具备全方位、多层次的安全保护机制，确保财务数据的安全。因此，平台不仅要具备强大的数据保护和隐私保护能力，还要能应对各种安全威胁和攻击，例如恶意软件、网络攻击等。这需要平台具有及时的安全漏洞检测和修复能力，以及强大的抗攻击能力。

（四）系统稳定性原则

系统稳定性原则要求财务数据治理平台应在设计上和现实中都考虑到稳定性的问题，以保证系统能在各种情况下都能提供持续、可靠的服务，支持企业的财务业务。

不稳定的系统可能会导致数据丢失、误导或者无法正常访问，这对于任何企业来说都是无法接受的。系统稳定性原则要求平台在设计时考虑各种可能影响稳定性的因素，如硬件故障、软件错误、网络问题等，为这些情况预设有效的应对策略。例如，平台应有备份和恢复机制，确保在硬件故障或其他意外情况下，数据不会丢失，系统可以快速恢复运行。对于可能出现的软件错误，应有完善的测试和调试流程，确保软件的质量和可靠性。

同时，系统稳定性原则也强调平台应具有良好的性能，能够应对大数据量和高并发的访问需求，保证系统的响应速度和处理能力。这需要优化数据结构和处理算法，合理配置硬件资源，以及使用高效的数据存储和访问技术。

（五）扩展性与可维护性原则

扩展性原则要求平台设计必须具有预见性，考虑到企业未来可能面临的挑战，包括数据量的增长、业务需求的变化、新技术的融合等。在扩展性原则的指导下，平台设计应该采取模块化和微服务化的思想，以便在需要时，可以方便地增加新的功能模块，或者升级现有的模块。同时，平台应能够支持分布式架构和弹性伸缩，当数据量增大或访问压力增大时，能自动调整资源分配，以保持良好的性能。

随着业务的发展和技术的进步，财务数据治理平台也需要进行持续的维护和升级。可维护性原则指出，平台应易于修改、调整和改进，以适应新的业务需求和技术趋势。[①] 这一原则要求平台的设计和代码结构应清晰、模块化，每个模块都有明确的职责，模块之间的接口定义清楚，以便在需要时可以快速地修改或替换模块。平台应提供完善的文档和测试机制，包括设计文档、代码注释、测试用例等，这些都是保证可维护性的重要工具。设计文档和代码注释可以帮助维护人员快速理解系统的结构和逻辑，定位问题；测试用例可以帮助维护人员验证修改的正确性，避免引入新的错误。

（六）共享性原则

共享性原则强调在整个组织中共享和利用财务数据，以最大限度地实现资源的有效利用和价值提升。在这个信息时代，财务数据不仅仅是财务部门的资产，它们是整个组织内所有部门的共享资源，应被广泛地、有效地使用。共享性原则的实施可以消除“数据孤岛”，防止因信息隔离而导致的效率低下和决策失误。在满足安全和隐私要求的前提下，财务数据治理平台应尽可能地使财务数据共享。这样做能够在多个层次上提高整个组织的运作效率和决策质量。例如，营销部门可以利用财务数据来制定更有针对性的销售策略，人力资源部门可以利用财务数据来优化薪酬结构，运营部门可以利用财务数据来改进生产流程。通过共享财务数据，各个部门可以获得更全面的业务视图，从而作出更明智、更具前瞻性的决策。

共享性原则也推动了跨部门的协作和沟通。财务数据共享意味着各

① 孔淑红．MBA管理信息系统精华读本[M]．合肥：安徽人民出版社，2002：212.

部门需要密切合作，协调他们的数据需求和应用。这种合作促进了跨部门的信息流动，使组织内部的沟通和协调更加顺畅。在此背景下，财务数据治理平台不仅是一个数据存储和管理工具，它也是一个推动组织内部协作和整合的强大工具。通过这样的方式，共享性原则促进了组织的整体效率和协同性，提升了企业的竞争力。

（七）开放性原则

开放性原则指的是平台的设计要能够与其他系统和工具进行无缝集成，财务数据涉及多个系统和数据源，如财务管理系统、人力资源系统、供应链系统等。一个开放性的平台设计能够与这些系统进行互联互通，实现数据的自动化抽取、转换和加载。通过与其他系统的互联互通，平台可以实时获取并整合来自不同系统的数据，确保数据的一致性和准确性。这样的设计可以减少人工干预和数据转换的错误，提高数据治理的效率和可靠性。

（八）标准性原则

财务数据治理平台的设计必须遵循标准性原则，确保平台能够支持各种开放的标准，包括系统软件和硬件的标准。这些标准包括当前主流的计算机软硬件标准、国家标准和行业标准。

在系统软件方面，财务数据治理平台的设计应符合当前主流的操作系统、数据库管理系统、开发工具和应用开发平台的标准。例如，平台应能够与常用的操作系统（如 Windows、Linux）和数据库管理系统（如 Oracle、SQL Server）进行集成和兼容。此外，平台应支持常用的开发工具和应用开发平台，以便开发人员能够使用熟悉的工具和平台进行开发和定制化。在硬件方面，财务数据治理平台的设计应符合国家和行业的硬件标准。这包括工作站、服务器、网络等硬件设备。平台应能够在不同硬件环境下正常运行，并能充分利用硬件资源，保证平台的性能和稳定性。

遵循标准性原则的设计能够带来多重好处。首先，它保证了平台的互操作性，使平台能够与其他系统和工具进行无缝集成，实现数据的交换和共享。其次，标准化的设计简化了系统的维护和升级过程，减少了因为不同标准导致的冲突和兼容性问题。最后，遵循国家和行业的标准能够提高平台的安全性和合规性，确保财务数据得到有效的保护和管理。

二、财务数据治理平台的前期规划

（一）了解并分析当前财务数据环境

对于构建财务数据治理平台而言，理解并分析当前财务数据环境是首要的一步。这一阶段是所有规划和实施的基础，它关乎平台的有效性和实用性，而且是数据治理目标制定的前提。无论是对于数据质量、数据集成，还是数据安全性的要求，都需要对当前的财务数据环境有一个清晰全面的认识。

深入了解财务数据环境首先需要对现有的数据源进行全面的梳理，包括了解各个数据源的性质，如它们的数据量、数据更新频率、数据的形式（如结构化数据、半结构化数据、非结构化数据）等。此外，还需要理解这些数据源之间的关联性，比如某个数据源的数据是否依赖于另一个数据源的数据。这种梳理可以帮助理解现有数据环境的复杂性，从而为后续的数据集成和数据清洗等工作提供基础。

此外，财务数据环境的分析还需要对现有的数据处理和管理流程进行审查。这包括了解数据的收集、存储、处理、分析、报告等环节是如何运作的，这些环节中是否存在可以优化的地方，是否有不符合最佳实践的做法。通过这种审查，可以了解现有的数据环境的优点和不足，从而在设计新的数据治理平台时，能够借鉴优点，避免或改正不足。

（二）进行财务数据治理平台需求分析

1. 业务需求分析

业务需求分析不仅包括对当前财务业务流程的深入研究，而且还包括对潜在的未来业务需求的预测。这样做可以确保财务数据治理平台既能满足现有业务的需求，又具备处理未来可能出现的新业务的能力。

2. 数据需求分析

在规划和建设财务数据治理平台时，数据需求分析是核心环节。这一阶段需要分析和确定企业需要处理的数据种类，包括但不限于财务报表数据、财务事务数据、审计数据等。同时，对于每种数据，需要明确其来源、数据的规模、数据的更新频率等细节。

除了数据本身的属性，数据需求分析还涉及数据的使用需求，例如，哪些角色需要访问哪些数据、访问的频率和方式、数据的处理和分析需求等。此外，数据的安全性和隐私保护也是数据需求分析的重要内容。这些需求将直接影响财务数据治理平台的设计和实施，如数据存储、管理、权限控制、数据分析功能等。

3. 技术需求分析

技术需求分析也是财务数据治理平台建设的至关重要的步骤。这需要基于业务需求和数据需求，对技术方案进行选择和规划，包括数据处理技术、数据存储技术、数据分析技术、数据安全技术等。

技术需求分析不仅需要考虑当前的技术环境，还要预测未来可能的技术发展趋势和需求变化，以确保平台的长期有效性和可维护性。例如，考虑是否采用云存储技术，是否需要支持大数据处理，是否需要引入人工智能等先进技术，以及如何进行系统的更新和升级等。另外，还需要关注成本效益，即所选技术方案是否符合企业的财务预算，以及技术投入是否能带来相应的效益。总之，技术需求分析是保证财务数据治理平台科学合理、高效可靠的关键步骤。

4. 用户需求分析

用户需求分析是指理解和确定平台的最终用户群体，以及他们在使用平台时的具体需求。这可能包括财务人员、审计人员、管理人员等，他们对数据的获取、处理、分析和报告等方面可能有不同的需求。

用户需求分析需要重点关注用户的操作习惯、学习能力、任务需求等因素，以提供最符合用户需求的界面设计和功能布局。例如，考虑到财务人员可能需要进行大量数据录入，平台可能需要提供方便、快捷的数据录入工具和功能。对于需要进行复杂数据分析的用户，可能需要提供高级的数据分析工具和可视化功能。此外，用户对于平台性能的需求，例如数据处理速度、系统稳定性等，也是用户需求分析的重要内容。只有当财务数据治理平台能够满足用户的实际需求，提供良好的用户体验，才能真正发挥其应有的价值。

（三）制订财务数据治理平台的项目计划

在理解和分析了当前财务数据环境，并了解了财务数据治理平台的需求之后，接下来的步骤就是制订财务数据治理平台的项目计划。项目计划是任何项目成功的关键因素，包括财务数据治理平台的构建。一个详细、全面的项目计划能够有效地指导项目的实施，并在可能出现问题的地方提供应对策略，从而降低项目的风险，提高项目的成功率。

在项目计划的初步阶段，明确项目的目标和关键里程碑是首要任务。这需要基于前期的需求分析，包括业务需求、数据需求、技术需求和用户需求等，明确财务数据治理平台需要实现的主要功能和性能目标。之后，需要将这些目标细化为具体的任务，包括设计、开发、测试、部署等，为每个任务设定明确的开始和结束时间，形成项目的时间表。项目的时间表不仅要考虑任务的实际工作量，还要预留一定的缓冲时间，以应对可能出现的延误。

接下来，制订项目的资源计划，包括人力资源、物质资源、财务资源等。对于人力资源，需要明确各个任务的负责人，以及所需要的专业技能和经验。对于物质资源，包括硬件设备、软件工具、办公环境等，需要明确需求，并制订采购和配置计划。对于财务资源，需要预估项目的总体费用，并制订合理的预算计划。在资源计划中，还需要考虑可能出现的风险和应对措施，如人员流动、设备故障、资金短缺等。

除此之外，项目计划还需要考虑项目的风险管理。任何项目都存在各种风险，如技术风险、管理风险、财务风险、时间风险等。因此，需要对这些风险进行预测、评估，以及制定相应的应对策略。这不仅可以提前预防可能出现的问题，也可以在问题发生时及时应对，从而减少问题对项目的影响。

三、财务数据治理平台的实施步骤

财务数据治理平台的实施包括三个步骤，具体如图 5-3 所示。

图 5-3　财务数据治理平台的实施步骤

（一）平台设计与开发阶段

平台设计与开发阶段是财务数据治理平台实施过程的关键环节。在这个阶段，项目团队需要根据项目的目标和范围，设计平台的架构、功能和界面，开发平台的代码和数据库，以实现平台的预定功能和提供预期的价值。

平台的设计应基于组织的业务需求、技术环境和数据治理策略。平台的架构应考虑数据的采集、存储、处理、分析和呈现等环节，以及这些环节之间的关系和交互。平台的功能应考虑数据的质量管理、权限管理、版本管理、工作流管理等需求，以满足数据治理的要求。平台的界面应考虑用户的体验和操作习惯，以提升平台的易用性和接受度。

在财务数据治理平台的设计完成后，接下来就是平台的开发阶段。平台的开发应基于设计的结果，使用适当的技术和工具，编写平台的代码，构建平台的数据库。在编写代码时，需要遵循一定的编码规范和程序设计原则，以保证代码的质量和维护性。在构建数据库时，需要考虑数据的结构、索引、安全等因素，以保证数据的有效性、性能和安全性。

（二）平台测试与部署阶段

1. 平台测试阶段

平台测试阶段是为了确保平台的稳定性、性能和安全性，以及平台功能是否符合设计和业务需求。在这个阶段，平台需要经历严格的测试过程，以发现并修复可能存在的各类问题。平台测试主要包括单元测试、集成测试、性能测试、安全测试和用户验收测试。

单元测试通常在开发过程中进行，每完成一个功能或模块后，就对其进行测试，以确保该功能或模块的正常运行。集成测试则是在所有功能或模块开发完成后进行，其目标是确保所有功能和模块能够协同工作，不会因为某个功能或模块的问题导致整个系统出现问题。性能测试是为了验证平台在高负载情况下的运行性能，例如，在大量并发请求的情况下，平台是否还能正常工作。安全测试则是为了确保平台的数据安全和系统安全，防止可能的数据泄露或系统攻击。用户验收测试（UAT）则是一个十分重要的环节，它通过模拟用户的实际操作来验证平台的功能是否满足用户的需求，以及是否存在影响用户体验的问题。通过收集用户的反馈，可以进一步优化平台的功能和用户体验。

2. 平台部署阶段

完成测试后，平台将进入部署阶段。在这个阶段中，平台将被安装和配置在预定的硬件设备上，然后进行各种设置以开始运行。

硬件设备的部署通常包括服务器的设置、网络设备的配置等。这需要有专门的IT团队来进行操作，并需要考虑数据中心的物理安全、电力供应、网络联通性等因素。软件系统的安装和配置则涉及操作系统的设置、数据库的部署、软件的安装和配置等。这需要有经验丰富的系统管理员来完成，以确保平台能够在各种环境中稳定运行。

（三）平台上线与运维阶段

1. 平台上线阶段

平台上线是财务数据治理平台从开发阶段转向实际运用阶段的重要

里程碑。这个阶段意味着平台已经通过了全部的开发、测试和部署流程，开始接受真实的用户访问和数据处理。上线阶段不仅仅是一个技术过程，也涉及很多与业务、用户以及监管等方面相关的因素。

上线前，需要进行全面的准备工作，包括但不限于编写用户手册、提供用户培训、设定服务等级协议（SLA）等，以确保用户能够顺利地使用平台。同时，根据数据治理的需求和监管规定，还可能需要设立相应的数据使用政策，明确数据的所有权、使用权限、安全规范等。上线时，平台需要经受住实际的数据流量和业务需求的考验。此时可能需要根据实际情况对平台进行一些微调，例如优化数据库查询、增加服务器资源等，以确保平台的稳定运行。

2. 平台运维阶段

平台上线后，进入运维阶段，这个阶段是财务数据治理平台生命周期中持久且复杂的阶段。运维阶段的主要任务是确保平台的持续稳定运行，满足用户的业务需求，同时对平台进行持续的优化和升级。

运维阶段中，平台的监控和维护是日常重要的工作。需要对服务器性能、网络状态、数据安全等进行实时监控，一旦发现问题，要及时进行处理，以减小对业务的影响。同时，也需要定期进行数据备份和恢复演练，以确保数据的安全。运维阶段也是平台改进和优化的阶段。根据用户的反馈和业务的变化，可能需要对平台的功能、性能、界面等进行优化。这可能涉及新的需求分析、功能开发、测试和部署等工作。此外，随着技术的发展，可能需要对平台进行升级，例如升级数据库系统、更新数据处理算法等，以提高平台的效率和功能。

在运维阶段，与用户的沟通也是非常重要的。需要定期收集用户的反馈，了解用户的需求和问题，并提供技术支持和培训，以帮助用户更好地使用平台。

第六章　企业财务管理转型保障体系建设实践

随着大数据和人工智能技术的发展，企业财务管理正经历一场深刻的转型。本章将探讨在这场转型中，如何通过构建有效的保障体系，包括数据文化、数据组织、数据技术和数字化人才，以保证财务管理转型的顺利进行。

第一节　数据文化发展实践

一、理解数据文化

数据文化是在企业内部建立的一种深植的思维和行为方式，强调将数据应用到日常的工作中，以实现工作的量化，推动以数据为基础的决策制定以及创新。这种文化认为数据不仅是一种工具，而且是一种资产，是推动企业发展的关键因素。数据文化的存在可以改变企业的工作方式，提升企业的运行效率，帮助企业更好地应对市场的变化，实现可持续的发展。在企业中，数据文化主要体现在以下几个方面。

（一）数据思维

数据文化的核心在于数据驱动的思维方式。数据驱动的思维方式意味着企业在作出决策时，依赖于数据和分析，而不是依赖于直觉或者经验。数据驱动的决策是基于事实的，因此更加客观和准确。数据可以帮助企业揭示事物的真实情况，识别潜在的问题和机会，从而制订出更有效的解决方案。①

（二）数据利用

数据文化也体现在对数据的利用上。在数据文化的推动下，企业不仅会积极收集和存储数据，还会积极利用数据。数据可以被用于描述和解释过去的事情，预测未来的发展，优化现在的工作，甚至创造新的价值。企业可以通过数据分析来获取对业务的深入理解，从而改进业务流程，提升服务质量，增强竞争优势。

（三）数据管理

数据文化还要求企业对数据进行科学的管理。这包括设立清晰的数据治理机制，定义数据的所有权，保障数据的质量，以及维护数据的安全。企业还需要对数据的使用进行监控和评估，以确保数据的正确、合法和有效使用。这种对数据的尊重和负责态度，是数据文化的重要表现。

二、数据文化成熟度

数据文化成熟度是反映企业数据文化发展程度的指标，主要有四种，如图 6-1 所示。

---

① 邵理煜，黄登玺，潘学芳，等．商业银行大数据治理研究与实践[M]．北京：机械工业出版社，2020：20.

数据文化最低分 → 数据文化最高分

数据感知型	数据采用型	数据成熟型	数据领先型
数据文化进程中非常早期的阶段	有一定的数据文化举措，在组织的各个部分有所采用	在大多数部门采用工具，开展培训以及利用数据	在整个企业范围建立强有力数据文化的领先企业

图 6-1 数据文化成熟度

（一）数据感知型

数据感知型是数据文化进程中非常早期的阶段。在这个阶段，企业对数据的重要性有了基本的认识，并开始探索如何将数据融入日常的运营和决策中。数据感知型的企业通常对数据的使用还处于实验性的阶段，数据的应用范围较窄，数据的价值尚未得到充分的发掘。

在数据感知型的阶段，企业可能已经开始收集和存储数据，但这些数据的利用可能还不够广泛和深入。企业可能已经使用数据进行了一些基本的报告和分析，但这些报告和分析的目的主要是了解过去的情况，而不是预测未来的发展或优化当前的工作。企业对数据的理解和利用还较为肤浅，数据的潜力尚未得到充分的挖掘。在这一阶段，企业可能还没有形成一套完整的数据治理体系。数据的收集、存储、清洗和使用可能还没有被有效的整合和管理，数据的质量和安全可能还无法得到有效的保障。数据的所有权可能还没有得到明确的定义，数据的使用可能还没有得到充分的监控和评估。此外，企业可能还没有设立专门的数据组织。数据的管理和利用可能还是由各个业务部门自行负责，而没有一个专门的团队来进行统一的管理和支持。数据的应用可能还依赖于特定的个人或团队，而不是全体员工。

虽然数据感知型的企业在数据的利用上还有很多不足，但这个阶段是数据文化发展的必由之路。在这个阶段，企业开始对数据有了基本的认知，开始尝试将数据融入日常的运营和决策中，为数据文化的发展打下了基础。通过不断的学习和实践，企业可以逐步提升对数据的理解和应用，逐步提升数据文化的成熟度，最终实现数据驱动的转型。

（二）数据采用型

数据采用型的企业在数据文化的发展上已经迈出了重要的一步。一方面，企业已经意识到数据的价值并开始采用数据驱动的决策制定方式。相比于数据感知型阶段，企业已经开始使用数据来预测未来的发展和优化当前的工作。数据已经开始影响企业的战略规划、产品开发、市场营销、客户服务等各个方面。企业的决策不再完全依赖于直觉和经验，而是开始依赖于数据和分析。另一方面，这一阶段的企业也开始对数据进行更科学的管理。数据治理机制得到了进一步的完善，数据的质量和安全得到了更好的保障。数据的所有权得到了明确的定义，数据的使用得到了更有效的监控和评估。

虽然数据采用型的企业在数据的利用上已经取得了一定的进步，但这个阶段的企业仍然面临一些挑战。数据的应用可能还没有覆盖到企业的所有业务和函数，数据的价值可能还没有得到充分的挖掘。数据驱动的决策可能还没有成为企业文化的一部分，数据的使用可能还没有得到全体员工的认同和参与。

（三）数据成熟型

这个阶段的企业已经形成了一种明确的数据文化，数据被视为一种重要的资产和竞争优势，被广泛应用于企业的各个方面。

在数据成熟型的阶段，数据的收集和利用已经成为企业运营的核心部分。企业已经将数据融入了决策制定、业务流程、产品开发、市场营销、客户服务等各个环节。数据被用于优化工作效率，提升服务质量，预测市场趋势，发现新的商业机会。数据驱动的决策已经成为企业文化的一部分，得到了全体员工的认同和参与。数据成熟型的企业也已经建立了一套完整的数据治理体系。数据的收集、存储、清洗、分析和应用等环节得到了有效的整合和管理。数据的质量和安全得到了严格的保障，数据的所有权得到了明确的定义。企业已经设立了专门的数据组织，负责数据的管理和利用，提供专业的数据服务。数据成熟型的企业还积极推动数据技能的普及和提升。企业会定期开展数据培训，提升员工的数据素养和数据技能。企业也会通过各种方式，如竞赛、项目、研讨会等，鼓励员工使用数据，发现数据的价值，推动数据的创新应用。

（四）数据领先型

数据领先型代表了数据文化发展的最高阶段。在此阶段的企业，已经在整个企业范围内建立起强有力的数据文化。数据不再仅仅被视为决策支持工具或优化业务流程的手段，而是成为企业基因的一部分，深入企业的每一个角落，影响着每一个决策和行动。

数据领先型的企业已经完全实现了数据驱动。数据的应用已经覆盖到企业的所有业务和函数，无论是策略规划、产品开发、市场营销，还是客户服务，都离不开数据的支持和引导。数据被用于发现和抓住新的商业机会，引领行业的发展，创造新的竞争优势。除此之外，企业已经建立了一套科学严谨的数据治理体系。数据的收集、存储、清洗、分析和应用都得到了高度的整合和优化。数据的质量和安全得到了严格的保障，数据的所有权和使用得到了明确的定义和监控。数据组织拥有强大的实力和影响力，提供高效专业的数据服务，推动企业的数据创新。数据领先型的企业也注重数据技能的普及和提升。员工的数据素养和数据技能得到了全面的提升，数据驱动的决策已经成为日常工作的一部分。企业不断推出各种数据培训和活动，鼓励员工使用数据，发现数据的价值，推动数据的创新应用。

数据领先型的企业，以数据为核心，已经成为行业的领导者和引领者。它们以数据为依托，通过不断的创新和优化，保持了在市场中的竞争优势。但这并不意味着数据文化的发展就此结束。数据环境和市场环境在不断变化，企业需要持续推动数据文化的发展，持续更新和优化数据工具，持续提升数据技能，以应对未来的挑战，实现持续的发展和优化。

三、数据文化建设的影响因素

（一）企业领导层的认知和态度

企业领导层的认知和态度是影响数据文化建设中的重要因素。一方面，领导层对数据价值的认知程度，在一定程度上决定了企业是否愿意进行数据文化建设。如果领导层深知数据的价值，理解数据能在优化决策、改进流程、提升效率等方面发挥关键作用，他们往往会更加倾向于投入资源推动数据文化的建设。相反，如果领导层对数据的认知较为肤浅，只将其视为附属工具，而非核心资产，那么数据文化的建设往往难以获得足够的支持。另一方面，企业领导层的态度会深刻影响数据文化的形成。如果领导层对数据文化持积极态度，相信通过数据文化可以推动企业的可持续发展，他们往往会主动引领数据文化建设，通过行动示范、政策引导等方式，推动全体员工积极参与数据文化的实践。然而，如果领导层对数据文化持消极态度，或者缺乏对数据文化建设的重视，那么整个企业可能会陷入对数据的忽视和浪费，数据文化的建设将无从谈起。因此，企业领导层的认知和态度是影响数据文化建设的重要因素，不容忽视。

（二）员工的数据素养和技能

员工的数据素养和技能对数据文化建设具有直接和深远的影响。数据素养，包括理解数据的重要性、对数据的基本认知以及应用数据进行决策的能力，是员工参与并推动数据文化建设的前提。高度的数据素养使员工理解和认可数据的价值，从而更加积极地参与数据的收集、整理、分析以及应用工作，这对营造一个积极的数据文化环境是必不可少的。同时，数据素养也影响员工如何看待和处理数据，员工对数据的尊重、负责和公正等态度也是影响数据文化建设的关键。

员工的数据技能则直接决定了他们如何使用和处理数据，影响数据文化的具体实施和结果。数据技能涉及数据的收集、处理、分析以及应用等多个层面，需要员工掌握相应的技术和工具。高超的数据技能使员工能够更加有效和高效地使用数据，这将直接提升数据文化的质量和效果。同时，数据技能的传授和分享也能促进数据文化在企业中的普及和深化，帮助更多的员工提升数据素养，进一步推动数据文化的建设。因此，员工的数据素养和技能对数据文化建设具有深远影响，企业应重视员工的数据素养和技能提升，以推动数据文化的健康发展。

（三）企业文化

企业文化包括企业的价值观、规范、行为模式等，影响着企业的决策和行为。如果企业文化强调创新，那么数据文化的建设可能会得到更好的推动。反之，如果企业文化对于创新和变革持保守态度，那么数据文化的建设可能会面临更大的挑战。

（四）市场和行业的发展趋势

市场和行业的发展趋势对数据文化建设起着决定性的作用。这个趋势会直接影响公司是否需要以及如何应用数据。现在，随着数字化、网络化的趋势愈演愈烈，无论是各行各业的大中型企业还是小微企业，都深刻感受到大数据、云计算、人工智能等新技术带来的影响，对数据的需求和依赖程度越来越高。这种趋势使企业无法忽视数据文化的建设，因为只有充分利用和理解数据，才能在激烈的市场竞争中脱颖而出。

同时，各行各业的数据化程度不同，数据的需求和应用也各不相同。例如，金融、电商、物流等行业的数据化程度较高，对数据的需求和应用也相对更加深入和广泛。这就要求这些行业的企业在数据文化建设上投入更多的资源和精力。反之，一些传统行业虽然数据化程度相对较低，但随着科技的发展和市场竞争的加剧，他们对数据的需求也在逐渐增加，因此也需要开始重视数据文化的建设。

在全球范围内，随着数据保护法规的日益严格，如欧盟的通用数据保护条例（GDPR）和美国加州的消费者隐私法案（CCPA），企业必须将数据安全和隐私保护纳入数据文化建设的考虑范围内。这意味着企业不仅需要关注如何使用和分析数据，也需要关注如何保护和管理数据。这种市场和行业环境的变化无疑对数据文化建设提出了新的要求。

四、数据文化的发展策略

数据文化的发展是企业在面对日益数据驱动的商业环境时，必须深思熟虑的问题。数据文化不仅需要在组织的各个层级中推广，而且需要通过战略性的行动来实现。下面介绍数据文化发展的策略。

（一）提升领导层对数据文化的认知和支持

首先，领导层需要有清晰的数据视野和战略思考。他们需要了解数据在业务决策、竞争优势、创新能力等方面的作用，理解数据文化在企业转型和发展中的关键地位。只有当领导层充分认识到数据的价值，才能为数据文化的建设提供明确的方向和战略支持。

其次，领导层需要有决心和勇气推动数据文化的改革。数据文化的推动往往伴随着各种挑战和阻力，如数据的质量问题、员工的抵制情绪、资金的限制等。领导层需要有足够的决心，勇于面对和解决这些问题，才能推动数据文化的深入发展。

最后，领导层还需要具备良好的数据素养和示范行为。他们不仅要提倡数据驱动的决策，还要在实际行动中使用数据，体现出对数据的尊重和依赖。他们的示范行为将对全体员工产生深远影响，有助于形成一种强大的数据氛围。

（二）提升员工的数据素养和技能

在数据文化的建设中，员工是数据应用的主体和推动者，他们的数据素养和技能直接影响数据文化的深度和广度。提升员工的数据素养和技能，需要综合运用多种方式和方法。

1. 通过系统的培训和学习，提升员工的数据知识和技能

企业可以构建一个全方位的、结构化的培训体系，来提升员工对数据的理解、处理和应用能力。这种培训体系包括多个层次。在基础层次上，培训需要涵盖数据的基本概念，如何理解和分类数据，以及数据的基础处理方法，从而构建员工对数据的基本认知。在工具层次上，培训员工掌握各种数据工具的使用方法，例如，Excel 用于基本的数据处理和

分析，SQL 用于数据库查询，Python 用于复杂的数据处理和分析。这些工具的熟练运用是提高数据工作效率和质量的关键。在应用层次上，培训需要涵盖数据应用的实战技巧，例如数据分析的方法论、数据挖掘的技术流程、数据可视化的设计原则。

同时，企业还可以采取线上和线下的混合学习模式，以适应不同员工的学习需求和习惯。线上学习可以提供丰富的资源和灵活的时间，方便员工自我学习；线下学习可以提供实际操作和面对面交流的机会，有助于员工深入理解和应用。

2. 通过工作实践，提升员工的数据应用和解决问题的能力

提升员工的数据应用和解决问题的能力的关键在于创造一个实践性的学习环境，这通常可以通过具有实际业务价值的项目实施、竞赛活动和相关的评价激励机制来实现。例如，企业可以设立和业务紧密关联的数据相关项目，员工通过参与这些项目，不仅可以运用所学的数据知识和技能，还能在真实的工作环境中了解到数据如何被应用于解决实际问题，这种实战经验对提升员工的数据应用和解决问题的能力具有重要的促进作用。此外，企业也可以举办数据相关的比赛，通过竞争和创新来激发员工的积极性和主动性，让员工在创新解决问题的过程中不断提升自身的数据技能和应用能力。同时，企业还可以通过设立数据相关的评价和激励机制，让员工真切地感受到数据能力对于企业价值的重要性，从而进一步增强他们的数据意识和应用技能。这种结合实践和激励的方法，不仅可以显著提升员工的数据素养，还能促进企业整体的数据文化建设和发展。

3. 通过创建开放和合作的数据环境，提升员工的数据共享和交流的能力

企业可以通过建立易于访问的数据共享平台，让员工能够便捷地获取和使用各类业务数据，从而更好地理解和利用数据来完成日常工作。这样的平台不仅能够提高数据使用的效率，还能让员工感受到数据的价值和可能性。同时，企业也应该定期举办数据交流活动，这些活动可以让员工有机会互相学习和分享数据的经验和知识，进一步提升他们的数

据素养，而且还能通过这种方式建立起企业内部的数据社区，加强数据文化的氛围。此外，企业还应建立专门的数据支持团队，为员工提供数据相关的帮助和服务，如数据清洗、数据分析、数据可视化等，让员工在使用数据的过程中感受到企业的支持，从而更愿意积极地投入数据工作中。

4. 通过持续的改进和优化，提升员工的数据认知和态度

提升员工的数据认知和态度需要企业作出持续的努力和改进。首要任务是让员工明白数据工作的影响和价值，这可以通过定期的数据成果展示来实现，比如通过举办内部分享会，让员工看到通过数据分析解决问题和改进业务的具体案例，这种亲眼看到的效果将直接提升员工对数据的重视度和使用意愿。其次，企业应定期进行数据满意度调查，深入了解员工在数据使用和学习过程中遇到的问题和需求，这有助于企业作出针对性的改进，并且让员工感受到他们的声音被重视，从而提升他们对数据工作的积极态度。最后，企业应定期制订和执行数据改进计划，旨在推动数据工作的持续进步，比如通过技术升级、工具优化、流程改进等方式，不断提升数据的可用性、准确性和有效性。这样做不仅可以持续优化数据环境，也能通过持续改进展示出企业对数据工作的重视，进一步提升员工的数据认知和态度。

（三）构建开发、创新的企业文化

构建开放、创新的企业文化是推动数据文化发展的重要策略。这种文化强调的是积极接受新的数据理念、数据工具和数据应用，并鼓励员工勇于尝试，从错误中学习，不断优化和创新。具体体现在，企业应提供一个开放的平台，鼓励员工跨部门、跨职能地共享数据和分析结果，以此来打破“信息孤岛”，提升决策的全局视角和准确度。同时，企业应建立一种鼓励创新的氛围，让员工敢于尝试新的数据方法和模型，寻找更好的业务解决方案。而当员工在尝试和实践中遇到失败时，企业应当对其给予理解和支持，看重的是从失败中获得的经验和教训，以此激发员工的创新精神，推动数据文化的持续发展。

（四）以市场和行业趋势为导向，持续推动数据文化的发展

市场和行业趋势的变化对于企业数据文化的发展具有深远的影响。因此，企业需要以市场和行业趋势为导向，持续推动数据文化的发展。

一方面，新的数据技术，如大数据、云计算、人工智能等，为数据的获取、存储、分析和应用提供了更多的可能性，也为企业打开了新的视野，企业需要关注和掌握这些新技术，以便更好地利用数据，提升数据的价值。另一方面，随着数据的重要性和影响力的提升，行业和政府对数据的规范和监管也在不断加强，企业需要了解和遵守这些规范和政策，以便合规地进行数据活动。总之，企业只有积极关注和适应市场和行业的变化，才能在数据文化的建设中持续发展和进步，实现自身的价值和目标。

第二节　数据组织建设实践

一、传统组织架构面临的数字化转型挑战

（一）部门壁垒和“信息孤岛”

传统组织往往采用功能性部门划分，每个部门独立运作，形成了部门之间的壁垒和“信息孤岛”。这种划分方式导致各部门独立运作，互不合作，不仅降低了工作效率，也导致数据资源得不到充分利用。此外，由于各部门对于数据的处理方式、标准以及流程可能存在差异，即便数据被共享，也可能由于标准和格式的不一致，影响其进一步的利用。

（二）僵化的层级结构

传统组织往往采用严格的层级结构，决策和授权集中在高层管理人员手中。这种层级结构导致了信息流动的滞后和决策的缓慢。员工往往

需要经过多层的审批和报批，使创新和合作变得困难。此外，层级结构还存在权力和责任集中化的问题，抑制了员工的主动性和创造力。

（三）缺乏多样化的数字化转型配套机制

传统组织架构在设计之初就未能完全预见到财务管理数字化转型带来的挑战，因此，其内在机制难以支撑这一复杂的转变过程。原有的职责分工、业务流程、决策机制等都未必适应数字化带来的新模式和新要求。比如，某些基于传统的人力和纸质流程的业务可能需要通过新的数字技术进行改造，而在传统的组织架构中，可能没有相应的职位或部门来负责这种转型。

同时，由于传统的决策机制通常基于层级和经验，而在数字化的环境下，数据和算法日益成为重要的决策依据，这种转变也需要在组织架构中得到反映。例如，需要建立新的数据团队，或者在现有的部门中设置数据相关的职位，来专门负责数据的收集、处理和分析，从而支持基于数据的决策。

此外，数字化转型还需要企业在技术、人才、文化等方面进行全面的改革和投入，这同样需要相应的配套机制来推动。然而，在传统的组织架构中，这些元素往往是分散和孤立的，没有形成有效的协同，从而影响了数字化转型的深度和广度。因此，传统组织架构在财务管理数字化转型中面临着显著的挑战。

二、数据组织的特征

数据组织具有扁平化、动态化、敏捷性的特征，如图 6-2 所示。

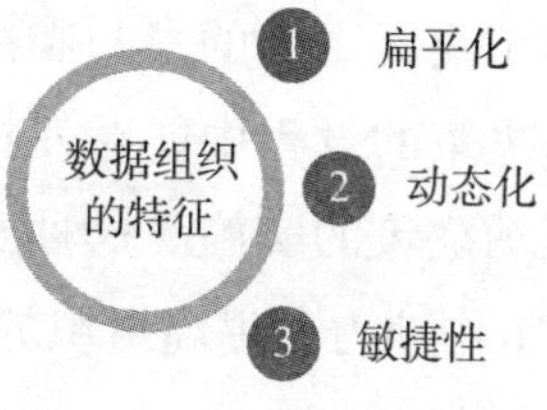

图 6-2　数据组织的特征

（一）扁平化

扁平化强调组织内部结构的简洁性和权力的分散化。在传统的组织架构中，通常存在多层次的管理层级，决策和授权集中在高层管理人员手中。而扁平化的数据组织则打破了这种层级结构，实现了更加灵活和高效的组织运作。扁平化的数据组织具有以下两大特点：一是去除多层次的管理层级。在扁平化的数据组织架构中，尽可能减少层级，去除多余的管理层级。这样可以实现组织内部决策的快速和灵活，避免信息传递的滞后和决策的缓慢。二是分散化的权力和责任。在扁平化的数据组织中，权力和责任被分散到更多的个体和团队中。每个个体和团队在自己的领域内具有更大的自主权和决策权，能够更好地应对问题和挑战。①

数据组织扁平化具有以下几个优点。

1.促进快速决策和灵活应变

由于扁平化的数据组织具有较少的层级和更分散的权力，决策可以更快速地作出，并且能够更加灵活地应对环境变化。员工可以更自由地提出意见和建议，参与决策过程，从而加快决策的速度和质量。这种快速决策和灵活应变的能力使组织能够更好地适应快速变化的市场和技术环境。

2.促进团队合作和知识共享

扁平化的数据组织鼓励团队合作和知识共享。由于权力和责任被分散到更多的个体和团队中，员工更容易跨部门合作，共同解决问题和实现目标。同时，扁平化还打破了部门之间的壁垒，促进了信息的流动和知识的共享，从而增强了组织的整体能力。

3.激发员工参与和承担责任

扁平化的数据组织给予员工更多的参与和决策权，使其感到更有责任和归属感。员工在参与决策的过程中能够发挥自己的专业知识和创造力，同时也更有动力去推动决策的实施。这种参与和承担责任的文化有助于激发员工的积极性和工作动力，提高组织的绩效。

① 周妮．企业业务流程设计与再造[M]．北京：中国纺织出版社，2005：340-342.

（二）动态化

数据组织的动态化特征意味着在组织的构建过程中，部门设置和人员组成不再是一成不变的，而是能够根据实际的业务需求和数据工作的变化进行灵活的调整。

在数据组织中，部门设置并非固定不变。随着企业业务的发展和变化，以及数据需求的演变，部门的设置和职能也会进行相应的调整。例如，当企业进入新的市场或开发新的业务时，可能需要设立新的数据分析部门来支持新的业务。又如，当数据工作从集中式转变为分散式时，可能需要调整部门的设置，使各部门都能拥有处理和分析数据的能力。通过这种动态调整，数据组织能够更好地适应和支持企业的业务发展。

同时，人员组成也不再是一成不变的。随着数据技术的发展和数据工作的变化，可能需要不断调整人员的专业能力和知识结构。例如，当企业开始引入新的数据技术时，可能需要引入具有这种技术能力的新员工。又如，当企业的数据工作从数据收集转向数据分析和挖掘时，可能需要提升员工的数据分析和数据挖掘能力。通过这种动态调整，数据组织能够保持其人员的专业能力和知识结构与数据工作的需求相匹配。

数据组织的动态化特征使数据组织能够更好地适应和支持企业的业务发展和数据工作的变化。这种动态化的特点使数据组织具有更高的灵活性和适应性，也使数据工作能够更好地服务于企业的业务需求。

（三）敏捷性

敏捷性指的是组织具备快速适应和灵活调整的能力。在数字化转型的背景下，市场需求和技术创新变化迅速，传统的刚性和缓慢的组织架构已无法满足快速变化的要求。因此，敏捷性成为数据组织必须具备的核心能力。

敏捷性的数据组织具有以下几个特点。

1. 快速决策和执行

敏捷性的数据组织能够快速作出决策并迅速执行。它具有“去中心化”的决策机制，授权下放给更多的个体和团队，减少层级和决策的时间成本。这种快速决策和执行的能力使组织能够及时应对市场变化、客户需求和竞争挑战。

2. 弹性资源配置

弹性资源配置的特点使敏捷的数据组织能在有限的资源条件下，实现最优的工作效果。这主要体现在数据组织的人力资源、数据资源和技术资源的管理上。在人力资源管理上，敏捷的数据组织能够根据工作需求，快速调整人员的工作内容和工作方式；在数据资源管理上，敏捷的数据组织能够根据数据需求，灵活调配数据的获取和使用；在技术资源管理上，敏捷的数据组织能够根据技术变化，积极引进和应用新的数据技术。

弹性资源配置的特点不仅体现在资源的利用，更体现在资源的开发和积累。敏捷的数据组织能够通过持续的学习和实践，提升资源的价值和效果，从而实现组织的持续发展。

3. 强调跨职能团队合作

敏捷性的数据组织鼓励跨职能团队的合作和协作。它打破了传统的部门壁垒，鼓励不同部门和职能之间的密切合作。通过跨职能团队的协同努力，组织能够更好地整合各方资源和专业知识，提高问题解决的效率和质量。

4. 持续学习和改进

敏捷性的数据组织更加注重持续学习和改进。它鼓励组织成员不断学习新知识、掌握新技能，关注市场趋势和技术创新。同时，组织也鼓励员工提出改进的建议和实践，通过不断学习和改进，使组织能够更好地适应变化和持续发展。

三、数据组织架构设计与职责分配

数据组织架构的设计和职责分配在财务管理数字化转型中起着关键作用。为了有效管理和利用数据资产，企业需要建立相应的部门和中心，以确保数据的质量、安全和可持续发展。笔者设计的数据组织架构如图 6-3 所示。

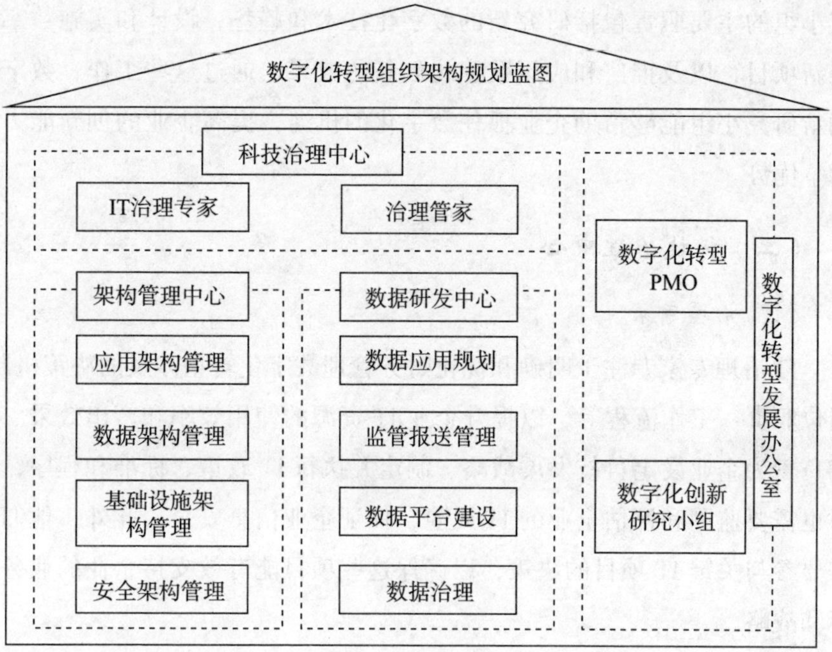

图 6-3 财务管理数字化转型组织架构

（一）数字化转型发展办公室

数字化转型发展办公室是负责数字化转型战略规划、协调和推进的核心机构，主要包含数字化转型 PMO（项目管理办公室）和数字化创新研究小组，这两个部门是数字化转型的关键推动者。

数字化转型 PMO 通常由一群具有丰富项目管理经验和技能的专业人员组成，负责推动和协调数字化转型项目的实施。数字化转型 PMO 的主要职责包括规划和设计数字化转型项目，协调和管理项目的执行，以及评估和监控项目的效果。通过这些工作，数字化转型 PMO 能够确保数字化转型项目的顺利进行，并为实现企业的数字化目标提供强有力的支持。

数字化创新研究小组则主要负责探索和推动数字化创新。这个小组通常由一群具有丰富数字化知识和创新精神的专业人员组成，他们专注于研究新的数字化技术和应用，推动企业的数字化创新。数字化创新研究小组的主要职责包括研究新的数字化技术和趋势，设计和实施数字化创新项目，以及推广和应用数字化创新的成果。通过这些工作，数字化创新研究小组能够帮助企业抓住数字化的机遇，提高企业的创新能力和竞争优势。

（二）科技治理中心

1.IT 治理专家

IT治理专家专注于明确和优化财务管理数字化转型涉及的决策机制、岗位职责、工作流程等，以提升企业IT资源的使用效率和产出效果。他们负责为企业设定科技发展战略、制定并执行IT政策、标准和程序，同时也需要监测和评估企业的IT风险，保证企业信息安全。此外，他们还需要参与关键IT项目的决策，以确保这些项目能有效支持企业的业务目标和战略。

2.治理管家

治理管家是数字化转型战略落地、IT治理工作开展的保障人员。治理管家的工作主要围绕组织架构、资源配置、评价体系展开：

（1）加强组织领导和建立工作机制。治理管家通过领导力和深厚的专业知识，确保所有的数据工作都能在预设的框架和机制下有序进行。他们制定的工作机制能够引导企业的日常行为，保证数据治理策略的有效实施。

（2）合理配置资源并提供人才保障。他们需要确保企业具备完成数据转型所需的各类资源，包括技术、设施、人员和财力等。此外，他们还需要提供人才保障，例如引入具备相关技能的人才，或通过培训和发展现有员工，以满足企业在数据转型过程中的人力需求。

（3）构建评价体系并指导系统转型。治理管家需要设立一套有效的评价体系，这不仅能够监督和控制数据工作的质量，还能为企业提供对数据转型效果的反馈。此外，他们需要利用评价体系的反馈，根据实际情况进行调整和优化，指导企业的数据系统转型。

（三）架构管理中心

架构管理中心在企业财务管理数字化转型中扮演着关键角色，主导企业的信息系统架构，为数字化建设提供引导和指标。架构管理中心的职责主要包括应用架构管理、数据架构管理、基础设施架构管理和安全架构管理。

应用架构管理的核心在于优化并管理所有业务应用的交互方式和集成方式。它关注于建立一个满足企业业务需求、能与数据架构、基础设施架构和安全架构无缝协作的应用环境。应用架构管理一个重要的考量点是应用的可扩展性，即随着业务需求的变化，应用能够灵活调整并提供所需的功能。应用架构管理还包括应用的兼容性问题，即应用之间的集成如何在不同平台或技术上运行。

数据架构管理的重点在于确定、规划和管理企业数据的存储、组织、处理和访问方式。数据架构管理涉及数据的完整性、一致性、安全性和可用性等问题，以确保数据的准确性和一致性，为决策提供准确的数据支持。数据架构管理的另一个重要方面是数据的可访问性，即决定谁能访问哪些数据，以及如何访问，以确保数据的安全性。

基础设施架构管理主要是规划、设计和管理所有的硬件和软件资源，以支持应用和数据的运行。基础设施架构管理的工作范围包括服务器、网络、存储设备和操作系统等。这项职责需要进行持续的性能监控，以确保基础设施能够满足应用和数据的需求，并能够随着需求的变化进行灵活的调整。

安全架构管理的目的在于确保企业的信息安全，包括应用、数据、基础设施以及其他与企业运营相关的所有信息。安全架构管理岗位的工作人员应制定和执行信息安全政策，包括数据保护、访问控制、灾难恢复、威胁检测以及应对安全事件的策略。

（四）数据研发中心

数据研发中心的主要职能包括数据应用规划、监管报送管理、数据平台建设、数据治理等几个方面。

在数据应用规划方面，数据研发中心需要根据企业的业务需求和数据资源，规划数据的应用方案和项目，包括数据产品的设计、开发、测试、发布和优化等环节。同时，还需要对数据应用的效果和价值进行评估，为企业的决策提供数据支持。

监管报送管理则涉及与企业的合规性相关的工作，包括对企业的数据进行收集、处理、报送等，以满足政府、监管机构、合作伙伴等外部组织的报送要求。同时，还需要确保报送的数据的准确性、完整性和时效性，以防止因数据问题引起的法律风险和声誉风险。

数据平台建设是数据研发中心的一项关键职能。数据平台是企业数据工作的基础设施，包括数据仓库、数据湖、数据市场、数据分析工具等组成。数据研发中心需要规划和建设这些平台，以提供强大的数据支持。

数据治理则是关乎企业数据工作的全局的工作。数据治理涉及数据的质量、安全、隐私、共享等问题，需要制定并实施一系列的政策、流程、标准和技术，以实现数据的合规性、一致性、可信性、可用性。数据研发中心负责企业的数据治理工作，以保障企业的数据资产和数据价值。

四、数据组织协同与配合

数据组织协同与配合的关键在于实现各个部门和角色之间的协调一致，促进整个数据工作的高效运行。这需要强调开放沟通、共享协作、互相学习和持续改进。

开放沟通是实现协同与配合的基础，各个部门和角色需要对数据的需求、资源、任务和结果有一个清晰和全面的了解。通过定期的会议、报告、工作坊等形式，各方可以及时分享信息，了解进展，解决问题，增强信任。共享协作则是通过数据平台、工具和规程，实现数据的共享、任务的协作、知识的传递。例如，可以通过数据平台提供数据的获取、处理、分析、发布等功能；可以通过项目管理工具实现任务的规划、跟踪、交付；可以通过知识管理系统实现知识的文档、搜索、更新。互相学习是推动数据组织协同与配合的重要方式，尤其是在数据工作的快速发展和变化中，各方需要不断学习新的知识、技能、方法。通过培训、研讨、导师制等形式，各方可以互相学习，提高个人和团队的能力。持续改进是保证数据组织协同与配合的有效性和持续性的关键。需要通过数据和反馈，了解协同与配合的效果和问题，然后制订并实施改进计划，不断优化协同与配合的过程和结果。

第三节 数据技术支持实践

一、数据技术在企业财务管理转型中的作用

（一）促进财务决策的科学化

数据技术在促进财务决策的科学化方面发挥着重要作用。在传统的财务管理模式中，决策过程通常依赖于历史数据和个人经验，这往往可能导致主观偏差，甚至可能无法充分利用现有的全部信息。然而，随着数据技术的发展，这一问题得到了有效的解决。数据技术通过收集、整合和分析大量的实时数据，提供了更准确、更详尽的信息，帮助财务管理人员更深入地理解公司的经济状况，并据此制定更科学的决策。例如，数据分析可以揭示出公司的收入和支出模式，预测未来的财务趋势，以及识别潜在的风险和机会。同时，数据技术还可以利用复杂的算法和模型来模拟各种财务决策的潜在影响，从而在决策前进行全面的评估。这不仅可以增强财务决策的可靠性，也有助于提高公司的经营效率和盈利能力。数据技术为企业财务管理提供了一个全新的视角，使其从纯粹的经验驱动转变为数据驱动，从而使财务决策更加科学、准确和高效。

（二）提升财务效率和准确性

在财务管理中，数据技术的应用无疑可以显著提升财务效率和准确性。传统的财务管理工作常常需要大量的人力进行数据录入、核对和分析，这不仅时间消耗巨大，还可能因为人为错误导致数据的不准确。然而，数据技术的使用可以自动化这些烦琐的过程。例如，使用自动化工具可以减少数据录入的工作量，通过算法可以快速准确地进行数据清洗和核对，从而降低错误率。同时，利用先进的数据分析工具，财务人员可以在更短的时间内完成对大量数据的分析和理解，而这在以往可能需要花费大量的时间和精力。不仅如此，数据技术还可以提供实时的财务报告，使财务人员可以及时掌握公司的财务状况，从而在必要时作出快速的反应。数据技术通过自动化和智能化的方式，极大地提高了财务管理的效率和准确性，从而使企业能更好地应对日益复杂和多变的商业环境。

（三）促进公司财务战略与整体战略的一致性

财务战略并非孤立存在，而是需要与企业的整体战略紧密相连，以达到企业的长期发展目标。数据技术能提供全面、准确的数据支持，帮助财务管理人员更好地理解公司的运营状况，进而制定与整体战略相一致的财务策略。通过数据分析，可以精准把握公司的收益来源和成本结构，对公司未来的财务状况作出更准确的预测，从而使财务战略更加贴近实际，更好地服务于公司的长期目标。另外，数据技术也可以帮助财务管理人员发现潜在的商业机会或风险，以便及时调整财务策略，使其与企业的整体战略保持一致。因此，数据技术不仅可以提高财务决策的科学性和准确性，也能有效地协调财务战略和整体战略，推动企业的持续健康发展。

二、主要的数据技术工具和平台

（一）大数据处理工具

Hadoop 和 Spark 是目前应用广泛的大数据处理工具，它们都是开源的，可以处理和分析海量数据，但各有其独特的优势。Hadoop 是一种分布式系统基础架构，能够将大数据分散到多个计算机上进行存储和处理，避免了单一服务器承载过大数据的风险，增加了数据处理的效率。它的核心是 HDFS（Hadoop 分布式文件系统）和 MapReduce 两个部分。HDFS 提供了高度容错的数据存储能力，而 MapReduce 则提供了强大的数据处理能力。Spark 是一个用于大规模数据处理的快速、通用和开源的计算引擎。Spark 比 Hadoop MapReduce 更快，因为它对数据的处理主要在内存中完成，而非硬盘，减少了读写时间。同时，Spark 支持多种数据处理任务，包括批处理、交互式查询、实时分析和机器学习等，具有极高的灵活性。

在财务管理中，Hadoop 和 Spark 的应用带来了巨大的变革。对于财务部门来说，处理和分析的数据量通常非常庞大，包括销售数据、开支数据、投资数据、市场数据等，这些数据的有效处理和分析对于财务决策至关重要。Hadoop 可以将这些大规模的财务数据分散存储在不同的服务器上，避免了数据量过大导致的处理难题，同时，它的 MapReduce 组件可以并行处理这些数据，大大提高了数据处理的效率。例如，在预算编制和财务分析过程中，Hadoop 可以快速处理和分析大量历史数据，为决策提供支持。而 Spark 由于其内存计算的优势，可以实现财务数据的实时分析，为财务管理提供即时的决策支持。比如，Spark 可以实时分析销售数据，帮助财务部门及时发现和理解销售趋势，以便更快作出反应。Spark 还可以应用在风险控制和欺诈检测等领域，通过实时分析各种交易数据，及时发现并处理可能的风险。Hadoop 和 Spark 作为大数据处理工具，为财务管理提供了强大的支持，帮助企业有效处理和利用大数据，提升财务决策的效率和准确性。

（二）数据仓库和数据湖

数据仓库和数据湖是两种主要的数据存储和管理方式，它们分别有各自独特的特性和应用场景。数据仓库是一种以主题为基础、集成的、时间变化的、非易失的数据集合，用于支持管理决策过程。它将来自不同源的数据清洗、转换并统一存储，供企业进行数据查询和分析。数据湖则是一个更灵活的数据存储和管理系统，它存储原始数据，包括结构化数据、半结构化数据和非结构化数据。数据湖保留了数据的原始细节，不需要预先定义数据模型，更适合大数据时代的需求。Google BigQuery 和 Amazon Redshift 都是目前市场上非常流行的数据仓库工具。Google BigQuery 是一个完全托管的、高度可扩展的、按需计费的企业级数据仓库，它允许用户在大规模数据集上进行快速 SQL 查询，并通过 Google Cloud 平台提供强大的数据分析能力。Amazon Redshift 则是一种快速、完全托管的数据仓库服务，它使用户可以方便地分析数据使用标准的 SQL 和现有的商业智能工具。

在财务管理中，数据仓库和数据湖的应用都具有重要价值。数据仓库提供了一个统一的数据视图，可以帮助财务管理人员从整体上理解企业的财务状况。例如，使用 Google BigQuery 或 Amazon Redshift，财务管理人员可以将各个业务部门的数据集中起来，进行整体的财务分析，这对于财务决策和财务预测都有着重要作用。而且，由于数据仓库的数据已经过清洗和转换，能够确保数据的准确性和一致性，避免了因数据问题导致的决策误差。数据湖则更强调数据的原始性和灵活性，这对于财务管理中的深度分析和探索性分析具有重要价值。例如，财务管理人员可以从数据湖中提取原始的销售数据、客户数据、市场数据等，进行深度的数据挖掘和分析，发现隐藏在数据中的价值，这对于企业的策略制定和风险控制都有着重要意义。数据仓库和数据湖的应用，使财务管理从以往的单一数据视角，转变为多元、深度的数据视角，大大提升了财务管理的能力和效率。

（三）机器学习平台

TensorFlow 和 PyTorch 是两个当前非常流行的开源机器学习平台，它们提供了强大的工具和接口，使研究人员和开发人员可以更方便地开发和实施机器学习模型。TensorFlow 由 Google Brain 团队开发，是一个用于构建和训练机器学习模型的全面、灵活的开源平台。它支持广泛的机器学习和深度学习算法，包括神经网络、回归、分类和聚类等。而且，TensorFlow 可以运行在各种硬件平台上，包括 CPU、GPU 和 TPU 等，可以满足各种规模的计算需求。PyTorch 是由 Facebook 的人工智能研究团队开发的一个开源机器学习库，它以 Python 为主要接口，支持动态神经网络，使模型的构建和调试更为方便。PyTorch 也支持广泛的机器学习算法，并且可以利用 GPU 进行加速计算。

在财务管理中，TensorFlow 和 PyTorch 的应用可以帮助企业更有效地处理和理解数据，从而作出更精确的预测和更智能的决策。利用 TensorFlow 和 PyTorch 的机器学习能力，财务管理人员可以构建预测模型，根据历史数据预测未来的销售收入、开支成本或利润等，这对于财务预测和预算编制具有重要作用。机器学习模型还可以用于财务风险管理。例如，可以通过机器学习模型预测贷款的违约风险，或者检测可能的欺诈行为，这对于企业的风险控制和合规管理具有重要价值。还可以利用机器学习的聚类算法对客户进行分群，理解不同群体的消费行为和信用风险，从而制定更有效的市场策略和信贷政策。TensorFlow 和 PyTorch 作为机器学习平台，为财务管理提供了强大的数据分析和预测能力，使财务决策更加科学、精确和高效。

（四）数据管理和整合工具

常用的数据管理和整合工具有 Informatica 和 Talend，它们都提供了一整套的解决方案，包括数据集成、数据质量、数据安全和数据治理等，帮助企业更有效地管理和利用数据。Informatica 是一种企业级的数据集成工具，它支持各种数据集成需求，包括批处理集成、实时集成和大数据集成等。Informatica 的核心优势在于它的元数据驱动的方法，这使数据集成更加一致和可靠。此外，Informatica 还提供了数据质量和数据治理的解决方案，帮助企业保证数据的准确性和一致性，以及合规性。Talend 是一种开源的数据集成工具，它提供了一种统一的平台，支持各种数据集成需求，包括数据迁移、数据同步和数据转换等。Talend 的优势在于它的开放性和灵活性，它允许用户自定义数据集成过程，以满足特定的业务需求。同时，Talend 也提供了数据质量的解决方案，帮助企业提升数据的可用性和可信性。

在财务管理中，Informatica 和 Talend 的应用带来了重大的效益。由于财务数据通常来自多个不同的系统和源，数据的集成和整合是一个关键的挑战。Informatica 和 Talend 可以帮助财务管理人员把这些分散的数据集中起来，形成一个统一的数据视图，这对于财务分析和财务决策至关重要。例如，通过数据集成，财务管理人员可以获取全面的销售数据、成本数据、投资数据等，进行全面的财务分析，以支持财务决策。Informatica 和 Talend 的数据质量解决方案可以帮助企业保证财务数据的准确性和一致性，避免因数据问题导致的决策误差。比如，可以通过数据清洗和数据校验，消除数据中的错误和冗余，提高数据的质量。还可以通过数据治理，确保数据的合规性，避免财务风险。

（五）财务机器人

机器人流程自动化（RPA）技术是指通过使用用户界面层中的技术，执行基于一定规则的可重复任务的软件解决方案，是数字化的支持性智能软件，也被称为数字化劳动力。①

从功能上来讲，RPA 是一种处理重复性工作和模拟手工操作的程序，可以实现以下功能：①数据检索与记录。RPA 可以跨系统进行数据检索、数据迁移以及数据录入。②图像识别与处理。通过 OCR（Optical Character Recognition，光学字符识别）技术识别信息，并可在此基础上审查和分析文字。③平台上传与下载。能够按照预先设计的路径，上传

① 刘赛，刘小海．智能时代财务管理转型研究 [M]. 长春：吉林人民出版社，2020：167.

和下载数据，完成数据流的自动接收与输出。④数据加工与分析。包括数据检查、数据筛选、数据计算、数据整理、数据校验。⑤信息监控与产出。RPA 可以基于模拟人类判断，实现工作流分配、标准报告出具、基于明确规则决策、自动信息通知等功能。

相比于传统软件，RPA 开发周期更短、设计更加简单，这主要是基于 RPA 的技术特点：①机器处理。RPA 可以“7×24 小时”不间断地工作，提高工作效率。②基于明确规则。RPA 主要是代替人工进行重复机械性操作，研发 RPA 需要基于明确规则编写脚本。③以外挂形式部署。RPA 是在用户界面进行操作，因此不会破坏企业原有的 IT 结构。④模拟用户操作与交互。RPA 主要模拟的是用户手工操作，如复制、粘贴、鼠标点击、键盘输入等。

RPA 和人工智能（Artificial Intelligence，AI）都能在一定程度上替代原有的人工劳动，但是二者有很大的区别。RPA 只能依靠固定的脚本执行命令，并且进行重复、机械性的劳动；人工智能结合机器学习和深度学习具有自主学习能力，通过计算机视觉、语音识别、自然语言处理等技术拥有认知能力，可以通过大数据不断矫正自己的行为，从而有预测、规划、调度以及流程场景重塑的能力。RPA 与人工智能更像手和大脑的关系。RPA 倾向于重复地执行命令，人工智能更倾向于发出命令。除此之外，RPA 是自动化发展过程中的不同阶段。AI 技术在企业中的应用还处在初步探索阶段，从短期趋势而言，企业更倾向于以标准化、逻辑清晰的 RPA 为基础，逐步向智能化程度更高的 AI 方向发展。未来，随着 RPA 技术的不断发展，RPA 与 AI 融合也是行业的一大趋势。

目前已有不少企业在办公领域采用 RPA 以取代一些重复和烦琐的日常流程，RPA 被应用于财务、采购、供应链、客户服务等众多职能领域，和金融、保险、零售等行业领域。财务机器人则是 RPA 技术在财务领域的具体应用，其针对财务的业务内容和流程特点，以自动化替代手工操作，辅助财务人员完成交易量大、重复性高、易于标准化的基础业务，从而优化财务流程，提高业务处理效率和质量，减少财务合规风险，使资源分配在更多的增值业务上，促进财务转型。

财务管理中很多流程都符合财务机器人的适用标准（见表6-1）。

表6-1 RPA在财务领域中的应用

应用	具体内容				
费用报销	报销单据接受	智能审核	自动付款	财务处理及报告出具	
采购到付款	请款单处理	采购付款	供应商对账	供应商主数据维护	供应商资质审核
订单到收款	销售订单录入和变更	发票开具	返利管理	客户对账与收款核销	客户信用审核和主数据维护
固定资产管理	资产卡片管理	资产变动管理	资产账龄分析		
存货到成本	成本统计指标录入	成本与费用分摊	账务处理及报告出具		
总账到报表	关账	标准记账分录处理	关联交易处理	对账	单体报表和合并报表出具
资金管理	银企对账	现金管理	收付款处理	支付指令查询	
税务管理	纳税申报准备	纳税申报	增值税发票开具	发票验真	涉税会计入账及提醒
档案管理	票据接受和快递管理	扫描	电子归档	电子档案查询	
预算管理	预算的编制和生成	预算执行情况监测	预算报告创建		
绩效管理	产品效益分析	客户收益分析	资本收益分析	经营分析标准化报表	
管控与合规	管控合规报告出具	财务主数据管理			

（六）会计引擎

会计引擎是一种专门用于处理会计事务的软件工具，它是财务管理系统的核心组件。[①]会计引擎可以接收来自各种源（如销售系统、采购系统等）的财务事务数据，然后按照预定的会计规则和会计政策进行处理，生成各种会计报表和财务报告。会计引擎具有强大的规则处理能力和灵活的配置性，它可以根据企业的具体需求进行定制，以满足各种不同的会计处理需求。此外，会计引擎还可以处理复杂的会计事务，如币种转换、税务处理、复杂的成本分摊等。

在财务管理中，会计引擎起着至关重要的作用。首先，会计引擎可以自动化处理大量的财务事务，从而大幅提高财务处理的效率，减少人为的错误，并释放财务人员的时间，让他们可以把更多的精力放在策略性的决策上。例如，销售行为发生时，会计引擎可以自动接收销售系统的数据，然后根据预设的会计规则，自动生成销售收入的会计凭证，这既节省了人工录入的时间，也减少了错误的可能性。其次，会计引擎可以支持企业的财务报告需求。会计引擎可以根据预设的报告模板，自动生成财务报表、税务报表等，这为企业的财务决策和外部报告提供了及时、准确的数据支持。此外，会计引擎还可以支持企业的合规管理，它可以根据预设的会计政策和税务规则，自动处理各种税务事务，确保企业的财务操作符合法规要求。

（七）电子影像与电子档案

电子影像系统可以将纸质文档转换为电子格式，通过扫描、识别、编码等过程，使这些信息能够被计算机系统存储和处理。电子影像技术提供了一种有效的解决方案，将大量的纸质文件数字化，方便信息的存储、查找和共享。电子档案系统则是对电子文档的管理和存储，它涉及文档的创建、保存、检索和销毁等生命周期的全过程。电子档案系统的目标是使企业可以方便、高效地管理其电子信息资产，保障信息的完整性、可用性和安全性。

在财务管理中，电子影像与电子档案的应用有着巨大的价值。首先，

① 刘赛，刘小海．智能时代财务管理转型研究[M]．长春：吉林人民出版社，2020：22.

企业可以通过电子影像系统，将发票、收据等财务文档数字化，这不仅可以节省纸质文件的存储空间，也使这些信息能够被财务系统自动处理，提高工作效率。其次，企业可以通过电子档案系统，快速查找到需要的财务文档，如合同、发票、报告等，这为财务分析和决策提供了及时、准确的数据支持。此外，电子档案系统可以保留财务文档的完整历史记录，使企业可以在审计或调查时，提供完整的财务记录，满足法规要求。

三、数据技术应用的成功要素

（一）持续的技术投入

一方面，数据技术的快速发展和应用为企业带来了前所未有的机遇和挑战。在这个领域中，新的技术和工具如雨后春笋般不断涌现，它们或在存储能力、处理速度、数据安全等方面带来革新，或在智能化、自动化、人机交互等方面开辟新的应用领域。这样的环境对企业提出了更高的要求，企业必须对这些新的技术和工具保持敏感和关注，不断进行技术投入，才能在激烈的市场竞争中保持领先。具体的技术投入主要包括对软硬件的购买和更新，这是保证数据技术应用正常运行的基础。企业需要购买更大容量的存储设备以应对数据量的增长，或者需要更新计算设备以提高数据处理的效率。

另一方面，新技术的研究和开发、人才的培训和引进是技术投入的重要组成部分，这对于企业能否把握数据技术的发展潮流，提高数据技术应用的效果至关重要。新技术的研究和开发可以帮助企业掌握最新的技术动态，提前布局，成为行业的“领跑者”。企业可以投资研究机器学习、人工智能等前沿技术，以期通过这些技术提高数据处理和分析的能力，创新业务模式。人才的培训和引进则是保证企业能够掌握和应用这些新技术的关键。企业可以通过内部培训和外部引进的方式，提升员工的技术素养，建立一支能够应对数据技术挑战的高效团队。这种持续的技术投入，无疑会助力企业持续优化其数据技术的应用，提升系统的性能和效果，满足企业的业务发展需求，使企业在数据时代的洪流中立于不败之地。

（二）适应公司需求的定制化数据解决方案

定制化数据技术解决方案是实现数据技术成功应用的另一个重要因素。由于每个企业的业务模式、组织结构、业务流程和文化特点都有其独特性，因此，数据技术解决方案必须能够适应企业的特定需求，才能最大限度地发挥其价值。适应公司需求的定制化数据技术解决方案需要考虑企业的业务需求、技术环境和预期效果等多个因素，通过深入理解企业的业务和技术需求，设计出满足特定需求的数据技术方案。

定制化数据技术解决方案具有多种优势。它可以确保数据系统的设计、实施和维护更加贴近企业实际运营的需求，更有效地支持企业战略目标的实现。同时，定制化数据技术解决方案也能更好地考虑到企业的技术环境和资源限制，实现最佳的技术效果。根据企业的技术设施和人才素质，可以选择最适合的技术平台和工具，设计最符合企业技术环境的数据架构，使数据技术的应用可以在现有的技术环境中顺利进行，避免不必要的技术冲突和资源浪费。

第四节　数字化人才培养实践

一、成为财务数字化人才

数字经济的高速发展推动了产业结构的升级，同时也带来了人才就业市场的改变，对人才综合素质提出更高要求，催生出新的数字化人才需求，“数据库运行管理员”“数字化解决方案设计师”等职业应运而生。

然而，我国数字化人才缺口已接近千万，而且伴随着全行业数字化的快速推进，数字人才需求缺口还会持续加大。紧缺的数字人才不仅包括数字产业化创造的数字技术、数字研发岗位，也包括产业数字化转型过程中产生的大量数字技能人才。

财务行业在数字化转型的道路上一路高歌猛进，财会人员除了从传统的会计、记账、编表向参与企业战略转变之外，还需要具备数字化能力。2021 年，财政部《会计行业人才发展规划（2021—2025 年）》（以下简称《发展规划》）指出："以信息技术、数字技术、人工智能为代表的新一轮技术革命催生了新产业、新业态、新模式，对会计理论、会计职能、会计组织方式、会计工具手段等产生了重大而深远的影响……需要会计实务工作者深入应用新技术，推动会计审计工作数字化转型。"

但是，财务转型也面临着数字化人才缺口的问题，缺乏应用数字化财务技术的专业人才成为在财务组织内推进数字化面临的最重要挑战。财务数字化人才的培育面临多重困难，一是全面综合性人才少，特别是缺乏具有财务管理、信息技术、法律、金融、税务等多领域多元化知识体系的人才；二是财务虽然成天跟数据打交道，但对财务数据的敏感度不够，重核算轻分析，对数据背后问题挖掘少；三是对于财务数字化人才转型规划，多数企业的管理层也尚未制定具体的转型规划，大部分财务人员只能自行探索。

二、财务数字化人才的三个层次

《发展规划》指出，要"把握会计职业特点，针对不同层次、不同类别的会计人才分别构建能力框架，强化对会计信息化能力的要求，推动各级各类会计人才适应会计工作数字化转型"。基于此，笔者将财务数字化人才分为三个层次（见图 6-4），分别对应不同的管理要求。

图 6-4　财务数字化人才的三个层次

（一）财务数字化管理人才

作为数字化转型的领导力量，财务数字化管理人才负责财务数字化战略的落地与实施。财务数字化管理人才需要深入理解数字化的商业价值，并将数字化内化为财务管理理念、方法，在转型过程中塑造成为数字化变革的领导力。

具体而言，财务数字化管理人才需要制订财务数字化转型战略规划，统筹各环节数字化组织体系建设，根据转型领域灵活配置数字化人才；着手规划建设各类财务人员人才培养体系，多方式、多渠道有针对性地定期组织培训，培养各类财务人员的系统性思维，打造学习和实践相结合的财务组织，抓好、用好新上项目的机会，让更多的财务人员参与其中，在实践中快速成长。

（二）财务数字化应用人才

财务数字化应用人才是推动企业数字化转型的创新动力。财务数字化转型的最终目的是服务于业务增长，需要数字时代的业务管理者和业务骨干在跨领域的数字化应用能力创新与培养上进行深入的挖掘，以便在客户价值的推动下对业务价值链进行重构财务数字化应用人才可能不必全面掌握信息化建设的专业技术，但必须熟练操作相关工具。

传统企业中的财务人员基于其对数字化基础能力的天然理解，常常被视为财务数字化应用的主要力量。财务人员的工作习惯使他们天生具备数据思维，以客观的数据进行论述。此外，企业中使用Excel最熟练的通常也是财务人员，尽管这并不能直接说明他们的数字化能力有多强，但至少表明他们已经具备了使用数字化工具的基础。

在未来，财务数字化应用人才需要充分理解RPA、人工智能、低代码等数字化技术在财务领域的应用场景。他们应能够将数字化技术作为推动业务与财务融合的关键手段，实现智能技术与财务场景的创新融合。因此，培养和引进这种类型的人才，对于企业的财务数字化转型具有决定性的影响。

（三）财务数字化技术人才

技术人才是财务数字化转型的支撑力量，能帮助财务聚焦技术专业能力建设，助力企业建立领先的财务数字化平台，掌握运营管理系统、数据中台的搭建以及平台架构等技术，能够进行敏捷开发、低代码开发，支撑数字化转型的实现。当然，具备对业务的深刻理解、能进行跨领域技术融合成为数字时代对专业技术人才的基本要求。

三、财务数字化人才的能力素质

财务数字化人才的能力素质集中体现在五个方面，如图 6-5 所示。

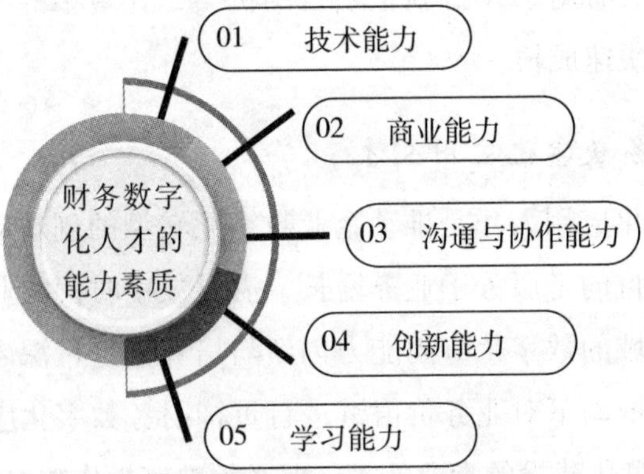

图 6-5 财务数字化人才的能力素质

（一）技术能力

技术能力是财务数字化人才的基础素质之一，主要包括数据处理、分析技能以及财务系统应用能力。数据处理能力是指能有效收集、整理和处理各种业务数据，把复杂、混乱的原始数据转化为有用的信息。财务数字化人才需要对数据库管理、数据清洗、数据转换等有深入的理解和丰富的实践经验。只有具备强大的数据处理能力，才能从大量的数据中提取出有价值的信息，为企业的决策提供数据支持。

分析技能是指通过数据分析，发现数据背后的规律，提取出有价值的信息，为决策提供依据。财务数字化人才需要掌握统计分析、预测分析、描述性分析、推理性分析等方法，能够通过数据分析得出可靠的结论，为企业决策提供科学依据。他们应能利用数据分析工具，如 SQL、Python、R 等，熟练进行数据分析，清晰展示分析结果，并能从数据中提炼出业务价值和洞见。

财务系统应用能力是指熟悉并能有效运用财务管理系统，包括 ERP 系统、财务报表系统、成本管理系统等。这些系统对于企业财务管理至关重要，不仅可以大幅度提升财务工作效率，还可以保证数据的准确性和及时性。财务数字化人才应该对这些系统有深入的理解，能够利用这些系统进行日常工作，如编制和分析财务报表、跟踪和控制成本、进行财务预测等。他们需要有足够的知识和技能来选择、使用和优化财务系统，以满足企业财务管理的需要，提高企业的运营效率和财务表现。

（二）商业能力

财务数字化人才的商业能力包括财务业务知识、企业战略理解和分析能力等方面。掌握财务业务知识是基础，这包括会计准则、税务规定、财务报表编制、财务分析方法等。财务数字化人才需要理解和运用这些知识，进行财务管理活动，如资产负债管理、收入支出管理、成本控制、利润优化等。他们还需要与其他业务部门紧密协作，理解和满足他们的财务需求，以支持企业的业务运营。

当然，财务数字化人才的视野不能仅限于财务业务知识。一个优秀的财务数字化人才还需要具备企业战略理解和分析的能力。企业战略是企业未来发展的方向，所有的业务决策都需要围绕战略来进行。财务数字化人才需要能理解并揣摩企业战略，进一步通过财务角度分析和诠释战略，为企业决策提供有力的支持。这要求他们能够从宏观的角度审视企业的经营状况，理解业务模式、市场环境、竞争态势等因素，从而更好地参与到企业的战略决策中。换句话说，财务数字化人才不再是企业的“记账员”，而是战略决策的重要参与者和执行者。

（三）沟通与协作能力

沟通与协作能力是现代财务数字化人才必须具备的核心素质，无论是在团队内部还是跨部门，都需要有效的沟通与协作来推动企业的发展。

数字经济时代，企业不再是由孤立的部门或个人运作，而是由各种角色构成的一个有机体。沟通能力是连接财务人员与其他部门的桥梁，也是解决问题、达成共识的关键工具。在日常工作中，财务人员需要与各部门人员、经营者、投资者、合作伙伴等多元化的利益相关者进行有效沟通。例如，当需要解释复杂的财务报表，或者传达关键的财务决策时，良好的沟通能力可以确保信息的准确无误地传递，避免因为误解而带来不必要的麻烦或损失。协作能力是财务人员推动企业战略的重要武器。在当前的商业环境中，企业的财务管理不仅仅是关于数学和会计，更是涉及策略、运营、销售等各个领域的密切合作。在这种情况下，协作能力能让财务人员更好地参与到决策过程中，提供有价值的观点，同时也能更有效地实现企业目标。

提升财务人员的沟通与协作能力，是一个系统性的过程，需要企业的积极引导与个人的不断修炼。从企业层面，可以通过培训、研讨会或是模拟实战等形式，提升员工的沟通和协作技巧。例如，企业可以举办一些财务与非财务主题的跨部门交流活动，以此增进部门之间的理解，提高团队协作能力。

从个人角度，财务人员首先要对自身有清晰的认知，了解自己的长处和需要改进的地方，通过反思和实践，逐渐提升沟通效果和协作效率。不断地学习和借鉴别人的经验，阅读相关书籍，参加有针对性的培训等，都是提高沟通与协作能力的有效方式。

（四）创新能力

在数字化时代，财务工作的日常流程正在发生着显著的变化，如大数据、人工智能、区块链等新技术的引入，已经对财务工作带来了深刻影响。这就要求财务人员不仅需要有良好的财务知识和技能，还要具备创新的思维方式，以应对快速变化的环境。

创新能力不仅表现在对新问题和新机会的发现上，更体现在用前沿技术和方法去解决问题的过程。数字化财务人员需要具备敏锐的洞察力，能对庞大的信息海洋进行精确筛选，找到真正有价值的内容。同时，他们要有出色的解决问题的能力，能用最新的技术和方法处理复杂的问题，找到最优解。这种能力的实现，需要对数字技术深度理解，同时具备广泛的知识背景和实践经验。进一步地，财务数字化人才的创新能力也关键地体现在对新机会的把握和利用上。这需要他们具有强烈的市场敏感性，能精准捕捉市场变化，对公司财务策略进行灵活调整。

提升财务人员的创新能力并不是一蹴而就的事情，而是需要企业和个人的共同努力。从企业层面来说，应该鼓励财务人员进行创新思考，为他们提供足够的学习和实践机会，以便他们能够掌握新的工具和技术。同时，企业也可以通过设立创新奖励机制，激发财务人员的创新精神。从个人角度来说，财务人员需要培养开放的思维模式，对新事物抱有好奇心，愿意接受挑战，不断学习新的知识和技能，同时，他们也需要培养自己的批判思维能力，以便能够从多角度、多层面对问题进行分析，寻找最佳的解决方案。

（五）学习能力

学习能力可以看作财务人员获取新知识，掌握新技能，并对新的业务环境作出响应的能力。无论是新的财务管理理念，还是新的财务管理工具，抑或是新的法规政策，都需要财务人员有足够的学习能力理解和掌握。同时，强大的学习能力也能帮助财务人员更好地适应岗位的变化，比如从会计岗位晋升到财务经理或财务总监等高级岗位。此外，学习能力也是财务人员对未来发展趋势进行预测和应对的关键。

四、财务数字化人才的培养策略

（一）将人才选拔前置，实施校企合作深度共建，构建人才培养生态体系

在当前的数字化时代，高校的校园招聘逐渐成为企业进行财务数字化人才选拔的重要途径。学生们旺盛的求知欲、灵活的思维方式以及对新知识的高度敏感性，使他们在数字化人才培养中显现出显著优势。目前，超过一半的企业财务数字化人才都是来自应届毕业生的校园招聘。因此，实施校企合作深度共建，构建人才培养生态体系成为企业引进财务数字化人才的有效手段。通过实施人才选拔前置，企业可以在早期就将具有潜力的学生引入自己的视野，从而有针对性地进行人才的培养和引导。这种方式可以帮助企业更早地发现并选拔出高质量的财务数字化人才，同时也可以为学生提供更为实际、更为深入的学习和实践机会。

企业可通过“1+X”制度、实训基地共建、校园人才选拔大赛等多种方式加深校企合作，构建人才培养生态体系。实施“1+X”制度，即学生在完成学校规定的专业课程学习后，还可以选择一个或多个与之相关的技能培训，这种制度可以有效地提高学生的专业素养和实践能力。它为学生提供了深化专业技能、扩宽知识领域的机会，使他们在完成专业学习的同时，也能够获得其他相关的技能证书，从而更好地满足企业对复合型人才的需求。共建实训基地是进一步加强校企合作的有效手段。它可以使企业有机会参与到学校的教学活动中，提供实际的工作场景给学生进行实践，使学生能在实际的工作环境中学习和成长，更好地理解和掌握专业知识和技能。通过校园人才选拔大赛，企业可以进一步发掘和认识优秀的学生，同时也可以通过比赛激发学生的学习热情和创新思维。此类比赛既可以提高学生的实践能力，又可以培养他们的团队合作精神和解决问题的能力。

（二）通过内外协作，合力推动三个层次的数字化人才培养

对于财务数字化管理人才的培养，采取内部选拔、外部启蒙赋能的

方式可以更好地实现目标。内部选拔培养指的是挖掘企业内部的潜力人才，让他们在实际的工作环境中进行学习和成长。在这个过程中，他们不仅可以熟练掌握各种财务管理技能，而且还能深入理解企业的业务和人员管理，这样就能更好地为企业服务。外部启蒙赋能则是从企业外部引入具有先进的数字化理念和领导力的专业人才，他们可以借助于企业的内部人才，激发他们的数字化意识。这样的过程既能提高内部人才的技能水平，又能引导他们的工作方向，使他们在自身发展的同时，也为企业的数字化组织架构和人才体系建设作出贡献。对于财务数字化应用和技术人才，可将外部供应商长期沉淀的技术能力与数字化经验和自身业务进行有效结合，培养“既懂技术又懂业务”的数字化复合型人才。

五、财务数字化人才的激励和留任机制

（一）设计公正的薪酬与奖励制度

设计公正的薪酬与奖励制度是保持财务数字化人才留任的关键。薪酬与奖励制度应能体现出公平、公正的原则，以满足员工的心理预期，并充分调动其工作积极性和创新性。在制度设计上，应考虑行业标准、公司规模、员工能力及工作内容等多种因素，确保员工的工资待遇在同行业、同岗位中具有竞争力。奖励制度的设计也应尽可能多元化，除了传统的现金奖励，也可以设立各种激励机制，如晋升机会、学习机会、表彰、休假等。这些都能满足员工多元的需求，激发他们的工作热情。薪酬和奖励制度不应只局限于固定的工资和奖金，而应涵盖各种形式的激励，如股权激励、期权激励等。这些激励方式可以让员工看到自己与企业的利益是紧密相连的，从而更加积极地投入工作中，也更愿意长期为企业服务。

（二）营造积极的工作环境与团队文化

营造积极的工作环境与团队文化是保持财务数字化人才稳定性的关键因素。工作环境的优越与否直接影响着员工的工作积极性和效率。物

质环境，如良好的办公设备、安静的工作场所，可以提供最基础的工作需求；而人文环境，包括领导风格、同事关系、工作氛围等，这些无形的元素在某种程度上更能激发员工的工作热情和投入感，从而使他们愿意在企业中长期工作。此外，团队文化的独特性和积极性会极大地影响员工的行为和工作态度。一个积极、协作、公平的团队文化将会鼓励员工释放他们的潜力，激发他们的创新力，使他们在实现个人价值的同时，也为团队和企业的目标作出贡献。企业还可以通过举办团队活动、员工交流会等方式来弘扬和传播这种团队文化，使每一个员工都深入理解和接受这种文化，形成共享的价值观和行为准则。

（三）提供充足的职业发展机会与平台

在数字化财务领域，充足的职业发展机会与平台不仅构成了人才留任的强大吸引力，也是他们专业技能进步和个人价值实现的重要手段。员工对成长的渴望以及对职业目标的追求，常常使他们在充满发展机会的工作环境中看到自身的未来和价值，这种环境能有效激发他们的工作热情，提高他们的工作投入度和效率。

企业应该不断创设和完善多元化的职业发展平台，包括提供各类内部培训、研讨会、行业交流活动等，这不仅有助于员工面对不断变化的业务环境，提升专业技能，也能增进他们的行业视野和前瞻性思考。除此之外，企业还可以通过设立多样的职务晋升和转岗机制，使员工有更多接触和探索不同工作领域的机会，这有利于他们找到最适合自己的职业发展路径。

同样，给予员工足够的挑战和试错空间，如设立项目团队、研究小组等，可以让他们在解决实际问题的过程中提升自我，也能让他们在工作的实践中明白自己的价值能为企业带来实际的影响。这样一来，企业提供的职业发展机会和平台，既满足了财务数字化人才的成长需求，提高了他们的工作满意度，也增强了他们对企业的归属感和留任意愿，这对推动企业的持续发展具有至关重要的作用。

第七章　企业财务管理转型的未来展望

本章对企业财务管理智能化转型以及人机协作下企业财务管理人才转型进行了展望，旨在开阔读者的视野，引发读者对未来发展的期待。

第一节　企业财务管理智能化转型展望

随着科技的飞速发展和智能技术的日益成熟，财务管理也正在经历一场革命性的转变。智能化技术的引入为企业提供了更高效、精确和可靠的财务管理手段，这对于企业的持续发展和竞争力的提升至关重要。在未来，财务管理智能化转型将继续推动创新，并产生以下几点趋势。

首先，数据驱动的决策将成为财务管理的核心。智能化技术能够实时收集、处理和分析大量的财务数据，从而为企业决策提供更准确的信息支持。未来，财务管理将更加注重数据的质量和准确性，通过深度学习和机器学习等技术，对数据进行更精细化的分析和挖掘，从而帮助企业管理者制定更明智的财务决策。

其次，人工智能将广泛应用于财务管理的各个环节。人工智能技术的迅猛发展将为财务管理带来诸多机会。例如，自动化会计软件可以通过人工智能技术自动识别和归类财务数据，提高数据处理的效率和准确性；智能风险管理系统可以实时监测市场和财务风险，及时发出预警并提供应对方案；智能化税务管理系统可以自动计算和申报税款，减少人为错误和纳税风险。随着人工智能技术的进一步发展和应用，这些智能化工具将不断完善和扩展，为财务管理提供更多创新解决方案。

最后，区块链技术将为财务管理带来更高的透明度和安全性。区块链技术以其分布式、“去中心化”的特点，可以实现财务数据的不可篡改和实时共享，提高财务信息的透明度和可信度。未来，财务管理系统可能会采用区块链技术来确保交易的安全性和准确性，提高财务数据的可追溯性，减少潜在的欺诈和风险。

第二节　人机协作下企业财务管理人才转型展望

在新的技术环境下，人机协作已经成为企业财务管理的必然趋势，尤其是在大数据、人工智能等科技手段的加持下，财务管理人才的身份和角色发生了重大变化，在未来，他们的角色将更加重要。

首先，财务管理人员将从传统的数据录入和整理人员转变为数据分析师。过去，财务管理人才的主要工作是对数据进行收集、整理和核算，而在人机协作的环境下，这些工作已经可以由智能机器来完成。因此，在未来，财务管理人员的工作重点将转向数据的分析和解读，为企业的决策提供有力的支持。

其次，财务管理人员将从被动的执行者转变为主动的决策者。在传统的财务管理中，财务人员主要是执行上级的决策，而在人机协作的环境下，财务人员有了更多的决策权，他们将需要参与到企业的日常管理和决策中，利用自己的专业知识和技能，为企业的运营、投资和融资活动提供专业的建议和指导。他们将不再仅仅是提供财务报告的制作者，而将成为企业的策略伙伴和价值创造者。

再次，财务管理人员将从单一的财务知识掌握者转变为多元知识的掌握者。在人机协作的环境下，财务人员不仅需要掌握财务知识，还需要掌握数据分析、人工智能等相关知识。只有这样，他们才能充分利用智能机器进行高效的财务管理。

最后，财务管理人员将从封闭的财务部门成员转变为开放的企业全面参与者。在传统的企业结构中，财务部门往往与其他部门是相对独立的。但是，在人机协作的环境下，财务部门需要与其他部门进行更为紧密的合作，因为，只有这样，才能确保数据的准确性和全面性。这种转变将使得财务人员的视角由单一的财务视角扩展到包含市场、人力资源、运营等多元视角，从而能够对企业的全局进行全面的分析和理解。

在人机协作下，未来的企业财务管理人员将不再是传统意义上的“账目管理者”，而更像是“信息管理者”和“决策支持者”。他们的工作将更为全面，涉及企业的各个层面，成为企业的核心决策者。他们将在企业的全面发展中发挥更加积极的作用，为企业的成功作出重要贡献。

参考文献

[1] 王利萍，吉国梁，陈宁 . 数字化财务管理与企业运营 [M]. 长春：吉林人民出版社，2022.

[2] 王宏利，彭程 . 企业财务管理数字化转型研究 [M]. 北京：中国财政经济出版社，2021.

[3] 蔡建平 . 数字化供应链建设中的财务管理 [M]. 南昌：江西人民出版社，2022.

[4] 孙彦丛，郭奕，扶冰清 . 数字化时代的财务中台 [M]. 北京：中国财政经济出版社，2021.

[5] 徐燕 . 财务数字化建设助力企业价值提升 [M]. 广州：华南理工大学出版社，2021.

[6] 刘赛，刘小海 . 智能时代财务管理转型研究 [M]. 长春：吉林人民出版社，2020.

[7] 李俊秀 . 企业财务管理的转型与创新研究 [M]. 昆明：云南人民出版社，2019.

[8] 朱竞 . 会计信息化环境下的企业财务管理转型与对策 [M]. 北京：经济日报出版社，2019.

[9] 庞晓庆 . 大数据背景下财务管理转型与应用 [M]. 长春：吉林出版集团股份有限公司，2021.

[10] 大数据背景下财务管理转型与应用创新 [M]. 北京：中国商业出版社，2019.

[11] 龙敏 . 财务管理信息化研究 [M]. 长春：吉林大学出版社，2016.

[12] 陈婧超．财务共享与会计转型 [M]. 北京：新华出版社，2021.
[13] 曲柏龙，王晓莺，冯云香．信息化时代财务工作现状与发展 [M]. 长春：吉林人民出版社，2021.
[14] 张一兰．智能财务时代 [M]. 长春：吉林大学出版社，2020.
[15] 吴践志，刘勤．智能财务及其建设研究 [M]. 上海：立信会计出版社，2020.
[16] 常青，王坤，檀江云．智能化财务管理与内部控制 [M]. 长春：吉林人民出版社，2021.
[17] 滕晓东，宋国荣．智能财务决策 [M]. 北京：高等教育出版社，2021.
[18] 石贵泉，宋国荣．智能财务共享 [M]. 北京：高等教育出版社，2021.
[19] 张敏，付建华，周钢战．智能财务基础：数智化时代财务变革实践与趋势 [M]. 北京：中国人民大学出版社，2021.
[20] 陆秀芬．数字经济时代企业智能财务的构建与应用研究 [M]. 天津：天津科学技术出版社，2022.
[21] 刘勤，尚惠红．智能财务打造数字时代的财务管理新世界 [M]. 北京：中国财政经济出版社，2020.
[22] 樊斌，周忠宝．高等学校智能会计系列教材大数据财务与会计应用 [M]. 北京：高等教育出版社，2022.
[23] 郭晓梅．智能技术驱动下的财务共享模式创新与应用实践研究 [M]. 大连：东北财经大学出版社，2022.
[24] 孔祥坤．智能化时代财务管理及其信息化 [M]. 长春：吉林大学出版社，2018.
[25] 亓坤，黎健．上坡加油固本强基：TCL 数字化赋能财务管理变革实践 [J]. 新理财，2023（6）：37–39.
[26] 陈悦．基于数字化时代的企业财务管理信息化建设 [J]. 中国中小企业，2023（5）：150–152.
[27] 沈玉蓓．智能环境下企业财务管理的数字化转型及实现路径 [J]. 今日财富，2023（7）：98–100.

[28] 李庭，刘广鹏，付佳枫，等 . 数字化转型下智慧财务管理共享体系建设研究 [J]. 中国市场，2023（9）：196–198.
[29] 任鹤 . 企业财务管理数字化转型趋势及路径探析 [J]. 中国管理信息化，2023，26（5）：64–67.
[30] 许恣文 . 数字化转型背景下企业智慧共享财务管理体系的构建路径探讨 [J]. 企业改革与管理，2023（4）：123–125.
[31] 周天晨 . 财务管理一体化模式下财务管理转型的优化策略 [J]. 中国集体经济，2023（18）：130–133.
[32] 刁建硕 . 基于业财融合视角的建筑企业财务管理转型研究 [J]. 中国集体经济，2023（17）：120–123.
[33] 舒勇 . 管理会计视角下的企业财务管理转型分析 [J]. 中国产经，2023（10）：107–109.
[34] 郝明霞 . 基于数字经济时代的企业财务管理转型探析 [J]. 山西财税，2023（5）：51–52.
[35] 付伟迎 . 数字经济时代的企业财务管理转型探讨 [J]. 中国市场，2023（14）：172–175.
[36] 来程萍 . 基于业财融合视角的企业财务管理转型研究 [J]. 老字号品牌营销，2023（9）：97–99.
[37] 刘弟敬 . 业财融合对企业财务管理转型的作用与实践策略 [J]. 财经界，2023（11）：114–116.
[38] 潘翠香 . 数智化背景下企业财务管理转型的路径探讨 [J]. 企业改革与管理，2023（5）：99–101.
[39] 周世良 . 财务共享模式下企业财务管理转型研究 [J]. 中国产经，2023（6）：141–143.
[40] 杨泞嘉 . 对财务共享助力企业财务管理转型的思考 [J]. 现代营销（上旬刊），2023（2）：64–66.
[41] 张长庆 . 数字经济时代企业财务管理转型的基本动因及实现路径探讨 [J]. 企业改革与管理，2022（22）：126–128.

[42] 姜宏 . 业财融合背景下企业财务管理转型的优化路径研究 [J]. 财经界，2022（30）：120–122.
[43] 郑媛元 . 基于数字经济时代下智能财务体系的构建探索 [J]. 商讯，2023（5）：45–48.
[44] 刘光伟，黄世兰，王虹霄，等 . 大数据浪潮下企业智能财务管理系统发展趋势分析 [J]. 财经界，2021（33）：114–115.
[45] 陆兴凤 . 智能财务下“人机物”多元协同新型财务管理模式探究 [J]. 财会月刊，2021（12）：57–65.
[46] 罗跃成，杨名友，孙汝顺 . A 企业基于财务共享的智能财务管理平台构建 [J]. 财务与会计，2021（9）：77–80.
[47] 柯利佳，欧阳锋，刘云屏，等 . 大数据时代企业财务云管理人才培养机制探究 [J]. 企业科技与发展，2022（8）：145–147.
[48] 谢惠芳 . 探讨如何培养财务管理人才财务大数据分析处理能力 [J]. 中国乡镇企业会计，2022（2）：187–189.
[49] 李彩凤，李晓明，陈志轩，等 . 大数据财务分析融合数智化复合型财会人才培养研究 [J]. 中国管理信息化，2022，25（3）：68–72.
[50] 陈舒 . 大数据时代财务会计向管理会计转型的创新人才培养研究 [J]. 绿色财会，2021（1）：6–9.
[51] 吴旭英 . 基于集团化管控视角的国有企业财务信息化建设 [J]. 财经界，2021（36）：162–163.
[52] 马乐 . 财务信息化对现代企业财务管理的机遇与挑战 [J]. 现代经济信息，2019（2）：270.
[53] 郑美华，吴江龙 . 基于价值创造的财务决策支持信息化平台建设 [J]. 财务与金融，2012（4）：57–59，65.
[54] 金源，刘勤，李成智 . 基于财务三支柱的数字化财务组织创新研究 [J]. 财会通讯，2023（1）：132–138.
[55] 张庆龙 . 财务组织变革：从金字塔走向前中后台 [J]. 商业会计，2022（16）：9–12.

[56] 宋光亚 . 基于数字经济背景下集团企业财务组织架构转型趋势分析 [J]. 商场现代化，2022（8）：170–172.

[57] 李宇佳 . 云计算环境下企业财务组织变革与人员转型 [J]. 商场现代化，2022（4）：132–134.

[58] 林霞 . 价值创造型财务组织建设策略 [J]. 财经界，2021（29）：79–81.

[59] 刘梅玲，黄虎，杨寅，等 . 智能财务建设之财务组织规划 [J]. 会计之友，2020（17）：141–146.

[60] 张庆龙 . 数字经济背景下集团财务组织架构转型趋势分析 [J]. 财会月刊，2020（14）：10–14.

[61] 林煜淳 . 基于财务共享中心模式下财务组织结构管理重塑的思考 [J]. 财富时代，2019（8）：72，75.